MÉMOIRES

DE

MONSIEUR CLAUDE

VII

494-82. — IMPRIMERIE D. BARDIN ET Cᵉ, A SAINT-GERMAIN.

MÉMOIRES

DE

MONSIEUR CLAUDE

CHEF DE LA POLICE DE SURETÉ

SOUS LE SECOND EMPIRE

TOME SEPTIÈME

PARIS

JULES ROUFF, ÉDITEUR

14, CLOITRE SAINT-HONORÉ, 14

—

1882

Droits de traduction et de reproduction réservés

MÉMOIRES

DE

MONSIEUR CLAUDE

CHAPITRE PREMIER.

MA RENTRÉE EN FONCTION.

La préfecture brûlait, les bombes à pétrole pleuvaient sur ses ruines effondrées pour en activer les flammes, lorsque je me réinstallais à mon poste.

Mon premier devoir, tout en conjurant l'incendie, était de grouper autour de moi la partie de mon personnel qui, jusqu'à la dernière heure, s'était employée à lutter contre les ravages de la plus terrible des guerres civiles.

Durant les derniers jours de la semaine sanglante, je puis dire que j'ai vécu dans une émanation d'incendie.

J'ai respiré au milieu d'une fournaise. Dans l'air assombri coupé par des jets de feu et de fumée, couraient des papiers brûlés, et le vent les faisait voltiger comme des flocons de neige noire, au delà de tous les horizons.

J'étais entouré d'une couche épaisse de vapeur qui enveloppait Paris dans un suaire, d'où perçaient ses dômes et ses clochers, et qui couvrait tous ses toits dévastés.

Du quartier de la Madeleine à la Bastille, le navire de la vieille Lutèce sombrait sous des vagues de flammes.

C'était le spectacle horrible et magnifique de la Babylone moderne qui s'abîmait, silencieuse, dans le gouffre creusé par sa décadence avant d'entrer dans la mort!

Mais j'ai hâte d'en terminer avec cet épouvantable tableau, d'en finir avec un funeste passé dont les crimes ont été la conséquence des précédentes et diverses usurpations qui les avaient préparés.

On me dispensera d'entrer plus avant dans les horribles détails de cette époque, qui fut pour moi l'époque la plus fatale de ma vie.

Qu'il suffise de savoir que, lorsque je me transportai sur les ruines encore fumantes de ma maison, j'appris que ma famille, mes serviteurs, chassés de leur foyer avant l'incendie, avaient eu la vie sauve. S'ils étaient ruinés, presque sans gîte et sans ressource, je n'éprouvai pas la douleur de les savoir perdus pour moi comme ils croyaient que j'étais perdu pour eux !

Ce ne fut que quelques jours après qu'ils apprirent par quel miracle j'avais pu échapper des mains de mes bourreaux. N'était-ce pas, en effet, une volonté de la Providence que je ne fusse pas mort dans ma prison ou sur les barricades des fédérés ?

On a vu à qui je dus la vie, à mes inspecteurs passés en apparence dans le camp ennemi, à un ancien forçat qui, déguisé en sergent, s'employa, au compte de Versailles, à détourner, à plusieurs reprises de ma poitrine, les fusils des vengeurs de Flourens.

J'avoue qu'il me répugnait de devoir la vie à un bandit qui, du jour de la victoire définitive des troupes de Versailles, me mit en demeure de lui en témoigner ma reconnaissance.

Quoiqu'il m'en coûtât, d'employer le vieux système de Vidocq, qui consiste à prendre des voleurs pour arrêter des gens de même espèce, je n'hésitai pas, en ces jours critiques, à dresser aussi mon forçat au rôle de Judas.

Il m'était recommandé, je n'avais qu'à obéir. En ces jours difficiles, où tous les bandits avaient eu la clef des champs par la faute des Rigault et des Ferré, ce misérable me fut très utile. Il rabattit d'abord une partie de ses frères dans leurs cachots respectifs, quoiqu'il m'égarât ensuite comme on le verra plus loin.

Ce fut lui qui, le 24 mai, le jour de ma délivrance, mit sur les traces de Raoul Rigault, l'armée de Versailles.

Rigault commandait, dans la journée du 24, les barricades des rues adjacentes au boulevard Saint-Michel, à la rue d'Enfer et à celle des Feuillantines.

Il ne cessait de les parcourir, au moment où je les traversai, en trébuchant à chaque pas avec la mort devant moi.

En revenant de la barricade de la rue Royer-Collard à son poste d'observation de la rue Gay-Lussac, Rigault, que mon bandit n'avait pas perdu de vue, tomba au pouvoir des soldats.

Son délateur savait, depuis le 18 avril, que Rigault habitait l'hôtel de la rue Gay-Lussac. En prenant domicile à cet hôtel, Rigault s'était fait inscrire sur le registre de police sous le nom de *Varenne* (Auguste), âgé de vingt-sept ans. Il s'était dit homme d'affaires, né en Espagne et domicilié à *Pau*.

Une lettre apportée par un commissionnaire, en l'absence du soi-disant Varenne, à l'adresse de Rigault, ayant donné quelques soupçons au propriétaire de l'hôtel, mon sergent, qui avait la confiance de celui qu'il devait perdre, apprit au propriétaire le véritable nom de son dangereux locataire.

Lorsque les chasseurs du 19e s'étaient emparés de ce point de Paris, mon sergent, portant le brassard tricolore, avait déjà quitté la prison de la Santé. Il s'était embusqué à l'angle de la rue Gay-Lussac pour voir revenir Rigault, lorsque l'armée le cernait, le pressait de plus en plus dans ses retranchements.

Rigault portait le costume de commandant du 142e bataillon.

Lorsqu'un officier du 19e chasseurs aperçut le commandant rentrer à son hôtel, il fut signalé par mon sergent comme étant l'ordonnateur officiel des otages de la Commune et le défenseur des barricades du quartier.

Aussitôt l'officier fit cerner et fouiller la maison.

On prit d'abord le propriétaire de l'hôtel pour celui qu'on recherchait.

En entendant qu'on le poursuivait, Rigault monta au sixième étage. Le malheureux propriétaire, étant pris pour lui, s'empressa de le rejoindre en lui criant :

— Rendez vous ou je suis fusillé à votre place !

— Alors, lui répond Rigault prêt à enjamber une lucarne, faites comme moi, fuyez sur les toits.

Le propriétaire se refusa à cette ascension; il s'empara de Rigault, qui lui répliqua :

— Lâchez-moi, je ne suis ni un *serin* ni un lâche. Je redescends.

Au deuxième étage, les chasseurs empoignèrent Rigault, il se présenta à eux en se frappant la poitrine et en disant :

— Me voilà, c'est moi !

Il remit à un caporal son épée et son revolver. On le traîna jusqu'à la barricade qu'il venait d'abandonner. Là il tomba frappé par les balles des soldats.

Lorsque la justice sommaire eut cessé, mon sergent, qui avait assisté de loin, à l'angle d'une maison, à cette exécution, s'approcha du cadavre de l'homme qu'il avait dénoncé.

Il le contempla un instant.

Avant de quitter le corps de l'ex-commandant, il lui retira ses bottes; il s'en empara et s'en alla en murmurant :

—Il n'en a plus besoin ! Autant moi qu'un autre.

Quant à Ferré, le complice de Rigault, celui qui

compte le plus avec lui dans les tortures que j'ai endurées, il mourut au poteau de Satory.

Jusqu'au dernier moment, si Ferré ne se défendit pas d'avoir ordonné l'incendie de la préfecture, il ne répondit pas aux questions que lui adressa à ce sujet le conseil de guerre de Versailles. Il protesta seulement contre l'existence du fameux ordre donné par lui et trouvé sur un fédéré mort : « Faites flamber Finances et venez me trouver. »

Ferré prétendit que c'était là une pièce fausse fabriquée par la police pour lui faire tort dans l'opinion publique.

« Nul n'ignore, dit-il devant le conseil de guerre, « que la préfecture est composée en grande partie « des mêmes agents que ceux qui exerçaient sous « l'Empire. Or ces agents m'en veulent beaucoup et « sont mes ennemis acharnés. J'ai tout lieu de « croire que cette invention vient d'eux. Mon écri- « ture a été contrefaite. »

Ce que Ferré ne put nier, parce qu'il avait été reconnu à la préfecture par ses agents, par les mêmes qu'il avait gardés quoique datant de l'Empire, ce fut l'incendie du Palais de justice ordonné par lui devant mes employés que je retrouvai après le départ des incendiaires.

La mort de mes deux ennemis personnels, l'un tué près de la barricade de la rue Gay-Lussac, l'autre fusillé au plateau de Satory, ne me guérit pas des tortures qu'ils m'ont infligées.

Cette double mort ne m'inspira que plus d'horreur pour la politique, qui souvent change un scélérat en héros.

Durant les trois mois employés par les cours de Versailles pour infliger dans leurs prétoires des châtiments aux complices de la Commune, je restais à Paris, réorganisant mes brigades d'inspecteurs dirigées spécialement contre les voleurs et les assassins.

Ma tâche était assez lourde, tout était à refaire, tout était à réglementer de nouveau. Il fallut pendant trois mois me reconnaître entre mes agents, chasseurs de criminels, et ces criminels que les chefs de la Commune avaient mêlés avec mes agents.

Bien malgré moi, je fus appelé plus d'une fois à Versailles pour trier des nombreux fédérés de la maison d'arrêt de la rue Saint-Pierre, d'anciens bandits se décorant du titre de *politiques* pour mieux effacer leur passé, que la dispersion des archives réduisait à néant.

Lorsque, après la victoire de Paris, je fus appelé par mon nouveau préfet de police à Versailles, pour assister au *Te Deum*, pour me mêler aux prières publiques adressées à Dieu afin de le remercier d'avoir mis fin à la guerre civile, je vis ce que je n'avais jamais vu chez des hommes qui, toute leur vie, s'étaient fait les apôtres de la Révolution.

Je vis MM. Picard, Jules Favre, Jules Simon, avec M. Thiers en tête, s'incliner devant un évêque, qui leur donna sa bénédiction. Pour que la cérémonie eût un caractère plus étrange, dans sa tristesse et dans son amertume, le cortège, en sortant de l'église, se heurta contre un convoi de prisonniers qu'on traînait à Satory !

Ces malheureux avaient des regards terribles ; il

y avait sur leur physionomie autant de hain e qu'il
y avait sur la figure des vainqueurs de piteuse com-
ponction. La Commune était terrassée. Le gouvernement venait d'entendre son *Te Deum ;* mais ce qu'il
ne pouvait entendre, c'était le ressentiment sourd
et farouche qui grondait dans le cœur des vaincus !

Ma rentrée en fonction, au moment où le préfet
Valentin revenait exercer à Paris son pouvoir à la
préfecture, fut presque un noviciat.

Sans les horribles dangers que j'avais affrontés
pour sauver ce qui restait du Palais, sans mon expérience acquise dans mon rôle de chef de la sûreté,
je crois que j'aurais été fort dépaysé sous les ordres
de mon nouveau préfet.

On ne saurait croire le trouble que jette dans une
administration comme celle de la préfecture, tous
les changements de ses chefs.

En un an, sans parler les quatre préfets de la
Commune, je comptais depuis Pietri quatre supé-
rieurs sous les ordres desquels il m'avait fallu obéir.
Après le comte de Kératry, étaient venus Edmond
Adam, Cresson, puis le général Valentin.

Sous le général Valentin, qui était une vieille
moustache, qui, pour le moment, était bien dans
le caractère de la situation, la préfecture reprit l'attitude soldatesque que je lui avais connue, vingt
ans auparavant, au coup d'État

La préfecture de police qui, dans les temps calmes,
ne doit voir dans son administration que la partie
magistrature, était réglée militairement. Il fallait
que tout marchât carrément, disciplinairement. Jusque dans la sûreté, le sergent de ville en uniforme

l'emportait sur l'agent en bourgeois et sur l'inspecteur en *pékin*.

Un moment il fut question de donner un uniforme militaire aux commissaires de police, de leur faire porter l'épée et de les assimiler aux officiers de paix.

Encore une fois, quoique dans un sens contraire à l'empire, je revis affluer à la Préfecture de police, les sergents de ville soldats. Ils firent patrouille, montèrent la garde et portèrent ouvertement le fusil. La préfecture de police se transforma en caserne.

Il fallait la grande influence que j'exerçais à la préfecture, par mon âge, par mon expérience, par la position exceptionnelle que m'avaient faite mes adversaires, il fallait mes relations constantes avec le chef de l'Etat et le général Valentin, pour que le service de la sûreté ne fût pas englobé dans le service militaire réglémentant l'administration générale.

La magistrature elle-même était une magistrature en épaulette, les conseils de guerre de Versailles primaient la cour d'assises de Paris?

Si j'eusse été un ambitieux, si j'eusse cédé à l'engouement provoqué par cette réaction, il m'eût été facile par le rôle intéressant que m'avaient fait mes ennemis, d'ériger, comme sous l'empire, la sûreté, en une section indépendante de la préfecture de police. Il n'eût dépendu que de moi de faire de la sûreté, ce qu'elle avait été, après le coup d'Etat, une véritable sous-préfecture dont j'eusse été le chef.

Mais je connaissais trop les fluctuations de nos re-

virements politiques pour diminuer, dans un intérêt tout personnel, l'importance de la préfecture
de police.

Pour laisser le service de la sûreté à ses attributions, dont la mission est de veiller à la sécurité publique, pour détacher la sûreté de l'administration
militaire, tous mes efforts tendirent à la faire rester
telle qu'elle était dans le passé : le rouage absolu
de la magistrature,

Quant à moi, son principal employé, je ne désirais que rester à ma place, je n'enviais nullement
l'honneur de rivaliser avec nos magistrats, n'ayant
qu'un but, celui de les servir.

J'étais sûr qu'avec l'apaisement de nos discordes
la préfecture reviendrait à son véritable rôle et
qu'elle serait avec le temps, plus militante que militaire. Pour son importance et dans l'intérêt de la
justice, je restais monsieur Claude comme devant.

Malgré les avances qui me furent faites par mes
puissants protecteurs, malgré M. Thiers qui m'attirait à Versailles pour transformer la préfecture, et
pour faire de moi un sous préfet de police, je ne son-
geais qu'à l'unité administrative de cette subdivision
du ministère de l''intérieur.

Je restai à mon poste de Paris, prêt à rentrer sous
les ordres de la magistrature, quels que fussent les
régimes sous lesquels elle avait à exercer la justice.

Je savais par expérience combien la magistrature
est jalouse de ses privilèges. Je savais trop les services qu'un chef de la sûreté est appelé à lui rendre
en restant complètement à ses ordres ; je savais aussi
par mes malheurs, combien l'ancien régime m'a-

vait fait de mal, en m'écartant de mes attributions.

Cependant les journaux, entre autres le journal *la Liberté*, à la suite d'une entrevue que j'eus avec le président de la République et le général Valentin, s'empressèrent d'annoncer que, pour me récompen-ser de mes anciens services et du rôle que j'avais joué pendant la Commune, j'étais appelé à un poste créé tout exprès pour moi, celui de *sous*-préfet de police.

Je m'empressai de réfuter l'article du journal qui s'était fait l'écho du projet du gouvernement.

Je donne à la suite de ce volume le texte de ma rectification écrite de ma main, envoyée au journal *la Liberté*.

Je dois avouer que la nouvelle dont ce journal s'était fait l'interprète, n'était pas tout à fait dénuée de fondement.

M. Thiers pour sa part, avait sur la police des idées qui se rapprochaient de bien près de celles de Napoléon III.

On a vu, pendant le second siège, avec quel art le nouveau chef du pouvoir exécutif sut lancer ses es-pions là ou il supposait qu'il y avait des officiers à vendre, prêts, moyennant salaire, à lui ouvrir les portes de Paris.

Ce qui me semblait bon en temps de trouble et de révolution, me semblait funeste, une fois la paix rétablie. L'expérience me faisait une loi, pour l'hon-neur, pour le respect de mon administration, de ne pas recommencer les errements de l'administration impériale.

Lorsque M. Thiers me fit part de son projet de réforme en scindant l'administration de la police, l'une toute militaire sous les ordres du général Valentin, l'uue toute civile, sous ma direction, je me récusai. Je prétextai que mon âge, mes modestes attributions se refusaient à l'emploi supérieur qu'il voulait bien créer pour moi.

Ce que je n'avouai pas, connaissant l'esprit absolu de M. Thiers, c'était de voir mon administration dévoyée ou divisée par une importance qui en faisait moins la servante de la magistature que la garde prétorienne d'une dictature.

J'étais trop payé, depuis ma récente sortie de prison où j'avais risqué mille morts, pour provoquer plus tard les horribles représailles de ceux qui, à tort ou à raison, me supposaient toujours un des anciens agents du despotisme impérial.

En cette occasion, c'est-à-dire en face des vaincus de la Commune, je ne voulais donner aucun prétexte à leurs griefs contre moi. Chef de la sûreté, comme je l'écrivis en mon nom personnel à ceux qui crurent m'être agréables en flattant la pensée de M. Thiers, je tins à rester chef de la sûreté.

Ma lettre publiée à la fin de ce volume en fait foi.

Et ma tâche était assez lourde, une fois l'apaisement fait à Paris.

Quoique la magistrature s'exerçât plus par l'épaulette que par la toge, la sûreté de dormait pas.

On ne peut s'imaginer le nombre de délations que je reçus durant la dernière phase du drame de la Commune et qui, durant trois mois, se passa en réquisitoires dans tous les tribunaux militaires de la Seine et de Seine-et-Oise.

Je crois que la moitié de Paris dénonça l'autre. Je n'avais pas assez d'agents pour démêler la vérité du mensonge dans ces accusations sans nombre inspirées le plus souvent par des vengeances personnelles.

Constamment j'eus à lutter contre des commissaires de police qui, pour être agréables au conseil de guerre, prêtaient une oreille trop complaisante aux amis de l'ordre.

D'un autre côté, les prisons, qui avaient été ouvertes pour tous les bandits, ne s'étaient pas refermées aussi vite sur eux après la victoire de Paris. Il se passa après la chute de la Commune, ce qui se passe, du reste, après tous les cataclysmes sociaux et toutes les crises révolutionnaires. Des bandes de malfaiteurs, composées de récidivistes, achevaient de dévaster les alentours de Paris et les habitations respectées encore par nos ennemis ou par la guerre civile. Des assassinats, sans nombre, étaient commis par des échappés du bagne ; la justice avait fort affaire pour mettre la main sur tous les coupables.

Lorsque ces derniers étaient pris ou plutôt repris, il était difficile au juge d'instruction de reconnaître leur identité et de leur opposer leur passé ; la Commune avait eu soin de brûler tous les dossiers à leur image!

Pour la première fois je compris, dans le désarroi où la Commune avait mis le service de la sûreté, qu'il était bon de revenir aux anciennes traditions ;

je fus réduit à prendre les voleurs et les assassins par les voleurs et les meurtriers eux-mêmes.

Alors je me rappelai mon sergent à qui je devais la vie et que le gouvernement m'avait dépêché jusqu'au fond de ma prison. Il devait connaître, en sa qualité de vieux fagot, les derniers bandits qui n'étaient pas encore sous ma main depuis la chute de la Commune.

Non seulement je lui donnai la mission de devenir un mouton provocateur, mais je lui fis obtenir un cautionnement pour acheter l'exploitation des chaises en location dans les endroits publics afin de tout voir, tout entendre, tout observer.

J'avais vu mon sergent à l'œuvre quand il m'avait sauvé des griffes de ses soldats et arraché à plusieurs reprises à la mort; je connaissais jusqu'où pouvaient aller son adresse et son habileté. Je résolus de m'en servir, persuadé que mon forçat policier n'hésiterait pas à mettre à mon service sa criminelle adresse, autant dans un but lucratif que dans un but de faire oublier son passé.

En lui donnant l'exploitation des chaises des jardins et lieux publics, je le mettais à même d'écouter les conversations de ses innombrables clients, d'en faire son profit et le mien.

A cette époque une bande de voleurs, de pillards et de meurtriers, exploitaient les environs de Paris en y portant le meurtre, et l'incendie.

Cette bande était composée aussi d'anciens forçats qui continuaient, après la guerre et la Commune, de dévaster tous les environs déjà en ruine de la capitale.

La bande Maillard tel était son nom ne se contentait pas de porter ses déprédations et ses meurtres
aux portes de Paris ; elle exploitait avec impunité
et avec une cruauté sans exemple tout le département de la Seine et une partie du département de
Seine-et-Oise.

Elle se signala principalement par les *assassinats
de Limours*, dans l'arrondissement de Rambouillet,
par le double meurtre d'un garde champêtre, à
Bonneville, et d'une veuve à Nogent !

Pendant une année entière, quoique je fusse certain, par les rapports de mes autres inspecteurs,
que ces crimes ne pouvaient être commis que par
des *chevaux* de retour. par de vieilles pratiques, il
me fut impossible de mettre la main sur un seul des
héros de la bande Maillard.

Ce ne fut qu'un an après, lors des assassinats de
Limours, que je m'expliquai pourquoi mon sergent
n'avait pas voulu découvrir la piste de ces bandits.

Mon sauveur d'autrefois, malgré la prime qu'il
touchait sur chaque tête de récidiviste, avait un intérêt tout personnel et bien trop vif pour épargner
les membres de l'association Maillard.

Car mon sergent, surnommé la *Carotte*, *Pifsoif*,
Deaudaff ou le *grand Vidocq*, n'était aussi qu'un
Maillard !

Le chapitre suivant, à propos des hautes et basses
œuvres de cette bande d'assassins, va le prouver.

CHAPITRE II

ASSASSINS ET MALFAITEURS DE PARIS APRÈS LA COMMUNE.

Après la défaite dc la Commune, le service de la sûreté fut sur les dents. Le bouleversement de l'ordre social s'accrut moins par les ruines de nos palais et de nos maisons incendiés que par le désarroi jeté dans toutes les administrations. Pour ce qui concernait la justice, l'incendie de son palais avait amené l'anéantissement des archives et des actes de l'état civil ; ce qui faisait la partie belle à tous les malfaiteurs.

Les révoltés de la société pouvaient se dire aussi purs que des anges, n'ayant plus de casiers judiciaires. Le feu les avait purifiés, à dessein sans doute ? En tous les cas la Commune, en satisfaisant leurs vœux, leur assurait l'impunité. Ils en profitaient, comme ils avaient profité de la guerre pour s'emparer des environs de Paris et s'y établir en maîtres, après le départ de l'ennemi.

Comme aux précédentes époques de guerre et d'anarchie, on vit reparaître dans les départements de la Seine, Seine-et-Marne et Seine-et-Oise, des bandes de réfractaires et d'assassins qu'il fallut bientôt rendre à la justice.

Il était surtout indispensable de les sortir des rangs de la politique, de les rejeter dans leurs rangs naturels, malgré le rôle d'insurgé qu'ils avaient usurpé pour effacer le voleur de grande route.

Telle fut ma plus grande préoccupation après la défaite de la Commune.

Je n'eus quelques succès dans cette immense besogne que par la délation. On sait qu'elle s'exerçait partout après la victoire de l'armée de Versailles et le rétablissement de l'ordre dans Paris.

Comme je l'ai dit aussi, en raison du chaos provoqué par les désastres de la Commune, il me fallut employer pour la première fois le système de Vidocq; arrêter les hommes de désordre par leurs chefs que j'enrégimentai provisoirement jusque dans mes brigades pour mieux faciliter la *filature* de leurs soldats.

J'avais été à même, durant ma captivité, d'apprécier le vieux système de Vidocq par mon sergent des fédérés, ancien forçat comme lui, et qui, en se mêlant à mes bourreaux pour mieux les *rouler*, m'avait évidemment sauvé la vie.

Ce sergent était je le répète un vieux fagot, un pilier de prison. Je me gardai bien de le rendre à ses geôliers, une fois la Commune vaincue, et les cachots rouverts aux prisonniers lâchés par l'insurrection.

Ce faux sergent des fédérés, dépêché autrefois par le gouvernement de Versailles sur la recommandation de l'espion T*** D***, ce récidiviste, dit la *Carotte*, dit *Pifsoif*, dit *Deaudaff*, devint pour mes brigadiers et pour moi d'un puissant secours.

La Carotte, mouton précieux par son long séjour à la Roquette, à Mazas et aux pénitenciers, connaissait une partie du nombreux personnel des prisons.

Et pour sa part, il me rabattit aussi bien au compte de la politique qu'au compte de la police de sûreté, des malfaiteurs qui jusque dans la politique avaient pris un caractère aussi odieux qu'épouvantable.

La Carotte dit Pifsoif, après l'ordre rétabli, se fit donc au Bois de Boulogne, aux Champs-Élysées, pour le compte de la Ville, loueur de chaises; mais ce n'était au fond qu'un espion cautionné, patenté et autorisé par la préfecture de police.

Tout en faisant son métier, il écoutait de groupe en groupe, de chaise en chaise, dans une société d'élite, tout ce qui se disait au profit de la sécurité publique et de sa fortune personnelle.

Car le drôle, malgré la position exceptionnelle et très lucrative qu'il devait à ma reconnaissance et à celle du gouvernement, n'avait pas renoncé à son ancien métier de bandit.

Il était bandit d'instinct comme de profession. On a pu en juger lorsqu'après avoir dénoncé Rigault qu'il fit traquer jusqu'à son hôtel, il ne put résister, une fois celui-ci fusillé, au désir de le débarrasser de ses bottes.

La Carotte dit Pifsoif, dit Deaudaff, dit le Grand

Vidocq était digne de tous ses noms. Il y avait deux choses qu'il n'avait jamais pu parvenir à solder, même dans ses jours de prospérité; son blanchissage et son garni. Grâce à ce défaut particulier encore à des gens moins haut placés que lui sur l'échelle du vol, il fit une arrestation presque aussi importante que celle de Rigault, l'arrestation de Groslier, ex-délégué de la Commune au ministère de l'intérieur, et ancien blanchisseur.

Groslier, avant d'être en effet ministre de l'intérieur et signant des arrêtés concernant la démission des anciens employés de l'Imprimerie nationale. Groslier avait été blanchisseur du lavoir de la Villette, et il savait à peine signer son nom!

Après l'entrée des troupes de Versailles, il avait disparu. Toutes les recherches faites par la police, qui était certaine cependant de sa présence à Paris, avaient été sans résultat jusqu'au 25 février 1872.

A cette date, Groslier, l'ancien ministre de l'intérieur, l'ex-blanchiseur, s'était transformé, pour mieux se déguiser, en cuisinier. Il cuisinait au compte de qui? Des Pères jésuites!

Il rencontre un soir, après avoir terminé son travail son frère et ami la Carotte qui, durant toute la Commune, pour ne pas déroger à ses principes, s'était fait blanchir à crédit chez l'ex-ministre de l'intérieur.

Celui-ci, en rencontrant sa vieille pratique dont la prestance et l'allure n'ont rien qui trahît la débine, lui parle de sa dette tout en se faisant reconnaître, le malheureux!

La Carotte, qui n'aimait pas plus qu'on lui parlât de son passé que de ses dettes, assure à l'imprudent qu'il le payera pas plus tard que le lendemain, il lui demande son adresse.

Le candide Groslier lui dit qu'il couche à Meudon dans une maison de plaisance qui appartenait en cet endroit à la Compagnie de Jésus.

Immédiatement la Carotte, qui posséda toujours l'art de ne pas payer ses dettes, s'empressa de s'acquitter envers le candide Groslier. Il fit un rapport contre lui. Comme à cette époque tous les chefs de l'ex-Commune étaient mis à prix, la Carotte n'oublia pas de réclamer la prime allouée à sa future et importante capture.

Pour l'honneur de la sûreté générale, moi qui ne partageais pas la morale de ce mouton, je lui *brûlais* son affaire. J'envoyais son rapport au commissaire de police des délégations judiciaires. Et ce fut un autre agent qui suivit Groslier, qui se présenta au rendez-uous indiqué, après que ce nouvel agent eût fait connaître aussi la retraite de l'ex-ministre de l'intérienr de la Commune au commissaire de police de la localité.

Groslier fut arrêté dans la maison de Meudon avec sa femme, puis amené au Dépôt pour être mis à la disposition de la justice.

Mais la Carotte n'entendit pas perdre sa prime, il récrimina contre ma manière d'agir.

Il prétendit que je le frustrais. Je lui répondis que je n'entendais pas, au moment du jugement, que l'accusé, beaucoup plus *honorable* que lui, se targuât de son arrestation faite par un homme du bagne.

Il comprit, l'oreille basse, ce que je lui affirmai lorsque je lui démontrai combien il serait pénible pour les magistrats chargés d'appliquer la loi, si lui, la Carotte, en arrivait en témoignage à la barre. Je lui fis aussi entendre combien sa présence, en devenant un objet de scandale pour le jury, donnerait raison aux amis politiques de ce chef de la Commune contre la police.

La Carotte subit mon raisonnement; il entendit bien qu'on le lâchât, il n'entendit pas lâcher sa prime.

Je me rendis à ses récriminations, tout en lui faisant observer encore qu'il se payait des deux mains. N'était-ce pas, en effet, parce qu'il ne s'était jamais acquitté envers son blanchisseur, qu'il condamnait son frère et ami, ou ministère de l'intérieur, et qui, pour son malheur, s'était trop souvenu, vis-à-vis du perfide, de son premier métier !

Je le payai donc, mais comme on payait en ce temps-là, lorsque la France envoyait en fourgons tout son or monnayé à ses vainqueurs ; je le payai en *bons de monnaie* émis depuis trois mois par la Société Générale en bons de cinq francs et de deux francs.

Je reproduis ici, pour mémoire, un de ces bons de deux francs (recto et verso). Ils rappellent les anciens assignats, dont ces bons, heureusement pour la France, n'eurent pas le même sort, tout en rappelant nos désastres d'autrefois.

BON DE MONNAIE

DEUX FRANCS

15, novembre 1871

A

100

Le Directeur,

EI YLEJES.

Le Contrôleur,

JUZTSE.

Le Caissier,

MOVNNARE.

2 F

100

A

Remboursable en billets de banque de France
aux caisses de la Société.

RECTO D'UN BON DE 2 FRANCS

CAISSES DE LA SOCIÉTÉ

PARIS, 54, rue de Provence.	**PARIS**, 19, boulevard Voltaire.
— 46, rue Notre-Dame-des-Victoires.	— 10, boul. St-Germain (Ent. d. Vins)
— 5, rue Palestro.	— 24, rue du Pont-Neuf. (Hal. Cent.)
— 29, boulevard Malesherbes.	— 2, place de Passy.
— 2, rue du Bac.	— 72, rue de Clichy.
— 221, rue Saint-Honoré.	— 57, boulevard Magenta.
— 19, rue du Temple.	— 91, rue du Faubourg-Saint-Honoré.
— 81, boulevard Saint-Germain.	— 3, place de la Bastille.

DÉPARTEMENTS

Avignon, **r.** de la Républ., 13.	Fontainebleau r. la Cloche, 20.	Rennes, pl. du Ch.-Jacquet, 8.
Bar-le-Duc, r. d. Tanneurs, 33.	Lille, r. Nationale, 95.	Rouen, r. Jeanne-d'Arc, 76.
Béziers, pl. de la Citadelle, 15.	Limoges, r des Combes, 8	St-Étienne, r de la Bourse, 30
Blois, r. Denis-Papin, 32.	Lyon, r. de Lyon, 6.	St-Germain, pl. du Château.
Bordeaux, allées de Tourny, 30.	Mans (le), pl. des Halles, 32.	St-Malo, r. d'Orléans, 7.
Boulogne-s.-M., r. de l'Ecu, 32.	Marseille, r de Noailles, 3.	St-Quentin, r. des Suzannes.
Caen, place du Théâtre.	Montereau, **Grande-Rue**, 40.	Sens, r. Dauphine, 41.
Cette, Grande-Rue, 1.	Montpellier, r. St-Guilhem, 34.	Strasbourg, r. Brulée, 12.
Clerm.-Ferr., p. Poids-de-Ville.	Mulhouse, r. de la Sinne, 49.	Toulouse, r. des Arts, 22.
Colmar, r. des Serruriers, 23.	Nantes, pl. du Commerce, 12.	Tours, pl. Saint-Venant, 8.
Dreux, Grande Rue, 1.	Nimes, r. Régale, 10.	Versailles, r. de la Pompe, 2.
	Orleans, r. Lescure, 14.	

VERSO D'UN BON DE 2 FRANCS

J'ai dit au commencement de ce chapitre que, après la Commune, les malfaiteurs, déguisés en insurgés, continuèrent aux environs de Paris leurs crimes, leurs vols ou leurs déprédations.

Ils ne lâchèrent pied dans la capitale que lorsque l'armée de Versailles en devint la maîtresse.

Vers la chute de la Commune, quatre ou cinq scélérats suffisaient pour s'imposer au nouveau gouvernement et pour faire commettre, en son nom, les crimes les plus épouvantables.

Le crime de la rue des Rosiers et le drame de la Maison-Blanche, dont les auteurs responsables furent des réfractaires et des Allemands, prouvent amplement mon dire. Le drame de la *Maison-Blanche* a été conçu par un Allemand et des déserteurs, dont les agissements rappellent ceux des *anciens chauffeurs*. Le drame *de la rue desRosiers* a été médité par des bandits qui, à l'époque du meurtre de Troppmann, se donnaient déjà rendez-vous à la Taverne anglaise de la rue Grange-Batelière, tenue par cette même Mme D***, qui ressemblait tant à Mme Kinck !

Je vais le prouver en parlant des tristes héros des meurtres commis sur les généraux Clément Thomas et Lecomte à *la rue des Rosiers*, comme sur M. Dubois, la victime du drame *de la Maison-Blanche*.

Les fédérés, témoins de ces sanglants spectacles ourdis par des hommes en rupture de ban, par des réfractaires, par des étrangers, n'ont été que les complices inconscients de ces misérables. Et ce sont ces derniers qui les poussaient toujours en avant.

Egarés par le fanatisme, les fédérés ont souvent

payé pour ces vrais coupables dans les conseils de guerre.

Tristes conséquences des luttes terribles que fédérés et soldats de l'armée régulière avaient engagées dans une société affolée, sur le point de périr.

Voici, du reste, sur ces deux affaires et leurs horribles détails, le récit des journaux de l'époque, d'après le rapport des conseils de guerre qui en résument les terribles péripéties.

Le drame sanglant de la Maison-Blanche rappelle l'atroce mise en scène des chauffeurs. Il a lieu dans la propriété de M. Dubois, située passage de ce nom, lequel passage descendait de la rue des *Cinq-Diamants*, sur le boulevard de la Glacière.

Le 24 mai, ce passage était occupé par des bataillons de fédérés se préparant à résister à l'armée qui commençait à entrer dans Paris.

Le 23 mai, M. Dubois, gardé à vue dans sa demeure et dans son jardin, demande à un facteur, en le voyant passer, si les troupes de Versailles sont rentrées dans Paris.

Sur la réponse affirmative de l'employé de la poste, un garde national interpelle brusquement M. Dubois :

— Qu'est-ce ça peut te faire à toi la rentrée des troupes, lui cria-t-il, puisque tu es *signalé* !

Dès le lendemain matin, 24 mai, *un Allemand* et un nommé G***, *ancien repris de justice*, lui servant d'interprète, venaient frapper à la porte de M. Dubois. Ils voulaient, disaient-ils, pénétrer dans sa propriété pour pratiquer des créneaux dans le mur du jardin, à la hautenr de la barricade ; mais M. Dubois leur refusa d'ouvrir. Trois fois les gardes fédérés, au nombre de neuf, revinrent à la charge, trois fois cet honnête et courageux citoyen leur opposa un énergique refus.

De ce moment, la perte de ce bourgeois fut résolue. Les insurgés sonnèrent le clairon ; les fédérés se réunirent, la propriété fut cernée par une cinquantaine de gardes nationaux, les portes furent enfoncées à coups de crosse de fusil et à l'aide d'un merlin ; cette troupe de furieux fit irruption dans la cour et le jardin.

La fusillade avait déjà commencé contre les portes et les fenêtres de l'habitation, tandis que des coups de feu étaient tirés des jardins situés en face. En un instant, la façade de la maison fut criblée de projectiles et les persiennes brisées.

En se voyant ainsi assailli par cette horde de misérables, le malheureux Dubois avait fermé la porte de sa maison. Il s'était réfugié dans sa petite chambre du premier étage, tandis que sa domestique se retirait dans une pièce contiguë à celle de son maître ; au bruit de la fusillade, elle se présenta à la fenêtre, d'où elle reconnut de l'autre côté de la rue, posté sur le mur attenant à sa maison, le nommé D*** qui la tenait en joue. Saisie d'effroi, elle se retire aussitôt pour ne pas être atteinte.

Au même instant, en entendant les coups redoublés des assaillants qui enfonçaient sa porte, se voyant seul et sans défense contre cette bande féroce, M. Dubois n'a d'autre ressource que de saisir un flacon d'acide sulfurique qui se trouve sous sa main, de s'avancer sur le balcon et de jeter le liquide sur ses agresseurs.

Trois gardes nationaux, ceux qui avaient pénétré les premiers dans la cour, sont atteints par ce liquide brûlant.

La fureur des assaillants ne connut plus de bornes; la fusillade devint plus intense, la porte de la maison fut ouverte par un coup de chassepot tiré dans la serrure, cinq de ces bandits pénètrent dans la maison. Trois hommes montèrent rapidement l'escalier étroit, qui conduit à la chambre de M. Dubois.

Ce dernier, se voyant alors perdu, s'avance sur le palier tenant un revolver d'une main, et lançant de l'autre, sur les assassins, le peu d'acide sulfurique qui lui reste. Aussitôt le nommé R***, *qui s'en est vanté*, tire un coup de fusil, à bout portant, qui atteint M. Dubois à la poitrine et l'étend au pied de son lit.

La domestique qui était dans la pièce voisine, entendit presque en même temps et la détonation et le bruit d'un corps tombant sur le parquet; puis une voix qui cria : Oh ! le coch... il a donc tout mis au Mont-de-Piété, il n'a plus qne 20 fr. dans son porte-monnaie.

Après avoir achevé la victime à coups de baïonnette, les trois meurtriers descendirent au rez-de-chaussée, et, presqu'aussitôt, montèrent chercher la domestique, qui était à demi morte de frayeur; ils la font descendre dans la rue, où elle s'attendait à être fusillée au milieu des vociférations de la foule. Là, on l'assit sur une chaise, et elle affirme avoir vu le nommé D*** distribuant aux gardes fédérés le vin provenant de la cave du défunt, son maître.

Quelques minutes plus tard, le nommé G***, accompagné de trois autres gardes fédérés, se chargeait de conduire cette femme à la prison disciplinaire, pendant que les auteurs et les complices de l'assassinat faisaient de la maison Dubois leur quartier général.

Une sentinelle avait été placée à la porte d'enceinte ; elle invitait les passants à entrer pour boire le vin de la victime.

La maison était remplie de gardes nationaux, et parmi les curieux se trouvait un jeune homme qui entra dans la chambre de M. Dubois, il affirme avoir vu, étendu sur le parquet, le corps de la victime, percé de plusieurs coups ; le sang coulait encore des blessures.

Le témoin vit aussi les gardes nationaux qui aidaient G... à traîner le cadavre sur le balcon, où ils le placèrent la tête et les mains passées à travers les barreaux, le laissant ainsi exposé jusqu'au lendemain. Ce même témoin aperçut ensuite G... dans la cave, distribuant le vin aux gardes nationaux, et plus tard forcer les meubles avec sa baïonnette. Il a vu également un des douze qui menaient toute l'affaire s'emparer d'un paletot en soie mérinos et le mettre aussitôt sur lui.

La nuit, les fédérés occupèrent la maison, se livrant au pillage et à toutes les orgies ! Plus de deux cents bouteilles de vin furent bues ou emportées, une somme de 2,000 francs en numéraire fut enlevée, ainsi que des titres ; un portefeuille, les armes, quarante draps de lit, toute la garde-robe d'homme ; en un mot toute la maison fut saccagée.

Le lendemain, 25 mai, en voyant que l'armée de Versailles approchait de leur quartier, ces scélérats, toujours au nombre de douze, précipitèrent le cadavre du haut du balcon dans la cour, le garrottèrent, le traînèrent dans le jardin et le jetèrent dans une fosse qu'ils avaient creusée d'avance.

Les douze bandits, conduits par l'Allemand qui ne parut plus après l'affaire, furent traduits devant le conseil de guerre de Saint-Cloud. Ils expièrent leur peine, après qu'il fut démontré durant le cours du procès que les nombreux fédérés qui les regardaient faire n'étaient là que comme comparses.

L'Allemand, qui agissait sous une influence étrangère, n'eut sans doute en G... qu'un *toucheur* ordinaire. Celui-ci fut heureux, en ce temps de guerre civile, de se faire des complices parmi les nombreux gardes nationaux, qui n'étaient pas fâchés, de leur côté, de donner encore une leçon au bourgeois !

Un an après la Commune, la société avait été si fortement ébranlée qu'elle n'osait complètement se réveiller ; elle tremblait, elle croyait toujours à une organisation formidable de ses ennemis.

Il fallut un an, par la réorganisation de mon service, pour qu'un officier de paix, un brigadier de la sûreté et quelques gendarmes eussent enfin raison des malfaiteurs déguisés, pendant la guerre et sous la Commune, en fédérés pour rire ou en francs-tireurs, quand ces bandits n'étaient que des tireurs de bourses. Il fallut un an pour que le bien eût raison du mal ! Je vais en citer deux exemples entre mille.

Un an à peine après les affaires de la Commune, la joie était dans Belleville. Je venais de faire arrêter dans un hôtel garni un individu de mauvaise vie qui était la terreur de ce quartier.

Ce coquin, véritable colosse, que l'on ne connaissait que sous le nom du Grand-Lapin, s'était, pendant la Commune, rendu coupable d'un vol de 7,000 francs au préjudice d'un marchand de vins du boulevard de Belleville. Tant que la terreur régna dans la capitale, le marchand de vins n'osa pas porter plainte ; mais une fois que l'armée de Versailles fut entrée, il s'en fut dénoncer Grand-Lapin et les deux complices qui l'avaient aidé à commetre le vol.

Ce ne fut pas sans peine qu'on put arrêter ce dangereux individu, qui changeait chaque jour de domicile.

Amené devant moi, Grand-Lapin nia avoir jamais commis quoi que ce soit qui pût motiver son arrestation.

— Mettez-moi le nez sur quelque chose, fit-il, et j'avouerai, si cela est vrai !

On lui montra immédiatement une condamnation à douze années de travaux forcés prononcée contre lui par la cour d'assises de la Seine, et Grand-Lapin finit par être obligé de convenir qu'il était bel et bien flambé.

Durant la guerre, un nommé Pasquier avait été condamné à la peine de mort par la cour d'assises de la Seine, comme coupable d'avoir assassiné, pour le voler ensuite, un malheureux soldat du 51e de ligne, dont le porte-monnaie contenait *deux francs vingt centimes* !

Le 4 septembre étant survenu, Pasquier avait eu sa peine commuée en celle des travaux forcés à perpétuité, et il était resté à la Roquette. Lorsque Raoul Rigault et Ferré ouvrirent les portes des prisons, il sortit avec les autres détenus, il s'affubla à la hâte d'un uniforme militaire quelconque, et, en compagnie de trois de ses acolytes, il fut, sous prétexte de perquisitions, dévaliser deux riches appartements du boulevard de Strasbourg.

Nos hommes. ayant les poches bien garnies, ne songeaient qu'à s'amuser, lorsqu'ils furent contraints de prendre part à la défense des barricades de la place du Château-d'Eau. On était à la grande semaine de la bataille. Deux d'entre eux furent tués en combattant. Ce que voyant, Pasquier s'esquiva au risque d'être fusillé, et, trois mois après, ne sachant où trouver un abri sûr, il retourna à la prison d'où il était sorti, en disant aux gardiens :

— Je suis condamné aux travaux forcés à perpétuité, reprenez-moi.

Court, trapu, musclé comme un taureau, l'œil louche, le front déprimé, Pasquier était bien le type du criminel vulgaire et sans remords. En montant dans la voiture cellulaire, il s'était écrié en riant :

— Allons, en route ! mieux vaut encore ce voyage que l'autre.

On ne connaîtra jamais les véritables assassins des *victimes de la rue Haxo*, immolées le 26 mai, pas plus qu'on ne connaîtra tous les meurtriers des généraux Clément Thomas et Lecomte à la rue des Rosiers.

Ces deux grands faits si terribles, qui commencent et terminent la dernière lutte sociale, sont l'œuvre, selon moi, de la juxtaposition de malfaiteurs et de fanatiques. Cette juxtaposition s'est formée, sans liens solides, quand le pays légal était désorganisé, désarmé, dissous. Les politiques ont armé alors les bras des assassins.

La rancune du régime déchu a frappé les moins coupables aussi bien du côté des victimes que du côté des bourreaux. Clément Thomas meurt massacré en criant : *Vive la République !* Et Lecomte tombe pour avoir signé le traité de Paris avec les Prussiens.

Quant à ceux qui les égorgent, ce sont des réfractaires payés par ceux qui leur en veulent personnellement. La masse applaudit les meurtriers qui sont le contraire de ce que pense le peuple, las de souffrir par la faute de ceux qui ont payé les bourreaux comme les victimes.

Mais les bourreaux sont, je le répète, des malfaiteurs vulgaires. L'instinct du désordre, l'esprit de rebellion, la débauche, l'ivrognerie et la cupidité, les mettaient déjà hors la société commune,

Les principaux assassins *connus* des généraux Lecomte et Clément Thomas sont un nommé Verdaguer, un sergent refractaire qui, en apprenant, à Versailles, que l'heure suprême va sonner, se laisse tomber presque sur son lit. Il ne se remet que lorsqu'on lui dit qu'il doit songer à mourir en soldat pour ne pas prêter à rire aux ennemis de la France, puis un Herpin-Lacroix, un tartufe des faubourgs. Celui-ci ne cesse de répéter avec exaltation :

— Je suis innocent! les véritables assassins des généraux se promènent en liberté dans Paris, *je les connais bien!*

Enfin, le dernier c'est Lagrange. Il se soutient à peine, quand il sort de la prison de Noailles pour être conduit avec ses deux complices à son lieu d'exécution, à la montée de Satory..

J'ai été témoin du supplice de ces trois criminels. Par mon habitude de juger du premier coup les condamnés à mort, je puis certifier que ces hommes n'étaient que les bras et non la tête de ceux qui ont provoqué, sinon conçu, les meurtres du 18 mars.

Il était six heures du matin lorsque les trois condamnés à mort dans l'affaire de l'assassinat des généraux Lecomte et Clément Thomas arrivèrent au haut de la montée de Satory.

Il faisait jour à peine ; la lune, qui brillait d'un vif éclat, argentait les casques des dragons et les sabres nus des gendarmes. Les rayons lunaires donnaient au lugubre cortège un aspect encore plus terrifiant.

Lorsque les trois hommes descendirent de voiture, suivis de leur aumônier, l'abbé Follet, ils furent placés contre la butte dominant, à droite et à gauche, la haie des cavaliers. Ceux-ci se rangèrent par les trois côtés ; une fois les condamnés placés près de la butte, ils fermèrent le quatrième côté du carré.

Vingt curieux à peine, dont deux femmes, composaient la foule derrière les soldats. Verdaguer descendit le premier ; l'abbé Follet le rejoignit. Il accompagna l'ex-sergent jusqu'au poteau fatal, celui de droite, au pied duquel il s'agenouilla, après avoir reçu du prêtre le dernier baiser de paix. Puis on lui banda les yeux, pendant que le greffier lui lisait sa sentence et que le peloton d'exécution, qui attendait au milieu des soldats, prenait place en face de lui.

Herpin-Lacroix, pendant ce temps, s'avançait rapidement, toujours la cigarette aux lèvres, après avoir sauté plutôt qu'être descendu de la voiture. Arrivé à l'endroit où il devait mourir, il murmura encore quelques mots de protestation pendant la lecture de son jugement ; puis il se laissa bander les yeux, croisa les bras et attendit.

Lagrange, lui, semblait se soutenir à peine. Cependant il voulut rester debout, ainsi qu'Herpin-Lacroix. Il se fit alors pendant quelques secondes un silence terrible, qu'une triple détonation, précédée d'un triple éclair, troubla tout à coup.

Les trois pelotons d'exécution avaient accompli leur œuvre de justice. Il était six heures vingt-cinq minutes.

Verdaguer était tombé en avant et sur le côté droit, la mort avait été instantanée. Herpin-Lacroix, jeté en arrière, paraissait vivre encore. Les balles, mal dirigées, l'avaient surtout atteint aux bras et aux membres inférieurs. Un soldat accourut près de lui et lui donna le coup de grâce, pendant qu'un vieux sergent rendait également à Lagrange cet horrible et dernier service.

Quelques secondes après le défilé commençait, tambours et musique en tête ; et, moins de dix mi--

nutes plus tard, il ne restait sur le plateau de Satory que la voiture des pompes funèbres, qui allait enlever les corps des suppliciés pour les conduire au cimetière Saint-Louis, où des fosses étaient prêtes à les recevoir dans la partie du champ de repos réservée aux suppliciés.

Ces trois hommes, je le répète, n'étaient que de vulgaires meurtriers. Je tenais à m'en convaincre en étudiant leur attitude à leur heure suprême. Ils n'avaient rien des héros, même des héros de guerre civile. Ils ne sont pas morts comme Vermorel, qui pourtant, en pleine santé, redoutait la mort ; ni comme Delescluze, un vieillard, qui cependant devait tenir à la vie comme on y tient dès qu'on est sur le bord de la tombe ; ni comme Dombrowski, qui se vendait, en soldat de fortune qu'il était, mais qui, du moins, sut mourir en soldat !

Non, ces vulgaires meurtriers n'avaient rien du martyr. Ils n'étaient que de vils instruments qui, jusqu'à la dernière heure, espéraient être sauvés par ceux qui les avaient armés. Ils n'avaient ni l'amour de leur cause, ni la haine des victimes qu'ils avaient faites.

J'en ai la preuve par cet écrit qui me fut confié, bien avant l'heure suprême qui raya ces malfaiteurs du nombre des humains. Je donne cet écrit à méditer à ceux qui ne partageraient pas mon opinion sur les assassins de la rue des Rosiers.

Paris, le 8 novembre.

« Ami Lagrange,

« Dieu, toi et moi, seuls nous connaissons les principaux assassins des généraux.

« Car tout le peuple qui hurlait à la suite était des idiots, et nous étions du nombre.

« Avoue donc tout, ce sera mieux pour tout le monde, et tu ne t'en repentiras pas. Le parti qui nous avait offert de l'argent pour nous taire est fondu. Nomme donc tout et tu regagneras la liberté.

« Dis tout, sans quoi j'irai parler à Mme D***.

« Les sentiments... (illisible.)

« Quand tu seras condamné il sera trop tard de causer.

« Réfléchis que tout avait été raconté devant madame D***. Rappelle-toi nos dernières paroles sur le trottoir de la rue Grange-Batelière, 13. Tu as eu tort de ne pas t'attacher *à ma politique* avec l'empereur.

« Ensuite, il faut te rappeler le proverbe de Mme D*** : « Qui a bu boira. » Il y en a trop en France de cette race, et tout ça est sorti d'une marmite infernale. Par le fait, tu n'es pas coupable, et tu sais où ils sont.

« Va, écoute-moi, il est temps de causer hardiment.

« Ton ami,

« HENRI. »

Cette lettre entra en ma possession quand une saisie domiciliaire fut opérée, un an après, chez mon étrange ange gardien, le sergent la Carotte. Malgré la protection de l'État et ma reconnaissance, il ne put, par ses nouveaux méfaits, se soustraire encore à la justice.

Bien avant son arrestation, une fois au poste de confiance que la Ville lui avait accordé, comme concessionnaire de la location des chaises publiques, mon bandit s'était rendu coupable de délits inimaginables.

Non seulement mon mouton frustrait la ville par ses comptes infidèles, mais il trompait jusqu'à ses bienfaiteurs en pactisant avec ses ennemis. *La Carotte*, dit *Pifsoif*, dit *Deaudaff*, dînait de la République et soupait de l'Empire.

La lettre d'Henri que l'on surprit à son domicile, concernant un des meurtriers des généraux Lecomte et Clément Thomas, le prouvent péremptoirement. Ce qui acheva de l'abandonner à son malheureux sort, malgré les services qu'il avait rendus au chef de l'État et à moi-même, ce fut sa complicité avec les derniers et ténébreux défenseurs de Rossel.

On sait qu'après la défaite de la Commune, les vaincus sentirent dans la main bonapartiste une main protectrice et secourable; on sait qu'il n'eût tenu qu'à Rossel d'être délivré du poteau de Satory par ses amis de l'Appel aux peuple et par les anciens rédacteurs du *Drapeau*.

Le perfide la Carotte, qui servait tous les drapeaux, qui ne se contentait pas de servir les ré-

publicains et les bonapartistes, entretenait aussi des
relations secrètes avec les chefs les plus compromis
et les plus dangereux de *l'Internationale*.

Lorsqu'on l'arrêta aux Champs-Elysées, avant de
le faire passer en jugement, la Carotte causait avec
un homme du monde, décoré de tous les ordres ;
cet homme, un Italien, n'était en réalité qu'un de
ses complices les plus influents, dans l'internationalisme du meurtre et du vol.

Lorsque *la Carotte* dont je dirai bientôt le véritable nom, fut pris pour *la quatrième fois*, afin de
répondre, malgré les récents services qu'il avait
rendus à la police, sur les *assassinats de Limours*,
crimes qui seront l'objet d'un prochain chapitre, il
devint impossible de retrouver l'Italien, l'homme du
monde, qui parlait à la Carotte, une heure avant
son arrestation.

Il fut prouvé lors du jugement des *assassinats
de Limours*, du *garde champêtre de Seine-et-
Oise*, de la *veuve Lafon* et du *meurtre de Chevilly*,
que cet Italien avait trempé avec le prétendu la
Carotte, dans ces divers assassinats qui signalent la
nouvelle période de mon service, du 15 juin 1871
au mois d'octobre 1872.

Lorsque mon ex-sergent, mon ex-mouton fut
transféré à la Roquette pour subir sa nouvelle
peine, j'eus avec lui un entretien secret dans son
cachot ; il me dit, après l'avoir interrogé sur son
complice l'Italien :

— Oh ! quant à celui-là, on ne le pincera jamais.
C'est un comte, un gentilhomme pour de bon, quoi
que l'on dise ! C'est un *Mafia !* Lui, voyez-vous,

monsieur Claude, il *moutonne* dans la haute. Garibaldi et Cavour lui doivent un fameux cierge ! Ce qui ne l'empêche pas d'être au mieux avec les aristocrates de tous les pays ! Ses croix sont de vraies croix, ce qui ne l'empêche pas d'arrêter les diligences, de fouiller comme moi dans les sacs du pauvre monde. Mais lui, n'en parlons pas, par prudence pour vous comme pour moi ! Moi, c'est une autre paire de pantoufles, malgré la bonté que vous avez eue pour votre copain qui vous a sauvé la vie à la Santé, je reconnais que je n'ai pas triché avec la Camargue ! Que voulez-vous, comme le noble italien, je suis possédé pas la grinche et par la saignante ! Lui, quand il voit une diligence, il faut qu'il l'arrête ! Moi, quand un verre de vin est versé, il faut que je le boive, quand je vois une montre, il faut que je la prenne ! J'ai toujours soif, j'ai toujours eu la main malheureuse. Cependant je ne suis pas noble, moi, comme mon Italien, je ne puis me dispenser aujourd'hui d'un nouveau petit voyage au pénitencier. J'en serai quitte pour ce voyage, et ça grâce à vous et au chef de l'État. Si je n'étais pas aussi un privilégié, j'en suis sûr, je serais *raccourci!* Il y a des vieux fagots qui sont allés à Charlot qui l'ont moins volé que moi !

J'expliquerai lorsque j'arriverai à la série des différents meurtres qu'il m'a fallu poursuivre, du mois de juin 1871 au mois d'octobre 1872, le sens des étranges paroles de mon forçat.

Je dirai seulement ici que cès meurtres ont été les conséquences de la révolution du 18 mars.

On a vu, à cette époque, ce qui ne s'était vu qu'à l'époque la plus néfaste de notre histoire, un forçat, comme *la Carotte*, dans la prison où était retenu un chef de la sûreté, devenir sa Providence. On a vu un gentilhomme, comme l'était réellementcet Italien, appelé à Paris pour devenir le dictateur des voleurs et assassins, graciés par la Commune.

Tel était, en effet, l'Italien dont la Carotte n'était en réalité que le lieutenant. Ce gentilhomme étranger était en grand ce que ce forçat faubourien était en petit : un bandit, qui dès sa jeunesse s'était associé à toutes les révolutions de la terre, pour en ramasser les épaves.

Il semble que Balzac, qui devina le second empire dans le baron Hulot, ait deviné aussi Vautrin, le voleur diplomate. Car Vautrin règne et gouverne de plus en plus dans notre société en décadence.

Aux jours de trouble, il a son armée toute trouvée, il trompe à la fois et son armée de bandits et l'armée régulière ; au nom de la démocratie, il défie la justice et la police ; au nom de l'aristocratie, selon les circonstances, il *roule* jusqu'à la police, en forçant ses chefs à devenir ou leur victime ou leur très humble serviteur.

Plus les sociétés s'égalisent et se rapetissent, plus grands sont les Vautrin, type idéal, dont le comte L... de M... est le type vrai.

Le comte L... de M..., tel était le nom de ce gentilhomme, chef de la fameuse bande *la Mafia*, bande sicilienne, qui se transporte avec son armée, partout où la société se décompose, se rue contre elle-même ; bande anonyme et permanente, qui associa sous la Commune, des déclassés, comme des *Carotte* et des *Maillard*, à ses plus épouvantables et plus monstrueuses combinaisons!

CHAPITRE III

LE CHEF DE LA MAFIA.

Ce que j'avais prévu en refusant la direction de la sous-préfecture de police, se réalisa après ma réinstallation dans mes fonctions de chef de la police de sûreté. L'insurrection était vaincue; mais le parti de la révolution existait toujours. M. Thiers, qui se donna le mérite d'avoir réorganisé notre armée et d'avoir sauvé la société, dut s'incliner devant ses adversaires et faire aussi la part des prérogatives de la magistrature.

Par décret du président de la République, en date du 17 novembre 1871, sur la proposition du ministre de l'intérieur, M. Léon Renault, alors préfet du Loiret, fut nommé préfet de police, en remplacement du général Valentin. M. Albert Gigot, à son tour, après M. Voisin, successeur de M. Renault, succéda plus tard à ce dernier.

J'ai dit dans un précédent chapitre, les consé-

quences fâcheuses de ces remaniements trop rappro-
chés de préfets. A la préfecture, comme dans toutes
les grandes administrations, la bureaucratie est omnipotente, notre administration pour sa part, appartient exclusivement à la robe ; aussi la préfecture, dès le départ du général Valentin, sous le règne de M. Renault et Voisin, s'appliqua-t-elle à
détruire ce qu'avait fait leur prédesseur. M. Voisin
qui était un magistrat, se demanda si le sabre, si le
fusil des sergents de ville, ne pouvaient pas être
remplacé par la baguette du constable ; si sa tuni-
que militaire ne jurait pas trop avec la robe des
huissiers du Palais ?

Mais lorsque M. Voisin commença aussi à connaître son métier de préfet, il fut question de lui
donner un successeur ne connaissant pas le caractère primordial de notre administration. C'était
encore un grave danger, surtout après les affaires
de la Commune, qui, jusqu'en 1873, étaient loin
d'être terminées !

A cette époque, tout en m'éloignant de plus en
plus des affaires politiques et militaires, spécialement du ressort du conseil de guerre de Versailles,
j'étais obligé de signaler, jusque dans les plus terribles événements de la Commune, les repris de justice qui en avaient tant profité.

Il est incontestable pour moi, qu'une association
de bandits qui, deux ans après la défaite de la Commune, continua ses dé᷄redations dans la banlieue,
fut toute-puissante jusque dans le comité de salut
public.

Cette association composée d'étrangers, de Polonais, d'Italiens et d'Allemands, a déshonoré cette révolution inaugurée d'abord par des fanatiques.

Ces fanatiques eux-mêmes se sont sentis les premiers fort mal à l'aise à côté des êtres nuisibles qui les ont forcés à endosser leurs crimes et leurs infamies.

J'ai signalé l'existence de cette association dans l'*affaire Dubois*, dans les affaires de *la rue des Rosiers* où les plus coupables n'ont pas été ceux qui ont été fusillés aux poteaux de Satory, comme l'attestent leurs humbles complices.

J'ai découvert chez un des proches parents d'un membre influent du comité de salut public, à Clignancourt, les derniers procès-verbaux de ce comité, contenant les votes de l'incendie de l'Hôtel-de-Ville, du Grenier d'abondance et de la Cour des Comptes. Ils étaient signés de noms terminés en *i* et pleins de *w* et de *nn*. Les Français étaient en minorité dans cet aréopage d'assassins cosmopolites. Quant aux Parisiens, ils y brillaient par leur absence. L'incendie de la capitale par ces signataires étrangers a été bien plus une *affaire* qu'une question de principes.

Et s'il s'y rencontrait quelques Français, c'étaient presque tous des récidivistes, pensionnaires de Mazas et de la Roquette. J'ai vu fusiller l'incendiaire de la Cour des Comptes, durant la semaine sanglante, c'était un Italien, un Sicilien, il mourut bravement la cigarette à la bouche. Il était vêtu comme un Garibaldien, son costume tenait surtout du Fra Diavolo.

Mon sergent des fédérés, mon ancien sauveur,

je le crains bien, ne trahit la Commune que dans l'espérance de la servir un jour si, dans l'avenir, elle eût repris une éclatante revanche qui lui eût assuré une nouvelle impunité.

Mon sauveur devenu mon mouton, ne dénonça jamais que d'anciens complices qui avaient fait avec lui le *barbot*. Il respecta ses chefs étrangers qui, deux ans après la Commune, se contentaient de faire *barboter* encore leurs soldats, sans se compromettre devant des subalternes dont mon sergent *la Carotte*, dit *Pifsoif*, dit *Deaudaff*, dit le *Grand Vidocq*, était l'intermédiaire ou le trait-d'union.

Je raconterai comment je fus obligé de rendre à la justice, ce récidiviste sans qu'il voulut dénoncer l'homme important qui, dès le triomphe de la Commune, expédia à Paris des bandes d'insurgés siciliens, voleurs et assassins de profession. Cet homme-là était un *monsieur*, un véritable gentilhomme.

Je ne suis pas éloigné de croire que si Garibaldi refusa de se mêler aux mouvements communalistes du 18 mars, c'est qu'il connut à l'avance le rôle atroce qu'allaient y jouer les mêmes bandits, ses compatriotes, qui, en 1859, l'avaient aidé à piller les couvents de la Péninsule.

Ce que personne ne sait, c'est que par l'existence, au 18 mars, de certains bandits, compagnons de la *Mafia*, société mère des *Carbonari*, dont Napoléon III, Mazzini, Cavour, ont fait partie, la Commune s'est vu déborder par l'étranger pirate.

Alors des révolutionnaires d'un grand patriotisme,

d'une foi aussi ardente que sincère, se sont vus en minorité dans le comité central. Ils n'ont plus eu qu'un refuge pour dégager leur responsabilité, comme Rossel, Delescluze et Vermorel, celui que leur offrait la mort !

Et l'homme important, le gentilhomme, dont dependait mon mouton, ne quitta définitivement Paris que lorsque les derniers excès engendrés par la guerre civile ne permirent plus à ses soldats de continuer des brigandages, rappelant ceux des anciens *chauffeurs* et des anciens *soldats de Jehu.*

Il est de mon devoir de parler de la Mafia, la plus ancienne des sociétés secrètes de ce siècle, engendrant l'*Internationale*, dont la Commune de Paris est la fille.

En Italie, surtout en Sicile, le mot bandit, aventurier, soldat de l'indépendance sont synonymes

Or, en 1859, lorsque toute l'Italie fut travaillée par les sociétés secrètes exploitées par Cavour contre l'Autriche et contre les Bourbons de Naples, les bandits siciliens, grâce au ministre de Victor-Emmanuel qui, disait-il, voulait faire de l'Italie un *vaste foyer de conspiration*, les bandits siciliens, dis-je, étaient tous préparés à l'insurrection.

De son côté, lorsque Garibaldi mit le pied en Sicile, tout était combiné pour son triomphe.

Bandits et soldats se donnèrent la main, contre les sbires de Naples, prêts à grossir les rangs des vengeurs de la Liberté commandés par Garibaldi, sauf au vainqueur de Caprera, à punir les bandits et à glorifier les soldats.

Les bandits étaient tous des soldats de la Mafia.

La Mafia fut fondée en 1810 par une société de bonapartistes étrangers, pour soutenir Murat, roi de Naples. Lorsque les Siciliens ne trouvèrent plus dans le lieutenant-roi de Napoléon Ier, un protecteur de leurs exactions, ils s'inclinèrent devant Ferdinand IV.

Toutefois les bandits après avoir chassé leur ancien roi, le gardèrent en Sicile pour que son pouvoir amoindri fît encore la force de la Mafia.

Sous la Restauration, Ferdinand voulut se débarrasser complètement des ces brigands aussi *nationaux* que *politiques* et qui volaient aussi bien dans les caisses de l'Etat que sur les grandes routes.

Ce prince ne parvint à mettre de l'ordre dans son royaume que par l'intervention anglaise. La Mafia et ses bandits furent refoulés à l'extrémité de l'ile, vers les cavernes de la Catalafimi.

Une fois redevenu maître de la Sicile, Ferdinand chassa à son tour les Anglais, puis retira à l'aide de la réaction de 1815, tous les privilèges à la Sicile.

La Sicile se regimba. La Mafia eut beau jeu. Elle fit sortir ses soldats des entrailles de la montagne. Elle fomenta une double révolution qui éclata à la fois à Palerme et à Naples. Ferdinand la comprima à l'aide des forces autrichiennes qui occupèrent tout le pays.

La Sicile ne fut pas plus tranquille.

Les bandits de la Mafia, grossis des Anglais évincés au profit des Autrichiens, tinrent souvent en échec les armées et les sbires de Naples et de l'Autriche.

En 1830 et jusqu'en 1848, ce fut une lutte continuelle entre le peuple sicilien et l'autorité royale, lutte dans laquelle les sbiresde Naples et les sicaires de l'Autriche n'eurent pas toujours le dessus.

Durant les dernières années, l'élément bonapartiste composant l'état-major de la Mafia sous la royauté de Murat, reprend le dessus.

Les agents des potentats détrônés, tous carbonari dont la Mafia est la mère, s'en souviennent, surtout les fils des rois de Hollande et d'Espagne, et d'Italie sous l'éphémère et vaste empire de Napoléon Ier. Ils servent d'atouts dans le jeu des Siciliens. Ils tendent la main au nom de l'indépendance italienne, au chef de 'la Mafia : Le comte P... de M..., vrai gentilhomme, chef des frères de la Mafia depuis 1820, resté fidèle à tous les partis vaincus pour mieux faire passer ses meurtres et ses exactions,

Alors les compagnons de la Mafia, pour s'assurer l'impunité auprès de la justice royale, sous l'inspiration de P... de M..., père de icelui qui figure sous la Commune, et du chef de mon sergent des fédérés, alors les compagnons de la Mafia donnent un caractère politique à leurs cruautés.

Lorsqu'ils arrêtent une malle-poste, lorsqu'ils traquent les voyageurs dans les montagnes, les frères de la Mafia ont le soin d'épargner les Siciliens. Mais ils sont sans pitié pour les Napolitains et les agents de l'Autriche.

Sicile et Liberté, tels sont les mots d'ordre des frères de la Maffia. Lorsque P... de M... meurt, son fils lui succède. L... de M... met au service de

Garibaldi et de Victor-Emmanuel, tous ses soldats, lors de la guerre d'Italie contre l'Autriche, inspirée forcément par notre empereur Napoléon III.

Alors le comte L... de M... rappelle à Napoléon III, après Solférino, que son père avait rompu autrefois, dès le règne de Murat, contre tous les princes de Bourbon tyrannisant le royaume de Naples et de Sicile.

En 1859, la situation du nouveau chef de la Mafia est des plus florissantes, grâce à l'amitié qu'il cimente entre le roi Victor-Emmanuel, Cavour, Garibaldi et l'empereur des Français. Il se pose, lui et ses soldats, qui ne sont que des bandits, comme des vengeurs de la Liberté.

L'Italie n'est pas en vain le berceau des Machiavels. Plus tard, le même L.. de M..., digne fils de son père, transporte ses frères de la Mafia au Mexique, lorsque cette guerre est déclarée par la France, au nom des intérêts nationaux anglais et espagnols ; elle promet à ce chef de bandits de nouvelles épaves. L... part avec ses bravi pour le Mexique, semant partout l'anarchie, le meurtre et le pillage.

Là il organise une compagnie de contre-guérillas.

Dès que Bazaine abandonne la partie en laissant fusiller l'empereur Maximilien, L... de M... passe, avec ses bandits siciliens, des contre-guérillas dans les compagnies de guérillas. Il travaille à son tour à la défaite, à la tuerie du frère de l'empereur d'Autriche, « qu'un chef de la Mafia a eu la honte de servir », dit cyniquement L... de M....

Il retourne en Sicile, il attend le moment de la guerre de France avec l'Allemagne pour recommencer de nouveaux exploits. Chef des soldats de rapine, chef des soldats du désespoir et de la Mort, il accourt à Paris avant la déclaration de la Commune. Il suit les péripéties de cette guerre intestine et sanglante comme le requin suit, au moment du naufrage, un navire en détresse qui lui permet d'assouvir sur des cadavres ses insatiables et horribles appétits.

Il se glisse avec ses soldats, costumés en Fra-Diavolo, jusque dans le Comité central. Il se dit le délégué de Garibaldi au nom de la fraternité des peuples. Il montre, à l'appui de ses prétentions, des lettres du libérateur de l'Italie ; il a bien soin de cacher, jusqu'à nouvel ordre, les épitres louangeuses que lui adressaient à la même époque les souverains libéraux de la Péninsule.

La Mafia, avec ses lieutenants costumés en rouge, plume au chapeau, poignard à la ceinture, encombre, sous la Commune, tous les comités et tous les clubs, en criant : *Viva la Liberta! honor à Garibalde!* On la voit au premier rang près des tribunes des clubs et aux barricades, jusqu'à l'heure de l'entrée des troupes dans Paris ; à cette heure-là, la Mafia s'éclipse pour reparaître avec ses soldats pillards et incendiaires, à toutes les banlieues. Là ils continuent à porter le ravage et l'incendie.

La Mafia semble obéir à un signal invisible. Ce signal est donné par L... de M..., qui ne reçoit que la nuit ses frères bandits, loin de l'hôtel qu'il occupe dans le quartier le plus élégant de Paris.

L... de M..., chef de la Mafia, est, en 1871 et 1872, un homme de quarante à cinquante ans. C'est un gentilhomme dans toute l'acception du mot. Pour le public élégant qu'il fréquentait à Paris quelques mois avant la guerre, c'était un noble Italien dont le patrimoine s'était dissipé aussi bien au service de ses plaisirs qu'au profit de son amour pour la Liberté ; c'était un admirateur de Mazzini et de Garibaldi, un soldat dévoué de l'indépendance. Durant la guerre, c'était un brillant capitaine de francs-tireurs, qui, en haine du despotisme allemand, a servi la nouvelle République française. La Commune le retrouve sous ses mêmes habits et pour rester le serviteur de la même foi.

Mais, dès qu'il n'est plus avec ses soldats italiens pour soutenir en apparence la cause de l'indépendance, L... reprend ses habitudes d'homme du monde. Il n'est démocrate que par l'idée, il est resté aristocrate par l'allure, par le ton, par le langage, par les formes extérieures.

Il déjeune au café de Paris, il dîne chez Véfour. S'il ne va pas au Jockey, c'est que ses opinions s'y refusent. En revanche, il joue dans les cercles non *autorisés*, un jeu d'enfer ; il soupe dans ces cercles comme on ne soupe même pas au Jockey. Les nuits où on ne le trouve pas aux cercles, il les passe non loin des lieux où le meurtre, le vol et l'incendie viennent lui apporter le tribut des infâmes exploits de ses mystérieux soldats.

Dans ces nuits-là, jours de *travail* pour le chef de la Mafia, L... de M... patauge dans le sang et ne vit que de carnage ! Au fond, cet individu qui, pour tout le monde, est un élégant distrait et blasé traînant sa vie au Bois, dans tous les salons, avec un visage impassible, énigmatique, n'est qu'un fauve ou un oiseau de proie.

Celui qui l'aurait vu sur le théâtre de ses crimes, l'œil en feu, la haine au cœur, la convoitise dans les traits, ivre de sang et de meurtre, ne l'eût pas reconnu. C'était alors le dieu du Mal, animant de ses cris féroces et goguenards les démons italiens, Crispins de l'infamie, qu'il dépassait même en férocité.

Tel était L... de M..., le chef de la Mafia, le brigand cosmopolite, le chef des *bandits siciliens*.

Depuis vingt ans, L... de M... avait semé la terre entière de ses meurtres; jamais il n'avait été pris, parce qu'il n'apparaissait que là où surgissaient la guerre et la révolution.

C'était un bandit d'un nouveau genre, qui, pour s'assurer l'impunité, se dérobait derrière la révolution pour y dissimuler encore ses méfaits.

En temps de paix, lui et ses soldats se sauvaient du pays qu'ils venaient d'exploiter; ils allaient plus loin, comme les vampires, les goules qui n'aiment que la nuit, pour mieux y dérober leurs crimes, fuyant partout la lumière de la justice et de la vérité.

L... de M..., comme on le verra plus tard, devait disparaître après l'assassinat de Limours, ce dernier exploit du banditisme national, qui s'appelle les *exploits de la bande Maillard*.

Alors, Paris et la France devenaient un théâtre

trop dangereux pour ses exploits, dès qu'on voyait clair dans ses coulisses, dès que le prolétariat vaincu rentrait sous la bannière de l'ordre et du travail.

Voilà L..., l'homme étrange dont dépendait continuellement mon ancien sergent des fédérés. Je l'appris trop tard, lorsque, compromis à l'assassinat de Limours, mon mouton, dit *la Carotte*, dit *Pif-soif*, dit *Deaudaff*, etc., etc., etc.. m'avoua le véritable rôle qu'il avait joué auprès de moi depuis qu'il m'avait sauvé la vie à la prison de la Santé :

— Monsieur Claude, me dit-il lorsque je le retrouvai à la prison de la Roquette, ne croyez pas, lorsque je tentais l'impossible pour vous sauver la vie, ne croyez pas que j'agissais uniquement pour gagner l'argent des Versaillais. Non, j'avais un autre but ! Je puis vous le dire aujourd'hui que mon chef *s'est tiré des pieds*, mon but, c'était aussi de tirer les vers du nez à la police dont vous êtes le représentant, au profit de mon chef, de mon seul chef, un Italien, un malin qui en revendrait à tout votre troupeau de moutons !

Lorsque je voulus le questionner sur ce chef, ce L..., ce monsieur élégant que j'avais vu avec lui aux Champs-Elysées une heure avant son départ de Paris, mon Pifsoif se tut ; il se contenta de branler la tête, puis il me répondit :

— Si je vous le disais, monsieur Claude, vous en sauriez autant que moi, et si vous en saviez autant que moi, mon affaire serait bonne. Demain, je vous réponds que je ne pourrais plus parler. Je serais cuit. Vous savez le proverbe : « Trop parler nuit, trop gratter cuit. »

Voyant que je ne pouvais rien tirer de mon Pifsoif, je l'interrogeai sur les événements de la Commune, sur les criminels qu'il m'avait dénoncés, tant
par les complices de Raoul Rigault que par ceux
qui avaient frappé les officiers supérieurs de notre
armée.

— Les vrais meurtriers, me dit-il, qui ont aidé
Rigault et Ferré, les véritables assassins des otages
et des généraux de l'armée, n'ont pas été au poteau
de Satory. Je vous en réponds, mon chef les connaît comme .moi et mieux que vous, puisque c'est
lui qui a dirigé leurs chassepots!

Comme je souriais d'un air de doute, il reprit en
haussant les épaules :

— Vous ne me croyez pas, eh bien! relisez la
lettre d'Henry adressée à Lagrange. Henry, c'est le
bras droit, comme je suis moi, le bras gauche, de
mon Italien! Mais, pas plus que moi, Henry ni
Mme D***, la femme de la brasserie de la rue Grange-
Batelière, vous savez, celle qui était tant aimée ,de
Troppmann! Pas plus que moi, Henry, Mme D***, ne
vous diront rien sur le grand chef, parce que, si
nous ouvrions le *crachoir* sur le bonhomme, la *saignante* nous la fermerait aussitôt !

Je ne pus rien savoir de plus de mon madré de
sergent, qui, tout en me dénonçant autrefois ses
anciens compagnons de captivité, m'avait aussi dénoncé au chef de la Mafia, afin de lui préparer, au
moment où mon sergent allait être pris, une sécurité qui ne lui était plus permise.

Si j'appris de nouveaux détails sur ce chef de
bandits cosmopolite, sur ce Vautrin doublé de Man-

drin, si je connus sa nationalité, son nom, le rôle qu'il joua au Mexique, en France sous la guerre et sous la Commune, je connus ces détails par un autre soldat de L... de M....

Mais, le lendemain des confidences de ce dernier, j'appris, au moment où je me rendais dans sa cellule pour l'interroger encore, qu'il avait été poignardé, dans la nuit, par un de ses camarades de prison.

Cet assassin ne put jamais être reconnu ; à la forme du couteau qui avait frappé la victime, je reconnus la main qui l'avait tenu, c'était une main italienne.

Mon sergent ne m'avait pas trompé : L... de M... avait sa police dans toutes les prisons de l'Europe ; ce bandit cosmopolite qui narguait tous nos espions était plus fort que nous. Je comprenais pourquoi mon sergent, mon mouton, qui avait trompé Thiers, qui avait trompé les fédérés, qui avait joué mes geôliers, qui m'avait joué moi-même, ne voulait pas jouer le chef de la Mafia, parce qu'il savait alors qu'il risquait sa vie !

Lorsque je connus le nom, la nationalité de ce gentilhomme-bandit, par un autre complice que mon Pifsoif, et qui paya de la mort ses confidences, ce dernier me fit connaître deux particularités de son existence que je tiens à relater.

Vers la fin de la Commune, lorsque le feu prenait aux extrémités de la rue de Rivoli, lorsque la troupe de Versailles s'avançait entre deux barrières de flammes, L... de M... était là, seul avec deux ou trois de ses bandits les plus forcenés, plume au chapeau, casaque rouge, revolvers et poignards à la ceinture; ils arpentaient tous trois les arcades désertes de la rue, pleine de fumée, d'où sortaient, des fenêtres des Tuileries et du ministère des Finances, d'immenses langues de feu.

La barricade de la place de la Concorde venait d'être enlevée par la troupe; un capitaine, plus aventureux que les autres, s'était précipité avec un peloton de la ligne au delà de la barricade pour se répandre avec ses hommes dans la rue de Rivoli, et se jeter dans la fournaise qui commençait à incendier le ministère des Finances et les Tuileries.

Qu'y trouve ce capitaine? L... de M... et ses Italiens prêts à ramasser les dernières épaves du ministère des Finances et des Tuileries en feu!

Malgré l'imminence du danger, malgré la situation étrange où lui, l'officier, se voit placé vis-à-vis de ce gentilhomme, il le reconnaît.

Un an auparavant, L... de M... avait été son compagnon au cercle; ce capitaine était marié depuis un an à peine, L... de M... avait été le témoin de son récent mariage, il avait signé à son contrat!

Et, cet officier ne peut en douter, c'est bien lui, L..., quoiqu'il soit cette fois déguisé en bandit sicilien.

Il le reconnaît sous ses traits bouleversés, malgré sa barbe et ses cheveux roussis aux flammes. Il l'a vu de loin attiser le feu en compagnie de ses bandits, cherchant, furetant partout, le poignard aux dents, pour voler et favoriser le pillage de ses mercenaires.

D'un bond, la colère dans les yeux, l'indignation sur les traits, le capitaine s'élance à travers les ruines fumantes vers le bandit italien ; il l'empoigne au collet, il lui crie :

— Et toi aussi, L... de M..., tu es un incendiaire ! Meurs lâche ! Meurs ! malgré les titres que tu t'étais donnés dans mon monde, pour mieux le reconnaître au moment de la curée !

Et déjà il fait signe à une dizaine de soldats qui le précèdent de prendre L... de M..., de l'acculer au mur pour le fusiller avec ses lieutenants cernés par son peloton. .

L... de M... ne se déconcerte pas. Il sourit en reconnaissant le capitaine, son ancien compagnon du cercle. Il lui dit en le prenant à part :

— Prenez-garde, capitaine, en me tuant, de commettre une imprudence, car je me défends, quoique les apparences me condamnent, d'être un pillard et un voleur. Je ne suis ici que par caprice, uniquement pour éteindre le feu allumé par ces misérables !

Le capitaine hausse les épaules, il ricane ; de son épée il fait signe aux soldats de le mettre en joue.

Mais M... retient à dessein le capitaine près de lui, pour que ses soldats ne tirent pas. Il ajoute à leur chef :

— Et quand je serais un voleur , un incendiaire, un communard, ne craignez-vous pas, si vous me tuez, le scandale qui vous attend ? J'ai signé à votre contrat, uniquement parce que je connaissais avant vous votre femme, en tout bien, tout honneur, je le confesse. Mais j'ai des lettres de sa famille? Or, si l'on trouvait ces lettres chez moi après ma mort ordonnée par vous, le monde attribuerait à un tout autre mobile que celui de la guerre votre justice sommaire. Le monde est méchant! on dira, quoique cela soit faux, je le reconnais, on dira que vous avez trouvé plus commode de tuer sur une barricade que dans un duel, un rival que vous redoutiez et qui vous gênait depuis trop longtemps.

Le capitaine est un cœur loyal et une âme chevaleresque. A ces mots il lâche l'adroit bandit. Il se frappe le front; il pousse un soupir comme un homme terrifié, convaincu par la révélation, par l'argument de ce bandit machiavélique.

Lorsque les soldats se rapprochent pour fusiller L... de M..., il a disparu avec ses lieutenants.

Le capitaine dit, en courbant la tête, l'oreille basse, la main crispée sur le pommeau de son épée :

— Nous nous trompions! L... de M... s'est fait reconnaître; c'est un homme du monde. Il était ici non pour activer, mais pour éteindre l'incendie.

Dix ans avant, en Italie, L... de M... avait échappé à une autre mort aussi certaine.

Elle était arrêtée contre lui par un agent de la police autrichienne. Le gouvernement sicilien, qui n'osait pas ouvertement, malgré ses crimes, se débarrasser du chef d'une association aussi redoutable que la *Mafia*, avait chargé la police royale de ce soin.

Un jour, un individu prêchant misère, se disant émigré politique, savant professeur parlant cinq langues, demande un secours au noble L..., une faisble somme pour lui permettre d'aller dîner le soir même.

M... lui fait l'aumône.

Le mendiant, comme gage de sa probité, le prie d'accepter en retour un rasoir. Il le lui laisse malgré lui.

Quelques jours plus tard, M... qui n'avait pas encore eu le temps de se servir du rasoir de son mendiant reconnaissant, le rencontre dans la ville.

Cette fois, le mendiant est transformé. Il est parfaitement habillé ; il a toutes les apparences d'un parfait gentleman.

M... veut l'aborder pour le féliciter de son prompt retour de fortune, celui-ci l'évite et s'enfuit sitôt qu'il l'aperçoit.

L... se doute d'un tour de la police, il consulte un de ses lieutenants, un fin limier, comme on n'en trouve qu'en Italie ; un lazzarone bon à tout faire, bon à tuer un homme d'un coup de poignard, en une seconde ; bon à jouer sur la guitare toutes les ballades les plus enchanteresses, en cinq minutes ; bon à faire la barbe à un quidam sans sentir son raseur. Policier, bretteur, poète et barbier de la Mafia, tel était le lieutenant de M..., tel est le nouveau *Figaro*.

Dès que son maître lui fait part de la singulière rencontre du monsieur si bien mis, qui, quelques jours auparavant, était si mal vêtu pour lui offrir un rasoir en échange d'un dîner, le lieutenant se frappe le front, s'écrie :

— Povero! O povero! O buono M...! celui qui vous demandait à dîner au prix de ce rasoir, voulait, avec ce petit cadeau, vous ôter le goût du pain. Je gage, signorito, que la lame de ce perfide instrument est une lame empoisonnée!

L'expertise est faite; il est prouvé que le lieutenant avait raison.

Alors M. . fait filer à son tour son fileur.

Il apprend par son lieutenant bon à tout faire, que son fileur se fait raser chez le barbier le plus en vogue.

Le lieutenant s'y rend sur l'ordre de son maître avec le rasoir du prétendu professeur reconnaissant. Il demande au barbier à entrer chez lui pour le servir; séance tenante, il lui prouve son savoir faire.

Le lieutenant de la Mafia, transformé en Figaro, est agréé par son nouveau patron.

Jusqu'à la visite de l'agent, l'aide-barbier, qui a en poche le rasoir empoisonné de l'agent, n'a garde de l'employer; il ne veut pas désobliger cruellement la clientèle de son bourgeois.

Mais lorsqu'il tient par le nez, tout barbouillé de savon, l'agent de la police, le bourreau n'hésite plus. Il sort de sa poche le rasoir destiné naguère à L... de M...; et pour mieux satisfaire sa vengeance, il a le soin de le couper en le rasant avec son propre instrument.

L'agent se recule en lui criant :

— Maladroit!

— Pas si maladroit! répond le Figaro, en lui mettant sous le nez et sous les yeux le manche de son rasoir empoisonné.

L'espion se recule avec effroi, il jette des cris horribles, il se sent perdu.

Deux heures après, le malheureux mourait empoisonné par l'arme dont il avait failli rendre victime L... de M... ; c'était lui qui mourait à sa place !

Tels étaient les hommes que la Commune, transformé en comité de salut public, s'adjoignit lorsqu'elle désespéra de la victoire, lorsqu'elle condamna Paris après n'avoir pu conquérir ses suffrages par le vote, ni par les armes.

Les bandits italiens qui, au mois de mai, prirent la tête du mouvement communaliste, valent les Marseillais qui prirent la tête du mouvement terroriste de 93. Et le pouvoir des frères de la Mafia fut tout aussi sanguinaire et tout aussi dangereux.

Je dévoile là un des mystères de la Commune des derniers jours ; sans parti pris aucun, j'écarte de ces bandits les martyrs de cette révolution sociale ; ceux-là sont mort vaillamment sur les barricades, expiant ainsi leurs erreurs ou leur dévouement, leurs vertus et leurs principes. Les vaincus sont respectables quelle que soit la cause qu'ils embrassent. Mais les voleurs, les incendiaires seront toujours méprisables, en blouse comme en habit noir !

En 1862 comme 1869, le tout Paris élégant a connu le chef de la Mafia, c'était un héros du turf, un très beau joueur très en vue dans les cercles. On admirait au bois ses coursiers noirs, fringants, nerveux, à la crinière et la queue pendantes, race chevaline pur sang qui faisait l'envie de tous les *sportsmen*.

Il traînait toujours un panier d'osier avec cette

aisance nonchalante et impertinente qui le faisait remarquer au milieu de tous les gommeux de l'époque ; c'était un type énergique dissimulé sous une indolence factice et qui tenait du félin.

Le chapeau sur l'oreille, le cigare à la bouche, cet individu avait une physionomie étrange.

Sa figure était d'un galbe, d'une correction académique. Comme les statues antiques, sa belle tête brune, aux teints mordorés, n'avait aucun reflet intérieur, l'âme n'y paraissait vivre que par les yeux dont les feux avaient l'éclat du fauve.

Sous la chaude carnation de cet être impassible, on devinait la sécheresse de l'âme ; au balancement de ses épaules, dont l'ondulation caressante rappelait la courbe du reptile ou de la bête de proie, se trahissait l'insouciance captieuse qui dérobe le criminel retors, sans consciencé, mais non sans férocité.

Cet homme n'inspirait aucune sympathie ; en revanche, il provoquait une profonde curiosité.

En 1862, il partait pour le Mexique pour devenir un des bourreaux de Maximilien. En 1869, il revenait en France pour être, sous la Commune, avec les frères de la Mafia, les aides des bourreaux du comité du salut public !

Plus heureux que Raoul Rigault et que Ferré, le comte *L... de M...* court encore le monde. Peut-être attend-il comme la Mafia, une révolution prochaine pour s'enrichir de nouveau des dépouilles de l'ancienne société dont son titre nobiliaire très authentique, est l'odieuse protestation.

Au XIXe siècle, le comte L... de M...　s'est jeté à corps perdu, les mains pleines de crimes, dans la révolution ; au XIIIe et au XVIe siècle, L... de M... comme ses ancêtres eût fait partie des membres de l'inquisition ou des soldats des *Vêpres siciliennes* !

CHAPITRE IV

LA FIN D'UN ALDULTÈRE

Les événements de la guerre, du siège et de la Commune ayant entravé pendant plus d'une année les actions de la justice, il se passa, aux environs de Clermont, un terrible événement qui émut tout le département. Un drame adultérin signalait son dénouement vers 1870 par deux victimes, mortes dans des circonstances aussi effroyables que sinistres.

Le jeune homme qui, avec sa belle maîtresse, avait été la dupe de cette catastrophe conjugale, était un gentilhomme. Il appartenait au meilleur monde.

Sa mort instantanée devint, par les démarches de la famille, l'objet des recherches de la préfecture de police.

Je fus chargé, au nom du juge d'instruction, de dépêcher plusieurs agents, pour bien connaître les véritables causes de ce drame adultérin où avait succombé le baron de B***, l'amant de Mme L***, morte également, victime de la vengeance de M. L***, l'époux légitimement outragé.

Il s'agissait de savoir dans l'horrible fin de cette adultère, si le mari qui avait si cruellement vengé son honneur, n'avait agi que dans l'unique but des légales représailles.

La position sociale, l'état de fortune de l'amant, ne permettaient pas de laisser passer, sans instruction, une affaire de ce genre. La noble famille regrettait amèrement son jeune et brillant rejeton. Elle eût trouvé une horrible compensation à s'attaquer au mari qui avait frappé si impitoyablement deux coupables; Mme L*** que le mari aimait à l'adoration, comme la famille du baron adorait le fils B*** sa joie et tout son espoir.

Mais les événements politiques détournèrent l'attention fixée un moment sur cet événement sinistre. Lorsque la justice s'en occupa, l'invasion vint; les agents dépêchés par moi, à Clermont-sur-Oise, ne purent revenir à Paris, ni me faire parvenir leur rapport au sujet de cette malheureuse affaire.

Paris était cerné par les Prussiens.

Mais la justice divine se chargea de frapper le mari. Il n'échappa aux représailles légales que pour être frappé dans sa conscience troublée, comme dans sa passion pour la femme qu'il avait trop cruellement punie.

Lorsque, vers la fin de 1871, je repris cette affaire, lorsque j'interrogeai de nouveau les agents chargés de surveiller M. L***, j'appris que la justice n'avait plus aucun droit sur lui. Il était fou !

Voici dans quelles circonstances se manifesta ce drame conjugal qui vaut tous les drames imaginés par les romanciers les plus habiles à disséquer le cœur humain. Vers la fin de l'année de 1869 vivait, à Montgeron, un menuisier qui avait une très jolie femme qui le trompait.

Par malheur pour cette femme, jeune, jolie et coquette, elle avait un mari aussi soupçonneux que désagréable. Tout en lui consacrant un amour sans borne, l'époux n'avait rien au physique qui pût plaider en faveur de son amour plus malheureux que partagé ; de son côté, cette femme était trop belle pour qu'elle ne fût pas remarquée par certains jeunes gens plus favorisés que son époux par l'extérieur et par la fortune.

Il arriva qu'elle fut courtisée par un jeune gentilhomme qui avait tout pour plaire à la jeune femme. Mme L*** très désœuvrée, grâce aux absences fréquentes de son époux, menuisier travaillant en ville, ne tarda pas a occuper ses loisirs avec le jeune et galant baron de B***.

M. L***, par les voisins, ne tarda pas à apprendre ce qui se passait dans son ménage, très occupé pendant qu'il travaillait en ville.

L*** n'était pas du bois dont on fait les maris complaisants. Il s'informa auprès des voisins qui savent tout ce qui se passe dans les petites localités, des visites fréquentes de son beau remplaçant. Un matin, il rentra chez lui, sans prévenir personne, sans en avoir rien dit surtout à sa femme.

Alors son plan est tracé à l'avance. Il sait que l'amant de Mme L*** a passé la nuit chez lui et qu'il est sur le point, vu l'heure encore matinale, de se disposer à faire avec sa moitié un déjeuner fin. Il se promet de les déranger au moment des tendres adieux. Il fait tapage avant d'entrer dans sa maison, de façon à être bien vite entendu des amants.

Aussitôt la femme prend peur. Dans sa fiévreuse agitation, elle ne trouve qu'un moyen pour faire éclipser son amant coupé dans sa retraite. Elle ouvre une armoire traversée par un énorme tuyau du poêle de la salle à manger où les deux coupables espéraient d'abord s'installer avec tant de sécurité.

Le jeune baron hésite par dignité à choisir cette cachette.

Pour le salut de sa maîtresse, il consent enfin à se blottir dans le seul endroit capable de bien le dissimuler.

Le mari se doutait de ce qui arriverait. Il entre quand l'amant est fourré tant bien que mal dans l'armoire au tuyau.

L*** prend un air riant, jovial, à la vue de sa femme, aux traits bouleversés. Il l'embrasse avec entrain ; il lui dit, en se frottant les mains d'un air très joyeux :

— Femme, j'ai une faim de loup et je viens déjeuner avec toi.

Puis, sans laisser le temps à son épouse de se remettre de ses angoisses, il ajouta, en tirant un paquet de sa poche :

— J'ai pris en route un bifteck, et c'est toi qui vas le faire cuire.

Il lui donne le paquet, que la malheureuse prend

d'un air hébété, tout en se dirigeant avec inquiétude vers la cuisine.

— Non pas, non pas! ajoute le mari en la clouant à sa place; reste ici; nous ne sommes pas si souvent ensemble. Mets le feu au poêle, ce sera plus vite fait.

— Mais, mon ami, bégaye la malheureuse avec des déchirements dans la voix, tu sais bien que ce poêle ne va plus, que son tuyau a des fuites. Le placard s'emplira de fumée.

— Qu'est-ce que cela fait! répond en ricanant l'Othello, puisque le placard est vide. Et si le feu est long à prendre, tant mieux encore! nous ne serons que plus longtemps ensemble!

La pauvre femme pousse un cri de terreur; mais ce cri s'arrête dans sa gorge en regardant dans les yeux son mari, qui fixe obstinément ses regards sur les siens.

L'expression de ce regard est si étrange, si froidement menaçante, qu'elle courbe la tête et n'ose plus le regarder.

Eperdue, folle, puis inerte, elle s'acroupit vers le poêle, elle commence à faire machinalement ce que son impitoyable époux lui commande avec tant d'énergie.

Lorsque le charbon s'allume, un bruit se fait entendre dans l'armoire :

— Tiens! exclame l'Othello en se frottant les mains, en regardant faire la pauvre femme, qui par un gémissement sourd a répondu au bruit du dedans, tiens, il y a des rats dans l'armoire!

A cet horrible sarcasme, la femme se relève. Elle

a des regards indignés ; sa colère a fait place à l'épouvante.

Le mari n'a pas l'air de s'apercevoir de son mépris, pas plus qu'il n'a fait attention à son désespoir, ajoute :

— Mais que disais-tu donc, femme ? Le poêle va très bien ! le bifteck est déjà à moitié grillé. Ah ! c'est le rat qui est là-dedans qui n'est pas content. Quand je dis le rat, je plaisante ; ils doivent être une demi-douzaine de rats, au tapage qu'ils font ! Mais ne t'épouvante pas ; avant un quart d'heure, du train dont va le bifteck, ils ne bougeront plus, les gaillards. Allons, retourne le bifteck, tu vois bien qu'il ne grille toujours qu'à la même place...

Mais la femme ne l'entend plus.

Les mains défaillantes, le front ruisselant de sueur, elle essaye en tremblottant de retourner le bifteck.

Enfin la fourchette lui tombe des mains ; elle s'affaisse, elle est inanimée, elle plie sans vie sur le plancher...

On n'entend plus rien au fond du placard.

Le mari reprend la fourchette de sa femme. Sans s'inquiéter de son corps, qu'il laisse à ses pieds, il retourne tranquillement le morceau de viande. Il siffle un air dans ses dents, il se met à table, à la table même que la femme adultère s'apprêtait à dresser pour son amant.

Après avoir mangé de très bon appétit, comme s'il n'avait pas son épouse à demi-morte près de lui, comme s'il n'avait pas le malheureux B*** qui agonise à quelques pas dans son mur, le mari sort de chez lui.

A peine est-il parti que la femme sort aussi de sa léthargie. Après s'être assurée du départ du bourreau, elle se traîne plutôt qu'elle ne marche vers l'armoire; elle l'ouvre, elle pousse un cri. Elle aperçoit son amant, qui a préféré mourir plutôt que d'être le témoin du déshonneur de sa maîtresse.

En mourant héroïquement pour elle, l'amant espérait la sauver.

Pendant ce temps-là l'époux, satisfait de sa vengeance, n'est sorti que pour aller trouver le commissaire de la localité et pour tout lui raconter. Quant à l'épouse, frappée de terreur, frappée dans ses affections, doublement atteinte par les coups de ce vengeur raffiné, elle prend aussitôt le lit.

Quelques jours après, elle devait succomber par les tortures qu'elle avait éprouvées pendant cette scène terrible.

Avant la mort de sa deuxième victime, le mari, malgré l'excuse légale de son crime, était confronté avec la moribonde. Le commissaire, gardait le mari en état d'arrestation, il voulait connaître toutes les particularités de son double meurtre avant de l'excuser.

Alors il se passa un double phénomène qui nécessita urtout l'instruction de la magistrature : la femme, qui ne pouvait pardonner à son mari de l'avoir forcée à être l'instrument de mort de son amant, l'accusa d'être son meurtrier. Le mari, qui aimait passionnément sa femme, se roula sur sa couche en lui demandant pardon de son meurtre légitime.

La moribonde ne voulut rien entendre. Jusqu'à son dernier soupir elle l'appela assassin !

L'époux, désespéré, se remit entre les mains du commissaire.

Il dit, en voyant mourir sa femme, que la liberté et la mort lui étaient indifférentes, dès que son épouse emportait avec elle dans la tombe l'horreur que sa vengeance lui avait inspirée.

Il se constitua prisonnier. Le malheureux L*** donna aussi gain de cause à la famille de l'amant qui, d'ordinaire, à la saison d'hiver habitait la capitale, loin du château qu'il possédait près de Clermont.

Les choses en restèrent là, lorsque le parquet de Paris fut saisi de cette affaire par les parents du jeune baron.

La guerre survint. Elle ne permit pas à cette cause de passer par les tribunaux, et lorsque les agents que j'avais envoyés sur le lieu du double meurtre allaient revenir pour instruire les magistrats ils étaient arrêtés par les Prussiens. Les portes de Paris étaient fermées.

Un an se passa avant que je n'entendisse parler de ce drame conjugal, dont le mari, la femme et l'amant avaient été à la fois les tristes héros.

Lorsque l'affaire fut remise en question, la justice officielle, malgré le vif désir de la famille du jeune baron, avait été devancée par la justice divine. Le remords du mari s'était chargé de venger la famille de l'amant.

L'époux, depuis que sa femme était morte sans lui avoir pardonné sa vengeance, n'avait cessé d'avoir d'étranges hallucinations.

Il ne pouvait voir arriver la nuit sans tressaillir, il se retrouvait dans la situation de l'homme qu'il avait traqué au fond de son armoire.

Il croyait être l'asphixié lui-même; il se sentait enveloppé d'une fumée épaisse! Il étouffait, il étranglait comme s'il eût été pris, aveuglé, suffoqué dans l'étroit espace et contre le tuyau où était mort son rival.

Et, chose extraordinaire, il se prenait pour lui. Il demandait grâce au mari. Puis, comme sorti de sa suffocation, il riait aux éclats en apercevant dans son imagination sa femme, étendue mourante sur sa couche, et criant toujours au mari terrifié : « Assassin! assassin!... »

Et lui répétait, dans des spasmes, dans des éclats de rires terribles :

— Ah! le pauvre mari! C'est bien fait! c'est bien fait!

Ces hallucinations, qui revenaient à des heures fixes, qui, au moment de la nuit, l'empêchaient de dormir, finirent, d'insomnie en insomnie, par le rendre tout à fait insensé.

Lorsque je fus mis en rapport avec la famille du jeune baron, lorsque mes agents purent revenir à Paris pour me rendre compte de leurs démarches, ce fut la famille du défunt qui se désista contre le bourreau du jeune homme et de sa maîtresse.

Le mari était assez puni. Il était fou à lier, et l'on avait été obligé de l'enfermer à l'asile de Clermont, pour qu'il n'incendiât pas sa propre maison; la nuit, il n'avait qu'un désir, recommencer contre lui l'horrible supplice qu'il avait infligé à son rival.

Ce fou est encore enfermé à l'asile de Clermont. C'est un exemple vivant de la vengeance divine qui frappe plus sûrement, plus souvent les coupables que la justice humaine, dont j'ai été si long-temps l'agent.

La Providence est partout. Je l'ai sentie se mêler à mes chasses incessantes contre tous les criminels; elle m'a guidé plus efficacement que mon expérience et tout le flair de mes limiers!

CHAPITRE V

Tous les cinquante ans, on voit s'implanter aux portes des capitales des nations occidentales des tribus de bohémiens.

Zingari, gitanos et gypsies accourent de l'Orient, ou du midi de l'Europe, pour opérer leur évolution sous l'impulsion fatidique du cycle lunaire.

Déchu depuis des milliers d'années, ce peuple errant s'abat sur nous comme des oiseaux de mauvais augure, pour donner, dans les régions qu'il parcourt, un nouveau spécimen de sa misère et de son abjection.

C'est l'avant-garde de l'Orient.

Ses parias, autrefois des prophètes, annoncent à l'Occident, depuis les croisades, la revanche des payens contre nous les *gouris*.

Cette immense avant-garde, dont les plus vieilles tribus viennent de l'Inde, les plus jeunes de la Sicile et de l'Espagne, reparut en 1867 à nos portes, trois ans avant le siège. Elle apparut cent ans auparavant, avant la Terreur, cinquante années plus tard, à l'époque du premier choléra !

Partout où les zingari passent, ils sont méprisés, comme leur mère Cybèle fut méprisée du pâtre Atys. Leur départ précède la mort et la révolution dans leurs plus horribles convulsions.

C'est un fait acquis à l'histoire et que la superstition grossit encore.

Ce n'était pas en vain que le moyen âge les voyait arriver avec terreur. Ils apparurent au XVIIIe siècle, avant l'année du grand hiver; au XIXe siècle, en 1832, avant le premier choléra ; en 1867, quelques années avant l'année terrible !

Je ne déduis rien de ces rapprochements fatidiques, pour ne pas être pris en pitié par les esprits forts; mais je constate ces rapprochements.

Ces Bohémiens, ces Égyptiens, ces Indiens, qui furent, bien avant le christianisme, les maîtres de la terre, se contentent depuis deux mille ans d'en faire le tour. Ils méprisent notre civilisation autant que nous méprisons leur abjection et leur misère.

Ils se disent fils de la femme comme nous nous disons fils de l'homme. Ils parlent une langue à part que la misère rend glauque et glapissante; ils prétendent qu'elle n'en est que plus sonore et plus harmonieuse.

— Nous parlons, disent-ils souvent, comme les oiseaux chantent; nous chantons comme les lions rugissent !

On les a vus, ces bohémiens, quelques années avant la fin de l'Empire.

Ils reviennent comme les hirondelles, à époque fixe, au même nid et dans les mêmes contrées; ils reprennent, pour se parquer, l'immense plaine Saint-Denis qu'ils ont tant occupée jadis. Ils l'occuperont encore si la civilisation ne les en déloge. Ils n'aiment que les endroits déserts, ces enfants de la nuit et du mystère, ces précurseurs des convulsions sociales, ces fils de Cybèle ou de la terre, qui reparaissent à chaque crise, à chaque tourmente, inconsciemment peut-être, mais toujours fatalement!

« Ces bohémiens, écrit Desbarrolles, sont restés ce qu'ils étaient aux temps bibliques, pâtres nomades, musiciens et poètes, artisans et artistes, toujours oracles, toujours devins.

« Ni le temps, ni la misère, ni l'esclavage n'ont pu détruire complètement leur langue, leur croyance, leurs traits. Ils sont bruns de peau, olivâtres, quelquefois même presque noirs, sveltes, agiles, vigoureux. Ils ont le visage ovale, le front haut, des yeux noirs bien fendus, de longs cils qui donnent à leur visage un air de mélancolie. En général ils ont le nez grec, les dents blanches et bien rangées, les lèvres minces et vermeilles, les mains et les pieds plus petits que grands, les bras et les jambes grêles, les cheveux noirs, épais, longs et droits, souvent frisés et bouclés.

« Doués au plus haut degré du sentiment de la liberté, ils ont toujours été voyageurs. Ils ont toujours aimé les tentes, les chevaux et les chats; doués également des facultés de l'esprit, malgré leurs fatigues ils gardent les dons innés qui les caractérisent; ils élèvent des chevaux, ils sont très habiles dans l'art de travailler les métaux ; ils composent des danses, improvisent de la musique et des chansons. Ils se livrent avec ardeur à l'étude de la chiromancie ; ils ont aussi, à un puissant degré, beaucoup de mauvais instincts, parmi lesquels brillent en première ligne l'avidité, le mensonge et le vol. Ces facultés sont chez eux si énergiquement prononcées qu'elles ne peuvent pas rester inactives, dussent-elles s'exercer aux dépens de parents et d'alliés. »

Lorsque ces bohémiens s'établirent encore dans les plaines Saint-Denis et de Clichy, ils furent pour tous les Parisiens un nouvel objet de curiosité. Le parquet ne tarda pas à recevoir des plaintes nombreuses contre ces hôtes nomades, aussi curieux qu'incommodes.

Il était de mon devoir de me rendre en personne sur les lieux où ces bohémiens, aussi ingénieux que malfaisants, avaient dressé leurs tentes.

Je désirais étudier cette nouvelle colonie volante pour juger de près leurs sciences, apprécier leurs divers métiers dont se plaignaient tant les Parisiens et leurs voisins des faubourgs.

J'avoue que la mise en scène de ces bohémiens dans les plaines Saint-Denis, Clichy et Saint-Ouen, était admirablement entendue ; et elle était bien faite pour m'impressionner.

Je vis à cette époque, c'est-à-dire quelque temps avant la fin de l'Empire, dans toute l'étendue de cette immense plaine, qui n'était pas encore parsemée d'habitations, de nombreuses tentes. Elles me donnaient une idée, sauf le climat et le ciel, des douars des Arabes.

Les tentes étaient vastes, hautes, d'une teinte brune, ombrée par les intempéries des saisons. Elles reposaient sur de grands piquets enchevêtrés dans le haut comme autant de baïonnettes croisées l'une dans l'autre.

Les charrettes qui avaient amené chaque propriétaire de ces tentes leur servaient de bases inférieures; elles séparaient leurs tentes en deux, formant d'un côté la pièce de réception, d'un autre la chambre à coucher.

L'ouverture donnait passage à la fumée d'un foyer allumé au charbon de terre. Ce foyer offrait par cette ouverture un feu rouge et ardent. Sur ses lumières se dessinaient les ombres des habitants : enfants en chemise, femmes et hommes accroupis, grouillant sous des haillons de toile.

Les tentes étaient assez espacées pour qu'on pût circuler tout autour, les chevaux étaient attachés à des piquets rivés en face du camp. C'étaient des chevaux sans harnais et sans bride, à la crinière tombant jusqu'à terre, aux jambes courtes et fines qui juraient avec leur ventre, aussi démesuré que leur tête.

Des marmites en activité ronflaient dans chaque tente. J'étais arrivé vers le soir; des enfants, des femmes dans des postures étranges, se groupaient pour la plupart autour de la marmite gigantesque; ils ressemblaient à des possédés du diable faisant une conjuration dans un rendez-vous de sorciers.

Dans une tente à part je vis une femme, la reine

du douar, assise avec une certaine majesté. Elle posait en statue antique sur un coffre qui jouait au piédestal.

Cette femme que Desbarrolles, ce grand nécromancien moderne, a connue à l'époque où je l'entrevis, a été dépeinte par lui de main de maître.

Je lui en laisse la description, qui ne pourrait être égalée par la mienne, au moment où il étudiait comme moi, dans un sens bien différent et dans une autre région, ces tribus sans patrie, fixées momentanément dans la nôtre.

« La reine du douar avait de grands traits, beaux et réguliers. Ils portaient l'empreinte de la fatigue ou de la débauche; ses pommettes saillantes, ses yeux, venimeux et fauves, se fixaient avec une certaine férocité sur ceux qui s'approchaient d'elle; ils provoquaient comme une espèce de frisson et d'effroi qui empêchait de la considérer longtemps.

« Très brune, très pâle, elle avait un de ces types qui fascinent les natures faibles ; elle laissait deviner sans hypocrisie, tous ses mauvais instincts. Elle les étalait effrontément. Seule de toutes les femmes de la tribu, elle portait de longues boucles d'oreilles en or; sur la tête une espèce de coiffure était arrangée, avec la prétention du turban ou du diadème. Peut-être faisait-elle métier de dénouer à tous sa ceinture, son isolement dans sa tente pouvait le laisser supposer. »

Autour de sa tente, moins rapprochée que les autres, circulaient des enfants en guenilles, au regard avide, demandant l'aumône, tendant la main et flairant les poches.

A quelques pas d'eux, des bohémiens accroupis s'occupaient en sifflant à des travaux de vannerie et de serrurerie; les uns étaient fourbisseurs, et les autres, c'était le plus grand nombre, étaient étameurs.

Enfants, hommes et vieillards, tous étaient d'une malpropreté dégoûtante. Les enfants se roulaient dans la boue, les hommes prenaient plaisir à s'y étendre. Toutes les figures avaient l'expression du vice.

Prise en masse, cette horde eût été, par le burin de Callot, par le pinceau de Salvator Rosa, la merveilleuse et pittoresque image de la vie errante.

Mes regards, après avoir embrassé l'ensemble de ces bohémiens, revenaient involontairement à la tente principale où trônait la reine de la tribu. Là, une vieille femme aux épaules athlétiques, debout sur le seuil, invitait les passants à la consulter. Deux consultantes, une femme de la campagne et une fille de boutique, venaient de lui tendre les mains en se faisant raconter leur destinée.

J'observai cette scène : la matrone, la suivante sans doute de la reine, ne quittait pas le seuil. Comme la reine elle restait impassible; elle regardait à peine dans les mains de ses clientes; elle semblait, en les fixant des yeux, en prophétisant, réciter une leçon apprise. Elle marmottait des mots en bohémien, puis se frappant la poitrine, portant la main à son cœur, à sa bouche, elle expédiait ensuite les visiteuses.

Mais l'une d'elles, en s'éloignant. s'aperçut qu'on lui avait volé sa bourse. Elle cria, et ce qui excita le tumulte, ce fut un homme qui, montrant le poing à toute la horde des bohémiens, s'écria d'un air indigné :

— Peuple maudit, chiens de bohémiens !

Je voulus m'approcher du groupe, dans lequel tous les témoins étaient autant de vo'eurs, lorsque instinctivement je portai aussi les mains dans la doublure de mon paletot ; je m'aperçus à mon tour qu'on m'avait volé mon foulard.

Désormais j'étais édifié sur la moralité de ces gens-là.

Comme je m'étais rendu seul dans leur camp, je ne me plaignis pas.

Je résolus au contraire de pousser jusqu'au bout mes explorations. Je m'avançai vers la vieille femme, la pythonisse toujours à la tente de la reine, toujours immobile sur la porte.

A mon tour, je tendis la main à la vieille femme, en la regardant bien en face. Elle avait les cheveux gris ; sa face rebondie, ses épaules plantureuses, avaient encore l'incarnat de la maturité. Malgré son embonpoint, ses bras étaient grêles et ses mains décharnées ; ses joues comme sa gorge étaient pendantes ; ses yeux brillaient comme des charbons ardents ; ses dents étaient des perles ; et ses regards avaient conservé les feux de la jeunesse sous des sourcils blancs.

Je lui dis, en m'avançant vers elle en lui tendant la main :

— Dis-moi la vérité, si tu la sais.

— Le destin, me répondit-elle, ne ment jamais.

VII.   5.

— Je vais bien le voir, lui répliquai-je d'un air d'incrédulité.

Et je continuai à lui ouvrir la main, sur laquelle ses yeux daignèrent s'abaisser.

Tout à coup je vis la vieille femme pâlir; elle ferma les yeux, elle balbutia quelques mots en bohémien qui, je l'avoue, m'intriguèrent fort.

Je lui demandai, presque aussi intrigué qu'elle :

— Qu'as-tu, bohémienne? Est-ce que je te fais peur ?

— Peur, oui, répondit-elle, parce que le destin, dont tu te joues, me dit que tu te moques de moi.

— Qui te fait croire ce que tu me dis?

— Le diable, qui est en toi.

Je craignais déjà de la comprendre. La pythonisse m'avait-elle deviné? Il ne me fut plus permis d'en douter, quand elle ajouta :

— Tu es ici pour nous faire renouer nos ceintures ! Le démon t'inspire pour nous troubler dans nos tentes et nous en chasser. Patience! nous serons vengés! Ta ligne de vie est brisée aux trois quarts de sa course déjà parcourue par toi. Des ennemis préparent ta mort; ils te font le mauvais œil. Tu triompheras, mais ils te feront de graves blessures dans leur lutte de fer, de flammes et de sang! Tu t'en relèveras, mais à demi brisé. Ainsi sera ta destinée !

A ces mots je reculai, plus pâle encore, plus ému que la pythonisse qui les avait prononcés.

Ce qui me rassura de moins en moins, ce fut de voir la reine de la tribu, aux paroles de sa suivante, sortir tout à coup de son immobilité. Furieuse, menaçante, exaltée par les avertissements de la bohémienne, elle s'élança contre moi; on eût dit une bête fauve prête à sauter sur sa proie.

Je me hâtai de dégager ma main de la main de la sorcière pour éviter la fureur de ces mégères; je me sauvai après avoir jeté une pièce d'argent à ces femmes, ce qui calma leur furie.

Je n'étais pas moins sous le coup de la prophétie de la bohémienne.

C'était à l'époque où l'on sentait sombrer l'Empire, où je recevais, sous l'inspiration des amis de Blanqui, des lettres d'invectives et de menaces.

Cette prophétie ne faisait que devancer la prophétie plus explicite de ma voleuse de Londres.

Je ne me doutais pas cependant que toute cette prédiction dût sitôt s'accomplir.

Et je m'empressai de faire justice de ces bohémiens, autant pour le repos public que pour ma propre sécurité.

Je fis un virulent rapport contre ces Égyptiens qui, par un privilège, reste barbare d'une tradition du moyen âge, établissaient toujours leur *cour des Miracles* aux portes de Paris. Les plaintes des habitants de la banlieue vinrent donner force de loi à mes appréciations personnelles. Les bohémiens ne tardèrent pas à plier bagages, sur les intimations des commissaires de police de ces quartiers excentriques.

Plus en permanence sont les mendiants de Paris; ils ne sont pas aussi faciles à déloger que les bohémiens nomades.

Il faut bien le dire, le précédent règne, en élargissant, en embellissant Paris au détriment des déshérités, n'a fait qu'élargir , aux banlieues, sa ceinture de boue, de misère et d'infamie !

La mendicité a beau être défendue, elle exerce, en dehors de la législation, ses droits et son empire; elle s'est emparée de tous les arrondissements de Paris. Les deux cent mille individus inscrits au bureau de bienfaisance ne sont que des privilégiés à côté des cent mille misérables qui vivent de la charité publique dans les rues, dans les cours ou les domiciles privés.

Les *arcassineurs* sont les mendiants à domicile.

Les *ramastiqueurs*, les mendiants de cours qui ramassent les sous.

Les tendeurs de *demi-aune*, les mendiants des rues.

L'*arcassineur* est le mendiant en habit noir.

C'est un monsieur. Il ne se compromet jamais au point de tendre la main dans les rues ou de chanter dans les cours. Homme d'imagination, il a élevé la mendicité à la hauteur d'un art et d'un sacerdoce. Il possède par vocation tous les trucs du métier.

L'arcassineur comprend le mendiant à *la lettre* et le mendiant à *la carte*.

Le mendiant à *la lettre* s'installe de grand matin dans un café; il expédie, entre neuf et onze heures du matin, sur la table de marbre de *son* café, une dizaine de lettres à l'adresse des gens de Bourse qui ont gagné, la veille, sur la hausse ou la baisse.

Il s'intitule homme de lettres ou ancien commis d'agent de change. Il sollicite une aumône au financier heureux dont il connaît plus ou moins le nom; il lui envoie sous pli un billet de spectacle qu'il se procure dans la bohème littéraire ou artistique. Il promet la continuation de la veine au joueur superstitieux qui fréquente le dehors ou le dedans de la corbeille de la Bourse. Il est rare que ces dix lettres, agrémentées souvent d'un billet de théâtre et terminées le plus souvent par une demande de cinq francs, ne rapportent pas dix à quinze francs par jour.

Le *mendiant à la carte* est moins modeste; il se présente hardiment chez le client dont il caresse la conviction politique. Monarchiste avec un monarchiste, républicain avec un républicain, bonapartiste avec un bonapartiste, il se dit un martyr de la cause. Il prétend s'être ruiné pour son parti. Comme il s'est muni d'une carte de son soi-disant coreligionnaire politique, il se dit envoyé par un de ses amis pour lui demander de quoi vivre; cinquante francs ou cinquante centimes, à la générosité du client. Durant son boniment, il coule dans sa manche les cartes de visite qu'il peut se procurer au domicile du quidam qu'il *refait* à la carte; il recommence ailleurs son manège, grâce aux autres adresses soustraites à son premier client.

Le mendiant à domicile, le mendiant à la lettre ou à la carte connaît, par le Bottin, par les bandes de journaux, tous les personnages richissimes qui ont la réputation d'avoir le *louis facile*. Ce mendiant bohème possède aussi le *tour au bouquet*, à l'usage des auteurs célèbres, dont il se fait, le lendemain de *première*, le complimenteur oral. Bon prince jusqu'au bout, l'arcanisseur recommande à ses copains, mendiants comme lui à la *carte*, à la *lettre* ou au *bouquet*, les auteurs, journalistes, financiers heureux, dont les aumônes viennent grossir encore le capital du père des arcanisseurs. Il fait des élèves !

L'*arcanisseur* est le mendiant du Paris élégant.

Le *ramastiqueur* est le mendiant bohème.

Celui-ci charme les cours par ses talents variés. Le ramastiqueur est accouplé d'ordinaire d'une épouse *temporaire*.

Artiste d'un côté, infirme de l'autre; si le mari est aveugle ou estropié, la femme chante. Si l'un et l'autre ne possèdent aucun talent de société, ils se font accompagner d'un chien savant appelé à charmer par ses tours les locataires dont ils sollicitent les suffrages et la menue monnaie.

Si le ramastiqueur n'est pas un couple respectable, doublé d'un caniche ou d'enfants, c'est un aimable voyou, célibataire, qui implore la charité, au nom des dons qu'il tient de la nature. Il s'est adonné à l'imitation de tous les bruits de la création. Son programme qu'il lance dans les cours, d'une voix impassible, vaut les deux sous qu'il réclame.

Écoutez-le : C'est la *porte qui se ferme*, c'est *la lampe qui se remonte et qui n'a pas besoin d'huile, le rabot, la scie, le chien dont on écrase la patte, le scieur de bois, la chatte amoureuse, le hoquet du noyé, la revue du Champ de Mars et le chant du rossignol*, etc., etc., etc.

Un ramastiqueur de ce genre s'appelait, par son nom de guerre, *Crapaud-Céleste*. C'était un grand

diable, maigre, blême et chauve ; il était fort connu
des *mastro*. Après avoir jeté ses cris à la foule atten-
tive, il avait besoin, une fois sorti des cours, de
rendre à son gosier tout le velours que lui avait
fait perdre son harmonie imitative.

Voici maintenant les mendiants des rues, les tendeurs de *demi-aune*. Leurs variétés se subdivisent à
l'infini : marchand de crayons, aveugle sous les
portes, *mécanicien* à la plaque, *mineur* ayant les
yeux brûlés par un incendie de fabrique ou par le
feu grisou.

Les plus vulgaires tendeurs de demi-aune sont
les *ramasseurs de bouts de cigare*.

Les *mendiants au tabac* forment deux catégories :
il y a la catégorie des hommes qui se baissent sur
le trottoir, le long des boulevards, pour ramasser
le bout de cigare jeté par le fumeur, êtres sordides, mercenaires du ruisseau, ouvriers en haillons,
gris, poussiéreux comme l'asphalte qu'ils explorent
de leurs souliers éculés ; puis vient la catégorie
des vendeurs de ces messieurs, collectionneurs de
bouts de cigare retravaillés, repréparés pour être
transformés en *cigarettes ;* ils sont vendus au même
fumeur qui jeta si dédaigneusement autrefois le
résidu de son panatellas sur l'asphalte ou dans le
ruisseau !

Ce mendiant-là, je le répète, c'est le commis
voyageur du ramasseur de bouts de cigare *travail-
lés*! Il porte un chapeau mou, une redingote râ-
pée ; il ressemble à un sous-officier en retraite ; c'est
presque un monsieur. Il s'approche de vous et vous
glisse en passant dans le tuyau de l'oreille :

— Cigarettes!! cigarettes!! moins chères qu'à la régie.

Puis il s'en va si vous ne vous retournez pas tout de suite et surtout si vous ne portez pas la main à la poche.

Le mendiant à la *cigarette* glisse comme une ombre, c'est le contraire de l'*homme aux chiens;* celui-ci est un vieillard solennel, à longue barbe blanche, marchant à pas comptés; il porte dans chaque main un petit caniche frisé; les deux jeunes chiens enrubannés semblent comme les oiseaux de ce nom, ne faire qu'une seule et même paire d'inséparables, ils ont les poils aussi blancs que la barbe du vendeur.

Je n'en finirai pas avec les mendiants des rues qui se dérobent derrière toute sorte de petits métiers, parce que pour les *tendeurs de demi-aune*, la *mendicité* est soi-disant *interdite* dans la ville de Paris! Cependant, à l'heure qu'il est, Paris en compte près de cent mille, aussi bien en habits qu'en haillons.

Le commerce le plus lucratif des mendiants, celui qui se pratique sur une plus vaste échelle, c'est l'exploitation de l'enfance.

La mendiante la plus sûre de *lever* son pante, c'est celle qui traîne après ses jupes une grappe d'enfants.

La mère d'*occasion* de ces enfants loués, emploie tous les *trucs* pour attirer la pitié. Elle pince, elle pique avec ses ongles ou des épingles les pauvres petites créatures vouées à la pluie, au chaud, au froid, dans l'unique but d'apitoyer les passants.

On connaît cette horrible mendiante qui avait mis sur l'œil de son enfant volé un bandeau, sous le bandeau une coquille de noix, dans la coquille une araignée qui mangeait les paupières à l'enfant, uniquement pour provoquer, par ses cris, par ses spasmes, la pitié des âmes charitables !

Et si le public n'est pas satisfait des tableaux horribles offerts par cette mendiante , qu'il se rende le jour des Morts au Père-Lachaise, à Ivry, à Saint-Ouen, le long des routes de ces divers cimetières.

Il verra au bord du chemin de ces champs de repos des paralytiques, des culs-de-jatte, des aveugles, des éléphantiasiaques, tous demandant la charité d'une voix dolente. L'un braque sur le passant son moignon rongé et cancéreux, l'autre lève au ciel ses yeux blancs, l'autre tremble de tous ses membres, comme possédé de la danse de saint Guy. Tous ces gâteux qui, le soir, boivent leur recette à l'*Assurance contre la soif*, au *Petit-Mazas*, chez la *Femme en culotte* ou le *Père-Lunette ;* tous ces dépenaillés forment légion. La police est désarmée contre eux, parce qu'ils s'adressent au côté le plus sain de notre cœur, à celui qui bat pour la charité !

Les bandits qui touchent le plus près aux mendiants, sont les *pifferari.*

Dès la guerre d'Italie, ils s'emparèrent d'une partie du quartier de la Sorbonne ; ils logèrent dans ses vieux cloîtres abandonnés.

J'ai donné un aperçu de l'attitude prise à Paris par les pifferari dans l'affaire Orsini, lors des mystères de la petite maison d'Auteuil, où ces bandits faillirent réussir à enlever Napoléon III, avant que l'empereur fût menacé par les bombes des régicides.

Les pifferari logeaient par centaines dans de grandes salles délabrées qui avaient servi jadis d'intérieur de chapelle, de réfectoire de couvent à des congrégations perdues.

Lorsqu'on pénétrait dans l'intérieur de ces monuments séculaires, au milieu d'un dédale de rues étroites et sans air, un spectacle étrange frappait les yeux d'un amateur de pittoresque ou de couleurs heurtées.

Une foule en haillons grouillait dans des salles noires, fumeuses, aux voûtes élevées et sonores. Elle se composait de gens sales et aux costumes originaux.

Les hommes, à culotte de velours, au gilet rouge, à la veste courte, coiffés d'un chapeau tyrolien, étaient, pour la plupart, accouplés à de jeunes femmes, au teint basané. Le profil antique de ces filles, usées avant l'âge par la misère et par le vice, était rehaussé d'une coiffure blanche, horizontale, d'où débordaient d'épaisses nattes de cheveux noirs retenus par de longues épingles; coiffures nationales des femmes du midi de l'Italie.

Ces hommes bruns, flanqués de guitares, de harpes, de violons, étaient pour la plupart des pifferari.

Ces femmes, au teint basané, sous leur coiffe blanche, jouant presque toutes du tambour de basque, étaient des *modèles*.

Tous revenaient le soir à la salle commune rendre compte de leur journée au *maître* qui les louait, qui les parquait, le fouet à la main, comme un vil troupeau dont il prélevait le tribut de la journée.

Ces artistes en plein vent, ces virtuoses du pavé, ces modèles jouant, dans leurs loisirs, du tambour de basque comme du couteau, étaient plus mendiants qu'artistes, plus bandits que mendiants ; leur maître apparent, qui les conduisait le jour dans les cours ou qui faisait les marchés de ses *modèles* au peintre, n'était qu'un lieutenant de chef de bandits, le fameux Pietro Ceneri, dont tous les pifferari étaient les obscurs soldats.

Ce Ceneri, comme le chef de la Mafia, joua un certain rôle dans la Commune ; lui aussi dépêcha, à Paris en insurrection, ses voleurs et ses incendiaires titulaires.

Je copie ici la figure de ce bandit célèbre, dont la vie aventureuse pourrait fournir des sujets intéressants à tous les romanciers de la terre. Il me suffira d'exposer ses états de service que j'ai envoyés autrefois en note à tous les journaux après la défaite de la Commune, afin de bien édifier les juges militaires de cette époque :

« Ceneri, doué d'une grande intelligence, d'un courage indomptable, d'une énergie et d'une audace extraordinaires, lancé dans le vice de bonne heure, n'eut pas de difficultés à s'imposer à ses compagnons qui le suivirent partout et lui obéirent aveuglément.

« Il commença sa carrière par un coup d'éclat. Un jour, en plein midi, à Gênes, les employés de la banque Parodi étaient tous dans les bureaux lorsque, tout à coup, une bande de huit individus armés fit irruption dans la salle, imposa le silence sous peine de mort et emporta un million ! C'était Ceneri qui avait préparé et dirigé l'expédition.

« Pour cet exploit il fut condamné par contumace aux travaux forcés à perpétuité. Vivement recherché par la police et traqué de toutes parts, il parcourut l'Italie dans tous les sens, puis il alla à Paris, à Londres et à Constantinople où il se mit à la tête d'une association de faux monnayeurs ; la société prospéra et Ceneri devint riche.

« En 1860, il reparait dans les Romagnes, et pendant l'interrègne qui se passa fatalement entre la retraite de la police pontificale et la venue de l'autre, il fonda une association de malfaiteurs qui fut la terreur de la province. En douze mois, cette association compta à son actif : 480 agressions à main armée, une invasion suivie de vol dans les bureaux de la banque Padovani, invasion et pillage du palais Pepoli, disparition d'un garçon de recettes d'une banque, attaque et prise d'assaut de la gare du chemin de fer, assassinats de deux inspecteurs de la sûreté publique, attentat à la vie du préfet de police, disparition de carabiniers et de gardes, cadavres trouvés sur la voie publique et portant sur la poitrine l'écriteau : « Traître à l'association. » Voilà ce qu'avait su faire Ceneri, suffisamment pour illustrer dix malfaiteurs.

« Il fallut quatre ans à la police pour s'emparer de toute la bande. Le procès qui suivit restera fameux dans les annales judiciaires. Les débats, ouverts le 17 avril 1864, durèrent jusqu'au 17 octobre : six mois !

« Les accusés, au nombre de cent, étaient enfermés dans une grande cage en fer. Les jurés entrèrent dans la salle des délibérations, le 17 octobre, à huit heures un quart du matin, et n'en sortirent que *cinquante-trois* heures après pour rendre leur verdict. C'est qu'ils avaient à répondre à 467 questions !

« Les accusés furent presque tous condamnés aux travaux forcés à perpétuité, et Ceneri fut envoyé dans un bagne de la Sardaigne. En 1867, il s'évada. Cette évasion donna lieu à de nombreux commentaires. Un ordre mystérieux du ministère, arrivé à la direction du bagne de Cagliari, enjoignait d'envoyer Ceneri sous bonne escorte à Gênes. Le navire sur lequel le bandit était monté s'arrêta à Livourne; c'est là qu'eut lieu l'évasion. Ceneri avait obtenu l'autorisation de parler avec des chefs du parti républicain qui étaient venus le voir à bord du navire.

« Ce fut pendant cette entrevue que Ceneri disparut. Comment ? C'est ce qui est toujours resté à l'état de mystère. Les uns disaient que c'était à de hautes influences qu'il devait son évasion, d'autres allaient jusqu'à affirmer que c'était le gouvernement qui l'avait laissé prendre le large, et cela pour le récompenser de certaines révélations de la plus haute importance faites à la police. Je crois plutôt que ce furent ses complices qui lui rendirent la liberté. Ceneri, comme chef de la terrible association des malfaiteurs des Romagnes, connaissait des secrets de la plus importance ; or, parmi les complices des vols et des assassinats il y avait, au dire des journaux de l'époque, des personnes haut placées qui auraient été perdues par une seule parole de Ceneri. Les journaux de l'époque disent, en outre, que le nom d'un député fut prononcé à la cour d'assises, et qu'un colonel garibaldien fut arrêté parce qu'on le soupçonnait d'avoir pris part au vol de la banque Parodi, de Gênes. Ceneri, après son évasion, vint à Rome et passa ensuite en Australie, au Japon et en Amérique.

Ce fut sous la protection d'un comité, dont faisait partie le général garibaldien, qu'il s'empressa au 18 mars, comme le chef de la Mafia, de se signaler au comité de salut public avec ses anciens pifferari. Il repartit en Amérique, à l'incendie de Paris.

A New-York, il forma avec d'autres Italiens une nouvelle association de malfaiteurs qui, après avoir opéré quelque temps avec succès aux États-Unis, passa au Mexique et de là au Pérou où la bande se composa de près de trois cents individus. Le ministre italien à Lima savait que Ceneri était au Pérou, mais il ne réussit jamais à le faire arrrêter, parce que sa bande, comme la *Mafia* en Sicile et la *Camorra* à Naples, s'appuyait sur toutes les classes de la sociéte.

Si l'internationalisme du vol et du crime envahit de plus en plus le monde, toutes les préfectures de police, tous les services de sûreté de la terre seront impuissantes contre cette nouvelle légion des soldats du mal livrant une guerre acharnée et sans trêve à tous les gens de bien !

CHAPITRE VI

LES CRIMES DE PEDRO ET DE SON AMI PILLE-BOURSE

Un autre crime qui n'eut plus pour excuse la légitime vengeance d'un mari, resta encore impuni, au moment où la France était terrorisée à la fois par la guerre et par la Commune.

Ce crime épouvantable n'était que la continuation d'une série de forfaits commis et médités par une bande d'assassins que j'ai déjà signalée. A Marseille, cette bande passa en cour d'assises, avec ses principaux chefs, le Bel Anselme, le Pègue dit le Géant, Cotelletto et la Barbentane. Tous expièrent par le dernier supplice les meurtres qu'ils avaient commis, tant aux environs de Lodève que dans la ville de Marseille.

J'ai raconté les prouesses sanglantes de ces brûleurs de fermes, de ces *chauffeurs du Midi*. Des crimes se continuèrent de la même façon, dans le département des Landes, ils ne tardèrent pas à prouver à la magistrature que tous les soldats de l'assassinat n'étaient pas tombés sous le coup de la justice avec le bel Anselme et ses lieutenants.

La bande du Midi, en effet, n'avait pas tardé à se reformer sous un chef encore plus redoutable, pour exploiter également les presbytères, assassiner les curés et ses plus riches marguillers.

Avant de m'étendre sur ces meurtres qui se commettaient par ces mêmes mots de ralliement : *Mort aux riches et à la calotte*, et qui nécessitaient, de ma part, par l'intermédiaire des commissaires centraux, l'envoi de mes plus fins limiers, je dois parler du crime que j'ai signalé au début de ce chapitre.

En 1870, dans l'arrondissement de Dax, au bord de la route de Laurède à Magron, à quelques mètres du bourg de Poyanne, s'élevait une habitation au-dessus d'un clos, le clos Morassin ; c'était une maison blanche, de bonne mine, presque coquette.

C'était la maison d'un vieux rentier, un richard pour ce misérable pays, l'ami du curé des environs. Il venait souvent le voir au nom de ses pauvres.

Quoique le bonhomme ne fût pas généreux de sa nature, jamais le curé ne sortait de chez lui les mains vides.

Ce vieux rentier, Vincent L***, infirme, presque impotent, avait pour l'aider à dénouer sa bourse, au nom de la religion, une veuve, son unique servante, bien plus dévote que lui-même.

Elle ne manquait jamais de s'unir à M. le curé, pour décider son maître à faire du bien au pays.

La veuve était plus connue sous son sobriquet que

sous son nom de veuve; on ne l'appelait partout que la charitable *Catherinette.*

Les pauvres la bénissaient. Ils savaient que c'étaient pour eux que la très dévote Catherinette avait ouvert au curé la porte du logis de son maître, vivant comme un ladre, même après avoir été converti à la charité évangélique.

On disait dans Poyanne qu'il avait un trésor dissimulé dans un bureau secrétaire qu'il avait converti, depuis qu'il était marguiller, en prie-Dieu.

La médisance ajoutait qui si le propriétaire se tenait tant de fois à côté de son meuble vénéré, c'était pour ne pas quitter avec son bréviaire, la place de son trésor.

Vers la fin de février 1871, une véritable terreur se répandit dans le voisinage de la maison du vieux rentier. Depuis plusieurs jours, les volets des fenêtres, de la maison du clos Morassin, n'avaient pas été ouverts.

Catherinette n'était plus parue pour faire, au bourg, les emplettes de la journée au profit de son maître impotent. On avertit le curé qui conseilla aux voisins d'aller prévenir le juge de paix et le gendarme.

Quand les habitants du bourg se présentèrent à la maison déserte, sous l'escorte de l'autorité, un spectacle horrible s'offrit à leurs yeux.

Le vieillard Vincent L*** avait le corps allongé sur le sol, la tête tournée contre le foyer de sa salle à manger, les pieds en dehors comme le sont tous les pieds des morts; ils touchaient son fauteuil de malade. Le cadavre se noyait dans une mare de sang calciné. Chose étrange, aucun désordre dans les meubles, dans les objets extérieurs, n'indiquait la trace d'une lutte entre la victime et le meurtrier. Cependant lorsqu'on releva ce corps ensanglanté, on s'aperçut que le crâne avait été fracassé; la place de deux coups de stylet était indiquée à la place du cœur.

Quant au corps horriblement déformé et tuméfié, il était constant qu'on avait piétiné dessus !

En s'avançant jusque derrière la salle, aux meubles intacts et rangés comme si rien ne s'était passé dans cet intérieur, en pénétrant dans la salle à côté, on voyait une nouvelle mare de sang; un nouveau cadavre y gisait : le cadavre de la Catherinette.

Au lieu d'être couché sur le ventre comme son maître, elle était étendue sur le dos. Elle aussi avait le crâne fracturé; les coups avaient laissé bien d'autres traces que celles qui marquaient à peine le corps du vieillard déformé à grands coups de talons.

Ils attestaient, sur le corps de la servante, la lutte qu'elle avait dû engager avec les meurtriers ; sa poitrine était labourée de dix blessures faites aussi par un stylet. Les blessures à la tête étaient produites par le même objet qui avait frappé Vincent L*** et qui n'était plus un instrument tranchant.

La main droite de la servante était restée crispée sur un gros morceau de pain.

En poursuivant les investigations dans cette seconde pièce, on aperçut un tison ensanglanté; ce tison avait servi à la perpétration du double crime commis sur les deux victimes. Le stylet n'avait servi dans l'accomplissement de ces meurtres que comme hors-d'œuvre. Chose plus extraordinaire, aucun meuble n'avait été fracturé, ni ouvert dans l'une et l'autre pièce.

Les assassins s'étaient contentés d'aller droit au prie Dieu. Ils l'avaient mis en pièces, parce qu'ils savaient sans doute que c'était là que le vieillard cachait toute sa fortune évaluée par la famille à la somme de 6,000 francs; cette somme n'y était plus!

Alors les divers rapport des agents de l'autorité conclurent qu'il n'y avait que les gens de la famille, les voisins connaissant les habitudes du vieillard et les êtres de la maison qui avaient pu commettre le crime.

Les soupçons se portèrent sur le gendre de la victime et sur son voisin Diris le forgeron. Ce dernier, pour n'être pas atteint par la justice, s'était empressé de dénoncer le gendre de la victime.

Celui-ci n'eut pas de peine à se laver de cette accusation; il n'en fut pas de même au sujet du forgeron, son dénonciateur.

On le savait très lié avec un nommé Pedro, aubergiste suspect, depuis longtemps la terreur du pays.

Ce Pedro, surnommé *Esperdio*, était installé dans une auberge signalée comme un repaire de meurtre; il cumulait à la fois les fonctions de braconnier et de contrebandier. On le savait voleur et assassin à ses heures.

On n'ignorait pas qu'à vingt lieues à la ronde, il entretenait des relations avec d'anciens mercenaires de son auberge, les plus mauvais garnements des environs.

On savait que les divers crimes resté impunis depuis dix ans dans le département des Landes, étaient dus à des opérations commandées par lui et exécutées par les hommes de sa bande.

Diris le forgeron et sa femme étaient signalés par les voisins du clos Morassin, comme appartenant à la bande de Pedro. Ces voisins du marguiller de Poyanne étaient chargés d'enfants. Catherinette, par l'intermédiaire de son maître, les comblait de présents. Un jour la servante du marguiller était parvenue à donner une vache à la femme du forgeron pour qu'elle pût mieux nourrir ses enfants en bas âge.

La femme du forgeron lui en avait témoigné sa reconnaissance en lui disant :

— Mâme Catherinette, vous êtes seule à la veillée quand votre bon maître s'endort dans son grand fauteuil. Permettez-moi de vous tenir compagnie, d'autant mieux que ça m'économisera de la lumière, que ça me permettra de prier avec vous le bon Dieu pour votre brave homme de maître. Grâce à vous, grâce à lui et au bon Dieu, moi, mon homme et mes pauvres petits nous pouvons vivre; c'est bien le moins que nous vous servions pour vous remercier.

Le langage de l'odieuse femme était tout autre quand elle revenait trouver son homme le forgeron.

Tous les deux s'emportaient alors contre la fortune ; les voisins rapportaient des propos odieux échangés entre ces envieux, comme celui-ci :

— L'hiver est rude ! Le grain est chez les canailles de riches ! Il faudra extirper toute cette vermine s'engraissant sur la peau du pauvre peuple, quand le peuple crève de faim !

Lorsqu'on commença une première perquisition chez les époux Diris, on saisit un instrument dont l'empreinte de la lame s'adapta parfaitement au prie-Dieu fracturé et mis en pièces ; on y découvrit aussi un stylet taché de sang ; ce stylet s'adaptait aussi aux trous des vêtements et aux blessures des deux victimes. La preuve de ce meurtre était trouvée. Cependant le parquet n'osa pousser plus loin son enquête ; la Commune éclatait à Paris, elle donnait à tous les gens de la bande de Pedro une plus grande autorité. Le crime de Poyanne resta impuni, grâce à la terreur que Diris et le lieutenant de Pedro répandaient dans tout le pays.

Il y avait vraiment bien de quoi trembler ! le curé de la localité, qui, le premier, avait conseillé au voisin le marguiller d'éclairer la justice, avait été trouvé, à son tour, assassiné dans un chemin creux, le lendemain de l'instruction de cette mystérieuse affaire.

Qui avait fait le crime ? Il n'y avait pas à en douter, un des vengeurs de Diris, un autre acteur du crime de la maison du clos Morassin. Depuis dix ans, tous les crimes qui se commettaient dans le département des Landes étaient à l'actif de Pedro ; les habitants ne considéraient les Diris et autres garnements de la contrée que comme des aides de ce bandit à gages, de ce bandit de grand chemin rappelant, par ses exploits à main armée, les plus épouvantables légendes des Cartouche et des Mandrin.

Toute la vie de cet homme sanguinaire qui, par le moral, rappelle le fameux Dumollard, n'est, en vérité, qu'un sinistre roman.

Elle commence pour lui en devenant un prévôt d'armes dans un régiment de chasseurs. Il quitte le régiment, accusé d'avoir tué par maladresse un soldat à qui il donnait une leçon d'armes. Il entre ensuite comme soldat instructeur de la garde nationale de 1848 ; il est encore soupçonné d'avoir tué par jalousie un collègue de sa compagnie.

Aux environs de Dax on le retrouve bûcheron ; on le rencontre la nuit, maraudant et braconnant.

Tant qu'il reste dans le pays, les habitants n'osent plus s'attarder, de peur d'être attaqués par le braconnier Pedro. Le misérable ne se contente pas de faire la chasse aux bêtes, il fait aussi la chasse aux gens. Il part, et le pays reprend sa tranquillité.

Un jour, au fond des bois, il rencontre un de ses camarades de régiment qui rentre au pays avec une somme de trois cents francs, il le dévalise sous peine de mort. Le malheureux se laisse dépouiller ; mais le lendemain il se rend auprès de la gendarmerie.

Alors Pedro, aussi astucieux qu'audacieux, proteste de son innocence.

Comme il n'y a aucun témoin pour l'accuser, on le laisse libre.

Plus tard, Pedro, enrichi par le vol, par les rapines de toute sorte, ouvre à Mogron une auberge qui devient le rendez-vous de tous les brigands de la province.

A la veille de l'insurrection de Paris il organise sa bande, il recrute tous les *chauffeurs* du Midi, restés sans chef dès l'exécution du bel Anselme.

Cette nouvelle bande est organisée en vue des mêmes principes : *l'assassinat des curés.* Il faut la force armée pour la dissiper.

C'est à l'époque du meurtre de Vincent L*** et de sa servante, qu'a lieu la formation de la bande de Pedro.

Diris le forgeron devient son lieutenant, c'est lui qui indique à Pedro le coup à faire dans la maison du clos Morassin.

Mais Pedro, chef de bandits, aubergiste de Mogron, hôtelier d'une nouvelle *Taverne aux tueurs*, n'a pas que Diris le forgeron pour lieutenant. Il en possède un autre bien plus dangereux, bien plus astucieux, sans être aussi sanguinaire.

Journalier pour la forme comme son capitaine est aubergiste, il est connu sous les noms caractéristiques de *Pille-Bourse* ou *Tueur de Corbeaux.*

Ce dernier sobriquet lui est acquis après le meurtre du curé, trop puni, comme je l'ai dit, parce qu'il a dénoncé le premier à la justice le meurtre du vieillard Vincent L***.

Au moment où commence l'instruction de cette mystérieuse affaire, le journalier Pille-Bourse vient sonner, la nuit, à la porte du presbytère. Il se présente au vénérable curé d'un air contrit, piteux ; il a les larmes aux yeux et la prière à la bouche. Il lui annonça que son père mourant réclame le saint viatique avant de passer de vie à trépas.

— Mon pauvre père, s'écrie-t-il les mains jointes les yeux au ciel, ne veut pas mourir comme un païen, sans recevoir le bon Dieu !

Le bon curé s'empresse de passer sa robe, de se munir de son viatique pour l'administrer à l'agonissant Il ne se doute pas que c'est lui qui en aura bientôt le plus besoin. Il suit Pille-Bourse.

Lorsque le curé, avec celui qui le conduit, est loin du presbytère, lorsqu'ils gagnent une montée avoisinant à droite un bois, à gauche un précipice, Pille-Bourse passe brusquement derrière le curé ; celui-ci est très étonné du bond de son conducteur ; avant qu'il ait pu se retourner pour lui demander la cause de sa retraite, il sent le froid de l'acier pénétrer dans la chair de sa nuque.

Il n'a plus la force de se retourner. Son assassin lui a porté entre le cou et le derrière de la tête un coup mortel avec le stylet qu'il a tenu caché dans sa manche.

Le prêtre s'affaisse ; il tombe et roule dans l'abîme ; là il est dévalisé par Pille-Bourse. L'assassin a soutiré, après l'avoir assassiné, sa montre d'argent, et Pille-Bourse, de son côté, lui soutire une faible somme destinée aux frais d'enterrement du prétendu mourant que le curé croyait avoir à administrer.

Car l'astucieux Pille-Bourse avait tout prévu. Comme son maître, lui aussi ne voulait pas tuer pour rien le *corbeau*. Il avait fait appel à sa charité pour avoir tous les bénéfices de son meurtre avec son capitaine Pedro.

Lorsque, le lendemain, les gens du pays retrouvèrent dans le *ravin de la Route* le cadavre de leur curé, ils n'osèrent accuser Pille-Bourse, ni Diris le forgeron, ni Pedro. Ils redoutèrent les représailles des assassins du prêtre, du marguiller et de la malheureuse Catherinette.

La magistrature, faute de témoins, ne put continuer l'instruction du double meurtre de la maison du clos Morassin ni celle de l'assassinat du curé.

Le parquet n'osa arrêter le forgeron Diris, pas plus que le journalier Pille-Bourse et Pedro.

L'ami Pille-Bourse, pour sa part, ne se gêne plus, au compte de la bande, pour continuer sur une plus vaste échelle, ses criminels exploits.

Pedro, le chef de la bande, vivait au milieu de sa cour de bandits en véritable satrape. Dans son auberge de Mogron, où l'on allégeait les voyageurs de leur sacoche, quand on ne les tuait pas, Pedro avait pour aides de jolies filles. Elles se chargeaient parfois de la besogne du maître. Les beaux yeux et les autres attraits des servantes étaient un moyen de plus de séduction, mis au compte de l'avidité du maître.

Mais l'élément féminin, qui servait si bien ces bandits, faillit les perdre. Lorsque l'amour nous tient, on peut dire adieu prudence. Pedro, qui n'était plus de la première jeunesse, se vit un jour repoussé de sa servante, préférant à son maître un adolescent nommé Lasève. Pedro se vengea de cette préférence en assommant son rival à coups de bâton dans un chemin creux.

Lasève survécut, à demi-paralysé des suites de ses blessures, juste assez de temps pour bégayer le nom de son assassin.

Encore une fois la justice n'osa agir. Aucune plainte ne fut dressée contre lui. Pille-Bourse, déguisé en commissionnaire, Pille-Bourse, qui connaissait tous les êtres de la maison du juge, lui glissa un jour sur sa table de nuit une lettre de Pedro, sans signature ; elle était ainsi conçue :

« On prie le magistrat de ne pas s'inquiéter de celui qui a tapé Lasève, sinon le même bâton qui l'a tué servira au juge instructeur. »

Et Pedro, dont Pille-Bourse est le valet comme Bertrand est le valet de Robert-Macaire, Pedro est tellement redouté que, encore une fois, il n'est pas inquiété.

Mais une femme qui, au profit de bien des crimes de Pedro, fit toute sa force, faillit le compromettre et le mettre en défaut.

Ève perdit le premier homme : une nommée Magloire, maîtresse de Pille-Bourse, après avoir été celle de son maître, tenta de perdre les deux hommes, ses amants. Pille-Bourse vivait des regains de son capitaine ; il posséda donc aussi Magloire, qui devint aussi funeste au complice de Pedro.

Lorsque cette fille fut délaissée de Pille-Bourse, lorsque Magloire fut renvoyée brutalement par ce dernier de l'auberge de Mogron, à coups de pieds, à coups de poings, elle le menaça ; elle s'écria tout échevelée et rouge de colère :

— Ah ! tu voudrais bien m'assassiner, sale canaille, comme tu as assassiné le vieux marguiller et Catherinette...

Et comme Pille-Bourse voulait lui fermer la bouche d'un nouveau coup de poing, Magloire continua en se débattant et en se sauvant de ses étreintes :

— Oui, oui, sale crapule ! tu étais là-bas avec le forgeron, avec Pedro, sa rosse et sa *carne* : La Sévère !

Alors Pille-Bourse est arrêté à la suite de ce propos ; il est conduit en prison. Il répond qu'il a pu participer à l'assassinat du vieillard et de sa servante, mais qu'il s'est contenté de faire le guet à la porte de sa maison.

Il ne nomme pas ses complices.

Les complices, pour récompenser Pille-Bourse de sa discrétion, travaillent à sa prompte évasion.

Lorsque, le lendemain de sa confrontation avec le juge d'instruction, on veut chercher Pille-Bourse dans sa cellule, on ne le retrouve pas. Sa cellule est vide. On apprend que la bande Pedro a des intelligences jusque chez les geôliers de la prison de Dax.

Deux jours après, Pille-Bourse reparaît avec aplomb à l'auberge de Mogron. On n'ose l'arrêter, parce que son maître est tout-puissant dans la taverne maudite.

Non seulement Pedro a pour servantes de jolies filles dont les appas servent à corrompre jusqu'aux gendarmes chargés de l'arrêter, mais son auberge cache des antres mystérieux et redoutables.

On dit qu'à l'auberge de Mogron il existe, derrière la maison, dans une cour fermée par un gros mur, un abîme sans fond Les voyageurs y disparaissent, une fois volés, assassinés par Pedro et ses associés, hommes ou femmes.

La Sévère, dont a parlé la Magloire une fois remerciée à coups de pied, à coups de poing par l'ingrat et irascible Pille-Bourse, avait été également la servante de l'auberge maudite.

L'aubergiste, fatigué d'elle, l'avait aussi délaissée pour faire de sa fille sa maîtresse.

Lorsque la Sévère voulut protester en face de son enfant, comme mère, comme rivale, ce Barbe-Bleue lui infligea une mort horrible : il lui versa un verre de vin qui contenait un poison des plus violents.

Mon Pedro punissait les indiscrétions de la Sévère comme il avait récompensé la discrétion de son ami Pille-Bourse , un être aussi placide qu'entreprenant.

Depuis que Pedro lui avait donné sa propre fille pour rivale, la Sévère, rongée par le chagrin, par le remords, et *pour se décharger le cœur,* avait raconté à deux femmes qu'elle, son maître et Pille-Bourse avaient été de l'assassinat de Poyanne.

— Et si vous saviez combien de prêtres ont été requis par Pille-Bourse pour aller porter le viatique aux malades et qui ne sont plus revenus, *vos cheveux se dresseraient sur la tête!*

Quant à l'affaire de Poyanne, la Sévère s'était expliquée ainsi devant les deux femmes, la veille même d'être punie par Pedro :

« — C'était dimanche gras, leur avait-elle dit, Pedro, Pille-Bourse, son ami Suscosse, qui est mort depuis, étaient réunis dans l'auberge de Mogron, où nous *traitions* toutes nos affaires. Pedro proposa d'aller faire un coup à Poyanne. Il s'agissait de tuer et de dévaliser le vieux Vincent L*** et la Catherinette, sa bonne. On partit.

« Arrivés à Poyanne, nous entrâmes chez Diris le forgeron. Il se joignit à nous avec sa femme, qui avait indiqué l'affaire.

« Les Diris étaient des amis de M. Vincent L***, qui leur voulait beaucoup de bien. Pendant que Pille-Bourse, Suscosse, la femme Diris et moi nous faisions le guet, Diris alla avec Pedro frapper à la porte du clos Morassin. Catherine vint ouvrir ; son maître et elle achevaient de souper : « Je vous « amène un ami à moi, dit le forgeron en montrant « Pedro », et M. L*** leur offrit un verre de bon vin.

« C'est à cet instant que Pedro et Diris se jetèrent sur le vieillard et sa bonne, les assommèrent avec un tison et les poignardèrent. Le vieux fut bientôt mort ; mais la Catherinette criait à Diris : « Ah ! c'est comme ça, coquin, que tu me récom- « penses de mes bontés. »

« Enfin elle tomba morte, assommée par le tison et perforée à coup de poignards. Le forgeron et Pedro les tirèrent par les pieds et par la tête pour s'assurer que c'était bien fini. »

VII.   7

Lorsque la Sévère raconta ce drame aux deux femmes, qui en avertirent le pays, elle paya cette confession de la vie ; cet aveu concordait trop avec le premier dire de Pille-Bourse pour que la magis-gistrature ne recommençât pas une nouvelle instruction.

Pedro fut arrêté, longtemps après le double meurtre de Poyanne et l'empoisonnement de la malheureuse la Sévère.

Quand on exhuma le corps de la Sévère, après quatre ans, l'exhumation devint inutile. La justice ne put connaître si cette infortunée avait été empoisonnée par Pedro.

Mais Pedro ne parut pas pour cela devant la cour d'assises des Landes. Le service qu'il avait rendu à Pille-Bourse, Pille-Bourse le lui rendit. Le valet sauva son maître de la prison, comme le maître l'en avait sauvé lui-même.

La bande de Pedro partit avec son chef du côté des Pyrénées.

L'auberge maudite de Mogron devint déserte ; les habitants des environs de Dax respirèrent ; les prêtres se livrèrent en toute sécurité aux soins spirituels de leurs ouailles. Ils purent enfin passer impunément, le soir, le long de la route du ravin !

Alors Pedro reparaît dans les montagnes ; chef d'une bande de contrebandiers, il est à la tête d'Italiens et de Basques qui ne se contentent pas de livrer la chasse aux douaniers, aux gendarmes, et de passer en fraude des marchandises, ils se livrent à la fabrication de la fausse monnaie. C'est Pille-Bourse qui, dans les bourgs voisins, écoule toutes les fausses pièces de la fabrication Pedro et Ce.

Un de mes agents est envoyé de Paris à Dax auprès du commissaire du département pour étudier les curieuses physionomies de Pedro et de Pille-Bourse ; il m'en fait ainsi la portraiture.

Pille-Bourse est un individu plus maigre que gras, dont la physionomie de chat, aux regards voilés et modestes, n'a de remarquable qu'une expression béate, sournoise et presque niaise.

C'est le type de la bêtise et de la gaucherie. Ses gestes indécis, en apparence, dissimulent sous des allures embarrassées, une grande dextérité à faire le mouchoir et la bourse. Comme les chats, il ferme souvent les yeux, mais il voit en dedans, s'il se croise souvent les mains contre sa poitrine, c'est pour mieux les défendre contre la tentation de les pousser dans les poches d'autrui.

Pille-Bourse a tout l'encolure, tout l'aspect chétif du Bertrand de l'*Auberge des Adrets;* comme Pedro, par l'énergie et l'aplomb, a toute la prestance de Robert-Macaire. Il en a aussi la ruse et l'énergie.

Ces deux hommes se complètent l'un par l'autre. Leurs qualités si contraires leur font une nécessité de bien s'entendre et de bien s'unir. Les autres, femmes et hommes, ne sont que des auxiliaires, comme Diris et sa femme, comme Suscosse, la Magloire et la Sévère.

Pedro, dit *Espedro*, dont l'activité, la ruse et l'imagination malicieuse s'exercent encore au fond des

Pyrénées, est un Troppmann doublé d'un Dumollard. Il joint à l'agilité de l'un les passions effrénées de l'autre.

Lorsque Pedro était, en 1848, un prévôt d'armes, c'était sous l'uniforme un assez beau militaire. Sous l'éclat de sa face assez régulière, on devinait une énergie que ses yeux, enfoncés dans leur orbite, accentuaient encore.

Lorsqu'ils brillaient sous leurs paupières clignolantes, c'était d'un éclat glauque et morgue. Son front disparaissait sous des amas de cheveux ; ses lèvres sensuelles s'ouvraient sous un menton carré et plat. Le nez aquilin, fortement arqué, dénotait une grande avidité poussée jusqu'à la convoitise, comme ses larges maxillaires trahissaient de violents appétits déguisés sous un certain air de bon enfant.

Lorsque ses petits yeux brillaient, on ne pouvait s'empêcher d'en subir l'éclat étrange. Et dans la nuit, ils devaient étinceler comme ceux des animaux félins. Il a les épaules rondes, le corps un peu voûté, les pieds plats et longs. A l'encontre de Pille-Bourse, long, élancé, Pedro est ramassé et trapu. On sent qu'il a l'habitude de ramper dans la nuit. Ses pieds, comme il le disait lui-même, étaient faits pour *fouler* des cadavres.

Pille-Bourse, plus délicat, avait horreur du sang. Autant son ami Pedro le répandait à plaisir avec plus d'indifférence que s'il *buvait un verre de vin,* autant son ami Pille-Bourse, lorsqu'il fallait mettre la main à la pâte, se défendait d'avoir recours à la *saignante.*

Ce fut Pille-Bourse qui, dans le crime de la Poyanne, conseilla à Pedro et à Diris, le forgeron, d'employer un tison pour assommer sans bruit, sans effusion de sang le vieux marguiller et sa bonne Catherinette.

Lorsque son maître tuait un prêtre en route pour donner l'extrême-onction à un prétendu mourant, Pille-Bourse, au fond du ravin, attendait au bas le corps assassiné par Pedro.

Il n'aimait pas la façon brutale avec laquelle Pedro, dit Espedro, expédiait le *ratichon* par un coup de stylet dans la nuque, et que Pedro désignait sous le nom de : *Coup du taureau.*

Il avait appris ce coup-là de ses camarades de régiment qui avaient fait la campagne du Mexique en voyant les Mexicains tuer ainsi les taureaux sauvages pris au *lasso.*

Pedro, la terreur des Landes, était l'énergie et la cruauté incarnées ; il affirmait ses terribles qualités par un aplomb insolent et une désinvolture narquoise.

Pedro était le contre-pied de Pille-Bourse qui, une fois un prêtre tué par son complice dans le ravin, recevait au bas son corps uniquement pour le dévaliser. Il ne le dévalisait jamais, le saint homme ! qu'après avoir fait à son intention et à la sienne, plusieurs signes de croix.

Malgré la pusillanimité plus apparente que réelle du cauteleux Pille-Bourse, ce cafard, pour l'énergie et pour l'âpreté, valait son patron sans vergogne : l'audacieux et insouciant Pedro.

Ces deux misérables, la terreur du Midi, les

Troppmann des Pyrénées, sont parvenus encore par leur habileté et leur audace à déjouer la justice. Je ne doute pas qu'un jour à l'autre la justice ne reprenne sa revanche et que le crime de la Poyanne ne soit enfin vengé ; ces deux crimimels sont toujours surveillés.

CHAPITRE VII

LE PRÊTRE ET LE MAÇON.

Je vais raconter l'étrange odyssée d'un de mes agents qui, dès la défaite de la Commune, s'acharna à la poursuite d'un ancien insurgé, celui-ci parvint jusqu'en 1872 à se dérober à toutes les recherches de son fileur.

Cet agent connaissait pourtant bien son homme. Il l'avait rencontré une première fois, avant le 18 mars, au club du Pré-aux-Clercs. Il était de service pour observer et signaler tous les adversaires du gouvernement. Dès cette époque, il s'était mis en mesure pour bien posséder son *sujet* qui, sous la Commune, avait été un des membres du comité de salut public.

Je vais indiquer en quelle circonstance cet agent, dit *Jarret-d'Acier*, avait rencontré sa future et importante capture ; je ne la désignerai que sous son initiale ou sous son n° 2,147. Car pour un agent, tout individu devenant un objet de recherches ou de poursuites n'est qu'un numéro.

Aux dernières années de l'Empire, un commissaire de police avait démasqué, en pleine séance, un inspecteur de M. Lagrange qui, pour forcer les républicains à se découvrir, avait surenchéri sur leurs doctrines subversives.

Mon Jarret-d'Acier, craignant d'avoir le sort de son collègue, s'était mis à tonner tout à coup contre son émule, le provocateur.

L'attitude de mon faux républicain avait séduit particulièrement un futur membre de la Commune, le n° 2,147, internationaliste enragé de la rue de la Corderie-du-Temple.

Dès ce jour, l'espion et l'espionné se lièrent ensemble comme Oreste et Pylade.

Le socialiste Oreste, un apôtre de Verlin et de Jourde, ne quitta plus son Pylade, Jarret-d'Acier. Pour n'éveiller aucun soupçon, ce Pylade de la rue de Jérusalem, en sa qualité d'ancien militaire, s'aboucha avec les Duval et les Cluseret, futurs généraux de la Commune.

C'était une manière pour Jarret-d'Acier de s'initier au socialisme militant afin de mieux le vendre.

Par malheur, la révolution s'affirmait de plus en plus dans le sens d'Oreste; elle forçait Pylade à lui emboîter de si près le pas, que d'un jour à l'autre il pouvait bien découvrir le faux nez de son Pylade. Et celui-ci, tant la situation devenait critique, ne pouvait plus songer, après les événements du 4 septembre, à arrêter son ami, il n'éprouvait qu'une crainte, celle d'être arrêté par lui !

Cependant mon Jarret-d'Acier eut le courage de ne pas le quitter tant que dura l'invasion.

Ils servirent ensemble dans la même compagnie, sous le siège.

Jarret-d'Acier apprit par lui, autant que par les événements du 31 octobre, toutes les espérances que les futurs membres de la Commune concevaient depuis la capitulation de Paris.

Jusqu'à cette époque, L***, qui occupa dans l'état-major de Dombrowski un poste élevé, ne douta pas que son ami Jarret-'d'Acier ne fût un socialiste de la plus belle eau.

Ne le voyant plus reparaître sous la Commune, il le crut mort ou délégué en province au nom de la propagande socialiste.

Il ne lui vint pas à l'idée qu'il pût être un traître, et que depuis plus d'un an Oreste était l'objet par Pylade d'un rapport quotidien et spécial sous le n° 2,147!

Jarret-d'Acier, à cette époque, était déjà à Versailles; il collationnait les dossiers du commissaire aux délégations judiciaires, au moment où l'armée de M. Thiers amenait prisonniers, à la prison de Saint-Pierre, les fédérés pris les armes à la main.

Lorsque cet employé de la justice militaire avait des loisirs, il guerroyait encore. En sa qualité d'ancien soldat, il allait grossir le nombre des assiégeants.

Nul doute que si dans ce moment-là il eût rencontré Oreste au bout de son chassepot, Pylade, pour ne pas être tué, ne lui eût pas fait grâce.

Heureusement pour les deux amis qu'ils ne se rencontrèrent pas.

Pendant que Pylade se battait aux remparts on instrumentait à Versailles contre les prisonniers de la Commune, Oreste occupait à Passy une grande propriété avoisinant le château de la Muette, en sa qualité de secrétaire de l'état-major de Dombrowski.

Dans cette maison où logeait temporairement cet état-major, L*** occupait, bien avant la guerre, un appartement modeste, au troisième étage. Une fois les fédérés maîtres du XVIe arrondissement, c'était lui, qui avait conseillé aux chefs de l'insurrection de s'emparer de cette habitation qui, ancienne maison princière, avait encore cour et jardin.

Une fois les fédérés casernés dans cette vaste habitation, L*** ne s'arrêta pas là, tant était grand son amour pour les déshérités. Il connaissait, de longue date, les riches locataires de cette habitation.

Si personnellement, malgré le mal qu'il vouait aux privilégiés de la naissance et de la fortune, il était incapable, pour leur nuire, de recourir au vol et au meurtre, il n'était pas éloigné de laisser faire par des coreligionnaires politiques moins scrupuleux, ce qu'il n'osait faire lui-même.

Un jour, la rage dans le cœur, lorsqu'il apprit que l'armée de Versailles s'apprêtait à forcer la porte d'Auteuil, il dit aux soldats de Dombrowski, que dans sa maison étaient enfouis des trésors incalculables.

Comme la concierge de cette habitation s'était enfuie, affolée de peur depuis que l'armée de Versailles bombardait ce quartier général de Dombrowski, c'était L*** qui, en sa qualité d'unique locataire, avait pris les clefs confiées à la garde de la concierge.

Un jour, tourmenté par la rage de voir son parti vaincu, il entraîne trois ou quatre fédérés dans l'appartement de la vieille rentière. Là, à l'aide de ses clefs, il pousse ces soldats dans son appartement; il ouvre les tiroirs de ses meubles où sont étalés de riches étoffes et des objets précieux.

Puis il se sauve sans rien distraire pour sa part, très certain que la convoitise qu'il a excitée chez ces soldats laissera des traces fort désagréables à sa riche voisine dont l'opulence égale l'avarice.

Cette fois, L*** n'avait pas compté sans ses hôtes.

Lorsque ces fédérés rendent les clefs de la richarde à son voisin, ils ont fait une râfle abondante.

Lorsque la Commune est vaincue, lorsque la locataire de l'appartement dévalisé rentre dans ses lares, une plainte est déposée au parquet. Les défenseurs de la Commune qui ont pillé la susdite dame sont arrêtés. Pour se disculper, ils accusent l'inspirateur de leur méfait. Celui-ci va être aussi emprisonné; l'ex-fédéré explique à son tour comment il est entré en possession des clefs de la vieille dame; sa concierge est chassée de la maison.

Elle n'avait eu pourtant qu'un tort, celui de ne pas se laisser tuer par les bombes.

Quand à L***, il va être pris pour apprendre, à

l'occasion de ce vol, que les conseilleurs valent les pilleurs ; un bon prêtre intercède pour lui.

L***, avant d'être un officier de l'internationale, a été un catholique fervent. Élevé au séminaire, il s'était fait par ambition, par envie ou par calcul, son réfractaire.

Soit par peur, soit par conviction ou par remords, il s'est ressouvenu, après la défaite de la Commune, de sa première éducation.

Et pour éviter les représailles des commissions militaires, l'ancien communard, au moment d'être pris, s'est rapproché de ses condisciples tonsurés.

Au moment d'être emmené à Versailles pour répondre devant les juges militaires du rôle qu'il avait joué dans l'état-major de Dombrowski, il fait appel à l'Église et à ses anciens frères.

Un ecclésiastique, très influent, naguère son camarade, s'interpose entre lui et ses juges ; il le recommande chaudement auprès d'un couvent voisin pour le cacher. Puis, cet ecclésiastique fait des démarches nécessaires afin de suspendre le cours de la justice militaire.

Mais le jour où ce bon ecclésiastique se rend chez L*** pour l'emmener au couvent qui l'attend, qui rencontre-t-il prêt à l'accompagner chez l'ami commun, qui?

Jarret-d'Acier, le Pylade de son Oreste que celui-ci n'a pas revu depuis la guerre.

Cette fois, Pylade porte une lévite, un chapeau à larges ailes, rappelant la coiffure monacale ; et de plus, il est décoré de l'ordre de la Légion d'honneur.

Il s'annonce au bon prêtre comme l'ami le plus dévoué de celui qu'il protège.

L'ecclésiastique ne peut douter des paroles de l'agent par le saint habit qu'il porte, par la décoration qui l'honore, et surtout lorsqu'il lui fait part des particularités les plus scabreuses de la vie de son protégé.

L'ancien séminariste, l'ami de l'ex-fédéré ne doute plus qu'il a en Jarret-d'Acier un nouveau défenseur prêt à le sortir des griffes de la gendarmerie.

Voici comment cet inspecteur avait repris enfin la piste de son sujet.

Le cabinet noir fonctionnait encore; le chef du pouvoir exécutif, qui ne négligea aucun moyen employé par la police de l'Empire, l'avait remis en vigueur pour mieux éclairer les juges de Versailles.

Par les lettres de l'ancien séminariste à ce transfuge prêt à passer devant un conseil de guerre, la police n'avait pas tardé à être au courant des menées du bon prêtre pour sauver L***, sa brebis égarée.

Ces lettres avaient éveillé l'attention de la police; Les délégués de la justice n'avaient pas tardé à rendre l'ancien orateur du club du Pré-aux-Clercs, l'ancien membre de la Commune, l'ex-secrétaire de Dombrowski, à son fileur naturel, au Pylade éternel de cet Oreste perdu.

En apprenant par des rapports de police que l'Église s'intéressait particulièrement à L***, à son n° 2,147, Jarret-d'Acier n'hésite plus à prendre le rôle, le caractère, la mission du bon prêtre, son sosie.

Il s'habille comme s'il appartenait lui-même à l'Église.

Uue fois que le véritable serviteur de Dieu apprend par la bouche de Jarret-d'Acier qu'ils sont deux maintenant à sauver L***, il ne doute plus de son salut.

Alors le faux et le véritable ecclésiastique se présentent au domicile de L*** pour le cacher dans un couvent, au moment où le vrai prêtre attend de ses démarches personnelles un résultat satisfaisant pour ne plus compromettre la liberté ni l'avenir de son ancien ami.

Mais L***, qui attendait tout du vrai prêtre, se méfie pour la première fois de son Pylade. Il s'étonne à bon droit de le retrouver dans un moment aussi critique, sous des habits qui ne sont pas les siens, pour le faire rentrer, prétend-il, dans le giron de l'Église, lui qui s'en disait, comme lui-même autrefois, l'ennemi le plus acharné ?

Lorsque le vrai prêtre, très confiant, s'écrie que « forcé de retourner à sa cure, il le laisse entre les mains de son frère pour le cacher dans un couvent, » L*** se récrie.

Il demande en grâce que son vieil ami ne l'abandonne pas, malgré le dévouement de son ami de plus fraîche date.

Alors Jarret-d'Acier roule des yeux d'un air béat, il se croise les bras sur la poitrine, il prend un ton affligé et très contrit.

Il s'écrie:

— Mon frère n'a pas confiance en moi! C'est bien mal! Ne lui ai-je pas donné autrefois, au péril de ma vie, des preuves irrécusables que je ne suis pas un Iscariote!

— Je ne dis pas non, mon frère, s'écrie L***, qui n'est pas des plus rassurés, mais vous n'êtes pas connu du supérieur comme mon camarade du collège épiscopal. Vous ne pouvez répondre de moi comme lui-même...

— Et cette croix, répond avec dignité l'impudent Jarret-d'Acier, ne parle-t-elle pas aussi haut que l'amitié de mon cher frère! Oubliez-vous, mon ami, le sang que nous avons répandu ensemble au temps de la guerre, vous pour tuer des ennemis, moi pour les sauver; oubliez-vous ce sang qui m'a valu cette décoration, n'est-ce pas une garantie suffisante, comme le nom de notre cher frère, pour me faire bien venir de tous les couvents de la terre ?

Le haut ton de Jarret-d'Acier en impose à l'ecclésiastique. Du reste, il a affaire ailleurs, il a toute confiance en l'agent.

Il laisse sans réplique L***, qui cependant n'a plus une confiance aussi illimitée en son Pylade.

Lorsque le vrai prêtre est parti, Jarret-d'Acier, avant d'entraîner l'ex-fédéré au couvent protecteur, situé à une lieue de Paris, se met à danser une sarabande échevelée!

Il ne doute pas que, comme la plupart des fédérés, L*** ne soit resté un communard endurci; il croit qu'il n'a eu recours à l'indulgence de l'Église que pour mieux la tromper dans un intérêt tout personnel.

Et Jarret-d'Acier continue à faire dans la chambre des entrechats fantastiques. Malgré ses saints habits, il exécute le pas de la chaloupe orageuse ; et il s'écrie avec un entrain endiablé :

— Enfoncée la calotte ! J'espère, mon vieux, que tu vas rester dans cette boîte à bon Dieu juste le temps que le ratichon va mettre pour étouffer la mauvaise affaire *du vol au tiroir !* Après il s'agira, comme moi, de nous tirer des bottes du côté de Genève ou de Londres, où les amis mijotent la revanche contre Versailles ! C'est égal, elle a du bon, la robe ! Tu es heureux, comme moi, d'avoir goûté à tous les saints ciboires du diable pour enfoncer ton bon Dieu ! Il fallait le danger où tu te trouves et l'amitié que je te porte pour reprendre à ton profit ces sacrées plumes de corbeau !

Mais L***, se méfie toujours. Et peut-être est-il de bonne foi, depuis que son intérêt est d'accord avec ses craintes ? Il ne donne pas cette fois dans le nouveau piège de l'agent.

Il le regarde d'un air béat, presque contristé. Il lui répond, avec un accent pénétré qui confond l'agent madré :

— Vous vous abusez, cher frère ! cessez cette attitude aussi irrespectueuse que sacrilège. Je suis un converti ! l'action abominable que Satan m'avait fait commettre, en conseillant le péché à des égarés comme je l'ai été moi-même, m'a remis sur le chemin de Damas ! Dieu est trop bon de vouloir en-

core me sauver. moi son serviteur très coupable!
Conduisez-moi donc à mon couvent, pendant que je
vais le prier qu'il vous éclaire comme je suis éclairé
moi-même. Si vous avez encore quelque amitié pour
moi, n'affligez pas votre frère repenti et en état de
grâce. Non, ne l'affligez plus par votre impiété et
vos inconvenances !

— Ah bah ! exclama Jarret-d'Acier, qui, très au
courant des ruses des scélérats, s'aperçoit que son
Oreste n'a qu'une médiocre confiance en lui, alors
soit, en route pour le couvent !

Mais, tout en le conduisant au couvent indiqué,
il traite à part lui L*** de tartufe.

Il se promet bien de lui faire payer son manque
absolu de confiance à son égard.

En cette circonstance, L*** était en effet dans le
vrai, car, une fois arrivé au couvent, Jarret-d'Acier
prend à part le supérieur, il lui tient ce langage :

— Je ne suis pas plus prêtre que ne le sera jamais
votre ancien séminariste, un ex-fédéré traqué par
la justice. Je suis un agent de police. Ce costume
m'a servi, mon père, uniquement pour vous dire
qu'il serait dangereux pour vous de placer longtemps le loup dans votre troupeau de brebis. Je
vous préviens, la justice ne va pas tarder à vous
le réclamer, une fois mon rapport adressé à qui de
droit. Je me retire ; à la première réquisition, vous
aurez à mettre votre néophyte à la disposition de
la justice ; désormais c'est vous, saint père, qui ré-
pondez de ce criminel, si vous ne faites pas droit au
mandat lancé contre lui.

Mais le saint père qui, de son côté, a été édifié

par le vrai prêtre influent, et qui a remué pour son ami toutes les foudres de l'Eglise, répond avec hauteur à l'agent ébahi :

— Dieu, mon frère, ne reconnaît plus de coupables, dès que ses enfants sont rentrés en état de grâce. La charité évangélique est supérieure à la justice des hommes; Dieu nous fait un devoir de ne pas rendre à la justice cette brebis retrouvée après avoir été si longtemps égarée. Elle est de notre troupeau, nous la lui rendons, et la justice ne nous la reprendra maintenant qu'en faisant brûler notre couvent.

Jarret-d'Acier ouvre une large bouche et des yeux de plus en plus étonnés.

Il est joué. Il connaît l'entêtement du parti clérical, il est bien roulé.

Il se retire la tête basse; il ne sait comment expliquer sa déconvenue à ses supérieurs.

Dans l'intervalle le couvent brûle, ou du moins un commencement d'incendie a lieu. Les frères et amis de l'ancien fédéré, rôdant dans la campagne, ont su ce que voulaient faire pour leur ancien collègue du salut public les frères du couvent. Eux aussi se vengent !

Ils se vengent de leur défaite, ils profitent du désordre causé par l'incendie pour reprendre avec eux l'ancien secrétaire de l'état-major de Dombrowski.

Cette fois, malgré les paroles du supérieur, les bons frères laissent partir L*** pour sauver leur couvent, par peur de l'incendie, qui n'aurait pas manqué d'éclater une seconde fois avec ces soldats au pétrole.

Sur ces entrefaites, Jarret-d'Acier apprend ce qui
se passe.

Honteux d'avoir été joué, il n'a pas quitté les alentours du couvent, pour flairer encore la piste de son
homme, si bien défendu par l'Eglise.

Il est là au moment où éclate l'incendie, où les
bons religieux engagent L*** à sortir de chez eux
pour ne plus rester l'objet des représailles des
frères et amis.

Lorsque L*** quitte les religieux. Jarret-d'Acier
le guette. Il veut lui mettre la main au collet; il
lui dit sans détour ce qu'il est, ce qu'il lui veut.

Mais les anciens soldats de Dombrowski, qui ont
mis, pour leur ancien secrétaire, le feu au couvent,
rôdent aussi aux alentours de la propriété religieuse.

Au moment où l'agent de police se démasque
à son ancien Oreste, prêt à lui mettre les menottes,
Pylade reçoit des vengeurs d'Oreste, une tripotée
à le laisser demi-mort sur la grande route!

Lorsque l'agent revient à lui, tout contusionné,
les membres fracturés, le corps plein de blessures, il y a longtemps que L*** est à l'abri de ses
atteintes.

Jarret-d'Acier garde le lit pendant quinze jours.

Voilà tout ce qu'il tire de sa persévérance à traquer celui dont, nouveau Pylade, il s'était fait si
longtemps l'Oreste!

Jarret-d'Acier n'avait que plus de rage au cœur
depuis que les amis, les ennemis de l'Eglise et de

la société légale se mettent contre lui en faveur du coupable qui a des alliés dans tous les camps.

Malgré les gens puissants qui le protègent, la justice le réclame encore, le mandat d'arrêt qui lui est destiné existe toujours.

Et Jarret-d'Acier, qui s'était chargé de rendre à la justice son n° 2,147, excité par l'amour-propre, ne désespère pas de le rendre aux tribunaux de Versailles.

Une fois bien rétabli, l'agent apprend, à force de courses, de renseignements, de pistes fausses qui le mettent sur la vraie, que son ancien ami L***, n'osant plus retourner à son domicile ni recourir à la protection des religieux, trop payés pour s'intéresser toujours à lui, a pris un parti désespéré.

Pour mieux se dérober à la justice, lui un homme d'éducation, presque un lettré, lui l'ancien secrétaire de Dombrowski, il n'a pas craint de se faire, quoi ?

Gâcheur de plâtre, aide de manœuvres. Jarret-d'Acier, en connaissant cette particularité, n'hésite pas une minute.

Il s'habille en maçon, il se fait embaucher par l'entrepreneur sous les ordres duquel travaille son ancien Oreste.

Dès le lendemain il est au chantier avec lui. Arrivé à son échafaudage, il le regarde bien en face, il le gouaille, il l'appelle par son véritable nom.

L***, qui n'a plus à se dissimuler le danger que lui fait courir son faux ami emplâtré, ne fait ni une ni deux ; il saute de la planche où il se trouve avec son gâcheur de plâtre, et parvient à un étage inférieur.

Jarret-d'Acier veut le suivre ; au moment où il descend du troisième au second de l'édifice, L*** fait encore uu bond.

Cette fois il passe dans une maison voisine, dont les pierres d'attente réclament un autre mur mitoyen.

Sur cette pierre d'attente, un seul homme peut s'y blottir ; entre cette pierre et l'édifice à construire il y a un abîme.

L***, tout narquois, blotti sur sa pierre, suspendu dans le vide, crie à Jarret-d'Acier :

— Viens donc me prendre !

L'agent n'a plus qu'un moyen pour se rendre maître de son homme, qu'il chasse en vain depuis deux ans : il se fait reconnaître aux yeux de tous les maçons pour un agent de police à la recherche de ce faux manœuvre, un communard traqué par la justice.

Par malheur pour Jarret-d'Acier, la plupart des maçons qui l'entourent ont des amis qui passent en conseil de guerre à Versailles.

Lorsque Jarret-d'Acier se fait reconnaître comme étant un agent de l'autorité, il voit tous les compagnons se tourner contre lui !

Quelques-uns crient en l'empoignant :

— Dans la chaux vive, le mouchard !... A mort, à mort, le quart-d'œil, le Macchabée !

Et, de son observatoire, L*** peut voir avec satisfaction son fileur aux mains de ses vengeurs.

Malgré ses cris, ses protestations, vingt bras l'entourent, le pressent, le portent, pour le jeter au bas de l'échafaudage, dans le lac de chaux vive pré-

paré par les maçons en vue de leurs travaux jour-
naliers.

C'en est fait !

Jarret-d'Acier va être lancé dans la chaux ; des
sergents de ville accourent pour le délivrer, pour
faire descendre en même temps l'ancien fédéré, qui
se croyait tant à l'abri des coups du sort, du haut de
sa pierre d'attente.

Une seconde de plus, et le malheureux agent était
noyé, dévoré dans la terre calcaire et mortelle.

Ce qui le console, c'est que, au prix des tribula-
lations que son Oreste lui a causées depuis deux ans,
il est pris par les sergents de ville, avant de paraître aux assises entre deux gendarmes !

Certes, c'est une prise que son Pylade a bien ga-
gnée ; il n'a pas volé, pour les peines que lui a fait
endurer son *filé*, l'argent que la préfecture a donné
à son *fileur*.

Mais, nouveau guignon ! Jarret-d'Acier, après
toutes ses mésaventures, n'a pas les bénéfices de la
vengeance.

Il a compté sans l'influence du clergé.

Il est prouvé que L*** n'a pas participé aux vols
des soldats de la Commune opérés dans les appartements de la vieille dame de Passy. Il répand devant les juges des larmes abondantes sur son égarement, il se repent d'avoir pactisé un moment avec
les soldats de la Commune. Bref, il est acquitté ; il
rentre en religion.

En apprenant ce résultat, Jarret-d'Acier est furieux.

Comme il est un peu voltairien, il ne cesse de ré-

péter, quand on lui rappelle son ancienne et inté-
ressée amitié avec L***, qui l'a si bien joué :

— Ne m'en parlez pas! Il ne faut jamais se frot-
ter à la calotte, elle vous étouffe ou vous souf-
flette. J'ai trouvé plus malin que moi, voilà tout!

CHAPITRE VIII

LE PATRIARCHE DE LIMOURS.

J'ai dit précédemment, qu'après la chute de la Commune, il se passa aux environs de Paris des faits monstrueux, des crimes épouvantables, comme il s'en commet toujours à la suite des cataclysmes ou des mouvements révolutionnaires.

Dès que l'ordre fut rétabli à Paris, la banlieue, le département de la Seine, le département de Seine-et-Oise furent ravagés par des bandes de malfaiteurs. Des assassinats sans nombre s'y commirent par des échappés du bagne que la justice n'avait pu encore reprendre. Elle eut fort à faire pour mettre la main sur des coupables qui, délogés de Paris après la Commune, recommencèrent à semer la terreur dans tous les environs.

La mort d'un vieillard, causée par un fils parricide qui n'était pas aussi criminel qu'il paraissait l'être, mit un terme à ces épouvantables forfaits qui, de la fin de l'année 1871 jusqu'en 1873, semèrent l'effroi à vingt lieues à la ronde autour de la capitale.

Cet homme, que la police, depuis, a surnommé le *patriarche de Limours*, était un vieillard de quatre-vingt-huit ans, un cultivateur assez aisé ; il possédait du bien tant aux environs de Saint-Germain qu'aux environs de Limours.

A Limours, il avait une sorte de métairie assez modeste ; et aux environs de Saint-Germain, une habitation rustique close d'un jardin auquel attenaient quelques arpents de terre. Ce paysan, qui ayait gardé toutes les allures rustiques de sa condition, jouissait, par le rendement de ses propriétés, d'une rente de 1,500 à 2,000 livres.

Quoique ce vieillard eût été marié deux fois et qu'il eût eu de ses deux femmes de nombreux enfants, la plupart de ses enfants étaient morts à la suite de ses mauvais traitements. Depuis quelque temps il était veuf de sa seconde femme.

Ce vieillard, nommé Jongé, était une nature sombre et farouche ; il vivait en solitaire, il se défiait de tout le monde, même de l'unique enfant qui lui restait et celui-ci ne quittait plus son père, pour lui donner les soins que nécessitait son âge avancé.

Cet homme de vingt-neuf ans était rangé par les mœurs, et très doux de caractère ; son père resta violent, déréglé tant que dura sa longue et mystérieuse carrière.

Jacques Jongé, c'était le jeune homme, était aussi aimé, aussi respecté dans le pays que son père était craint et méprisé.

Etait-ce au caractère atrabilaire et peu sociable

VII.   8

du vieux propriétaire de Limours et de Saint-Germain qu'il devait la réprobation dont il était frappé?

L'envie suscitée par sa position relativement aisée, le mystère dont il entourait tous les actes de sa vie, étaient-ils les seules causes du mépris et de la crainte dont ce vieillard était l'objet?

En tous les cas, voici ce que l'envie avait inspiré aux mauvaises langues du pays à propos du patriarche de Limours.

Les gens âgés des différentes localités que le patriarche de Limours ne cessait de parcourir, toujours seul, à pied, malgré ses quatre-vingt-huit ans, disaient « à cinquante ans le père Jongé n'était qu'un journalier assez mauvais sujet, un pauvre hère aussi ivrogne que batailleur, fréquentant à trente lieues à la ronde tout ce qu'il y avait de pire dans le département. »

A cinquante ans, il épousa subitement une jeune et belle ouvrière qui, avant lui, avait été fort remarquée par un jeune magistrat.

Neuf mois après, elle lui donna un enfant.

Un garçon.

Les mauvaises langues prétendirent que ce garçon ressemblait trait pour trait au magistrat, qui voyait encore le nouveau ménage de celle qu'il avait donnée au père Jongé.

Ce qui ajoutait quelque créance à cette calomnie, c'était l'aisance qui était entrée tout à coup dans l'intérieur de Jongé une fois en possession de sa nouvelle épouse, qui lui apporta en dot la métairie de Limours.

Dix ans se passèrent ; Jongé eut presque chaque année un enfant de sa femme. Quoiqu'il ne fît rien, quoiqu'il continuât sa vie de débauche d'autrefois, il se trouva qu'après ces dix ans de mariage Jongé, tout en buvant, tout en courtisant toutes les filles du pays, était aussi à son aise qu'aux premiers jours de son mariage.

Il est vrai que les enfants ne le gênaient guère ; sa femme en prenait soin, pendant que lui ne cessait de faire débauche.

Chose digne de remarque, qui n'échappa pas aux malicieux du pays, le premier enfant, pour ne pas avoir le sort des autres, qui périrent tous, fut recueilli et adopté plus tard par le magistrat. Il se chargea de l'avenir de ce garçon, parce qu'i n'avait pas eu, lui, d'héritier, à la suite de son mariage, suivant de près celui du patriarche de Limours.

Le magistrat, l'auteur du mariage de Jongé prit cette initiative autant dans l'intérêt de l'enfant que de la mère ; cette malheureuse femme, qui déplorait la conduite de son mari, qui voyait successivement mourir tous les petits êtres qui la rattachaient à la vie, conçut un chagrin si profond qu'elle en fit une maladie mortelle ; elle mourut, dit-on, de langueur.

Trois ans après, Jongé se remariait. Comme pour sa première femme, un beau monsieur, un homme titré, un comte étranger, se chargea de lui présenter sa fiancée.

Cet homme, comme je l'appris plus tard, par les événements que je vais développer, était précisément ce L... de M..., le chef des bandits de la Mafia.

Il ne cessa aussi, dès son retour en France, d'avoir des relations avec le propriétaire de Limours, dans un but très opposé à celui du magistrat, le marieur de sa première femme.

Ce second mariage rapporta au patriarche de Limours sa propriété des environs de Saint-Germain ; mais, si elle mit l'aisance dans ce ménage, elle n'y apporta pas le bonheur.

La seconde épouse Jongé eut aussi plusieurs enfants. Ils périrent tous, sauf le dernier... par les brutalités du père. Les voisins remarquèrent que, lorsque L... venait voir le patriarche de Limours, la femme avait des frissonnements nerveux. Elle tremblait comme la feuille.

Pour dérober ses terreurs et ses larmes, elle allait souvent se cacher dans l'étable.

Un jour, c'était quelque temps après la guerre. L..., que la femme Jongé avait toujours évité depuis son mariage, reparut pour causer longtemps et plusieurs fois avec le patriarche.

Comme Jongé avait voulu forcer sa femme à faire bon accueil à son protecteur, celle-ci, pour ne pas supporter sa vue, qui lui rappelait un passé terrible, qui la ramenait à un présent funeste, celle-ci préféra la mort. Elle courut vers la Seine ; elle se noya de chagrin !

Lorsque la justice se préoccupa de ce suicide, le médecin qui avait soigné quelque temps auparavant la femme Jongé donna sur son mari les plus mauvais renseignements :

« — J'ai médicamenté, dit-il, les deux femmes Jongé. Pour moi, la première est morte des suites d'un coup de bâton que son mari lui avait lancé en pleine poitrine. Quant à la seconde, je ne sais à quoi attribuer son suicide. Ce que je puis affirmer, c'est que, avant sa mort, elle était encore bien malade par la faute de son époux, qui ne lui épargnait aucun mauvais traitement. Je vais en citer un exemple : Une fois, elle a eu un mal de jambes ; je prescrivis un médicament. Et Jongé père, furieux, parce quil est aussi méchant qu'avare, prit une étrille et en frotta brutalement la plaie en disant :

« — Tiens, cela va te guérir ! »

Avec de pareils témoignages, avec les fins malheureuses de ses enfants et de ses deux femmes, le patriarche de Limours ne pouvait que donner l'éveil à la justice.

Mais ce vieillard, outre son grand âge, qui déposait en sa faveur, avait un autre titre bien plus puissant à invoquer devant la magistrature. En sa qualité de mouton, il rendait de très grands services à la police.

Ensuite le fils du vieux magistrat, qui avait patronné autrefois son premier mariage, était juge d'instruction.

Quoique ce juge fût l'héritier du magistrat protecteur de Jongé, quoiqu'il portât son nom, la loi ne pouvait le dispenser de considérer le père Jongé, le patriarche de Limours, comme étant son premier père !

L'influence de la magistrature servit à couvrir d'un voile épais le passé aussi criminel que ténébreux de ce mauvais père, de ce mauvais époux, de ce mouton très connu à la préfecture.

Hélas! il était pire encore que tout cela.

Ses relations avec L... de M..., à la veille de la Commune, disaient déjà quelle était la véritable profession de ce prétendu rentier.

Avant de spéculer sur le vol, sur le crime, Jongé avait depuis longtemps spéculé sur l'adultère, endossant toutes les hontes pour en avoir tous les profits.

Tel était, comme je l'appris bientôt par Pifsoif, le lieutenant de L..., le patriarche de Limours.

Je sus que, dès les premières visites du chef de la Mafia, Jongé combina, de concert avec tous ses bandits, les meurtres nombreux qui ensanglantèrent, en 1872, sous le titre de *Crimes de Limours*, les deux départements de la Seine et de Seine-et-Oise.

Ce qui m'amena par Pifsoif à connaître ces nouveaux détails, ce fut la mort violente du patriarche de Limours, assassiné un jour par le seul fils qui lui restait.

Au commencement de l'année 1872, Jongé venait de tomber malade; c'était à la suite des nombreux meurtres qui venaient de désoler le département de Seine-et-Oise.

Le patriarche de Limours, en revenant de Saint-Germain, après avoir passé la nuit loin de sa propriété, à Carrières-sous-Bois, était tombé comme une masse dans son lit; il était menacé d'un commencement de paralysie.

La chose paraissait fort naturelle pour un vieillard de quatre-vingt-huit ans, miné depuis longtemps par des excès de tous genres.

Jongé fils, que son père négligeait avec intention,

Jongé fils gardait sa propriété de Carrières-sous-Bois, quand il passait la moitié des jours et des nuits soit à Limours, soit à la ville. Il fut très heureux cette fois de soigner son père au moment où il revint une nuit à la maison. Il le soigna comme l'enfant le plus tendre.

Par malheur pour lui, au moment où son père tombait en syncope, il avait entendu de sa bouche certaines phrases incohérentes qui n'étaient pas faites pour l'édifier sur le compte du misérable auteur de ses jours.

Il avait prononcé certains noms qui étaient ceux des victimes qui, quelques jours après, étaient signalées comme étant tombées sous les coups des assassins de Limours.

Lorsque Jongé fils s'ouvrit à son père convalescent à propos des paroles incohérentes qu'il avait prononcées imprudemment pendant sa syncope, Jongé père s'emporta.

Il lui répondit brutalement :

— Je n'ai été à Saint-Germain, mauvais sujet, que pour te dénoncer ; car tu es très sournois. Et je ne suis pas bien sûr que tu ne sois pas toi-même de la bande des criminels qui tuent chaque nuit les maraichers de passage de Limours à Paris.

Jongé fils ne méritait à aucun égard ces suspicions injustes, ces reproches sanglants.

Car pour hâter la convalescence de son père, il s'empressait encore, dans la journée, de l'emmener dans le jardin et de le réchauffer au soleil.

Devant cette accusation Jongé fils s'emporte et se récrie :

— Mon père, lui dit-il, s'il y a quelqu'un qui mérite d'être dénoncé à la justice, c'est celui qui a laissé
mourir tous mes frères qui a tué ma mère et sa
première femme!

— Ta mère, hurle le cynique vieillard en roulant
des yeux farouches et l'écume à la bouche, ta mère
était une *catin*, comme ma première femme,
comme leurs bâtards, ils sont bien heureux d'être
tous morts!

Le vieillard ne se contente pas de ces injures.

Il quitte les bras de son fils. Il court tant bien que
mal dans le jardin pour atteindre sur un banc un
couteau qui y est déposé.

Il veut s'en emparer pour frapper son fils.

Celui-ci le devance.

Il prend une pioche qui, par hasard, se trouve à
ses pieds; pour éviter le coup de couteau que lui
réserve son odieux père, il le tue à coups de pioche
et il l'étend inanimé à ses pieds.

A peine Jongé fils a-t-il commis, par un premier
mouvement de légitime défense, ce parricide, qu'il
sort comme un fou de l'habitation.

Il se rend à Saint-Germain; il dit au commissaire
ce qu'il a fait :

— J'ai tué mon père, dit-il, parce qu'il s'était
échappé de mes mains pour aller chercher un couteau. Je l'ai tué à coups de pioche pour ne pas être
frappé par lui.

Lorsque ces faits sont connus de la justice et de
tous les gens des pays environnants, il n'y a qu'un
cri dans la localité habitée par les Jongé père et
fils :

— Ce qui nous étonne, disent les habitants, c'est que ce ne soit pas le père qui ait tué le fils.

Quand la justice criminelle fait dresser rapport sur rapport concernant le parricide du patriarche de Limours, dont tout le monde connaît le caractère sournois et violent, les sympathies sont acquises à l'assassin, le mépris à l'assassiné.

L'opinion se formule ainsi : « Jongé fils en soignant son père, qui ne lui en était nullement reconnaissant, réchauffait un véritable serpent. S'il l'a tué, c'était probablement pour ne pas être tué lui-même par son venin.

Les rôles étaient changés : celui qui était plaint, ce n'était pas la victime, c'était le bourreau.

Quoique le bourreau fût le propre fils de la victime, on le bénit.

En effet, depuis que son père n'existait plus, le département redevenait tranquille. On ne signalait plus aucun meurtre de Limours à Saint-Germain ni de Saint-Germain à Paris.

Comme tout devait être extraordinaire dans l'affaire du patriarche de Limours, il se trouva que ceux qui furent les plus embarrassés par ce parricide, ce fut la magistrature du département.

Le juge d'instruction chargé de suivre la filière des événements qui avaient amené un fils à tuer son père était précisément le frère du coupable !

Dans une condition sociale bien autrement importante que celle du fils de ce cultivateur, le juge d'instruction, adopté, instruit, élevé depuis sa plus tendre enfance par l'important magistrat qui avait *fait* le mariage du patriarche de Limours, n'était pas moins le fils du père assassiné.

Quand le meurtre fut accompli, tout le monde se le rappela avec malignité. Quand les deux frères d'un lit différent furent en présence, on se souvint que la première femme du patriarche de Limours avait donné le jour au juge d'instruction chargé maintenant de faire condamner le fils de son père.

Alors le doute ne fut plus possible : le patriarche de Limours n'avait épousé sa première femme que pour accepter une paternité qui, au fond, n'était pas la sienne.

On sut que le vieux magistrat, à défaut d'un enfant légitime que lui avait refusé le mariage, avait plus tard adopté son bâtard. Il l'avait fait légitimer en donnant sa maîtresse à marier au très peu scrupuleux patriarche de Limours !

On s'expliquait la mort de cette première femme, objet des récriminations de l'époux complaisant, avant d'être pour cet époux l'objet d'un premier forfait.

Le parricide du fils de la seconde femme du patriarche de Limours faisait revivre tous ces souvenirs, très désagréables pour le juge d'instruction. Il se trouvait le premier visé par les recherches, par les poursuites qu'il était obligé de faire lui-même dans l'intérêt de la justice.

Là encore ne finissait pas le rôle aussi ridicule que méprisant, que lui donnait le parricide de son frère.

Ce fils d'un second lit de Jongé n'était pas plus, par les droits de la nature, le fils du patriarche de Limours qu'il ne l'était lui-même.

Le vieillard assassiné par cet autre enfant, juste instrument de la Providence, avait fait également une nouvelle affaire, par son second mariage.

Encore une fois, en adoptant, moyennant un mariage qui lui rapportait un nouveau bien, le fils du gentilhomme L... de M..., le juge d'instruction retombait dans un embarras plus grand encore.

La position se compliquait par la profession policière de la victime de son frère.

Le vieux Jongé, grâce à ses anciennes relations avec le magistrat qui avait fait son premier mariage, n'avait cessé d'être l'employé de la police.

C'était un *mouton*, un mouton d'autant plus précieux pour la justice que, grâce à L... de M..., il connaissait les bandits qu'il faisait agir mystérieusement au compte du second amant de sa deuxième femme.

On s'explique les terreurs de cette malheureuse mère qui, d'abord la maîtresse d'un criminel, avait cru, en se jetant dans les bras d'un vieux cultivateur aisé, retrouver l'oubli, le repos, le pardon, une vie laborieuse et honnête, lorsqu'elle n'avait retrouvé au contraire, dans son mari, qu'un homme plus vil, plus misérable, plus infâme que son amant, le bandit L....

Elle aussi était morte, comme la première épouse du patriarche de Limours, victime à son tour d'un marché infâme.

On voit la position complexe, aussi tendue qu'épouvantable, du juge d'instruction, par ce crime commis sur le patriarche de Limours.

Il était en face d'un frère qu'il ne pouvait reconnaître coupable qu'en déshonorant publiquement deux noms, le nom de son père véritable, le nom de son père légal.

Il était en face d'une victime frappée par la justice divine, frappée par un fils dont le père légal, le père du juge d'instruction, vendait ses complices quand il n'avait plus à bénéficier de leurs vols et de leurs crimes !

Le juge d'instruction chargé d'instruire l'affaire des *Crimes de Limours*, dont le parricide de Jongé fils n'était que le prologue, voulut se démettre de ses fonctions.

Il comprit que le prestige de la magistrature recevait de trop rudes coups en le plaçant, lui, le vengeur de la société, en face d'un frère couvert du sang de son père.

Il comprit que les plus coupables n'étaient pas ceux flétris par la loi, mais bien ceux qui au contraire, placés comme son père dans la magistrature, avaient tout fait pour la flétrir.

Mais la magistrature ne l'envisagea pas ainsi : elle força le juge d'instruction à exercer son ministère, tout en l'engageant à glisser légèrement sur le passé des gens influents qui l'enchaînaient par les liens du sang et les liens d'amour.

Les jurés furent sermonnés dans ce sens. Après tout, l'intérêt public était porté du côté de Jongé fils ; la malignité publique était satisfaite par le supplice intérieur que ressentait le juge d'instruction à poursuivre l'instruction de l'affaire de Limours, devenant pour lui une affaire de famille.

Lorsque le parricide parut à la barre, les juges,

d'accord avec les jurés, lui appliquèrent le minimum de la peine. Jongé fils, qui avait tué son père sans qu'il fût prouvé qu'il eût agi en légitime défense, ne fut condamné qu'à cinq ans de travaux forcés.

On eut égard à la position exceptionnelle de l'honorable famille du juge d'instruction, plus victime que l'assassin des erreurs et des crimes de leur famille.

La pitié accordée aux héritiers des deux pères coupables tourna au profit des criminels de Limours.

Ils ne furent poursuivis que mollement, parce que plusieurs d'entre eux, comme Pifsoif, complice de L... et du patriarche de Limours, connaissaient aussi les particularités de la vie de ce dernier et l'origine de ses enfants, l'un fils de l'amante du vieux magistrat, l'autre fils de l'amante de L... de M....

Je donne cette histoire très vraie à méditer aux dramaturges et aux romanciers de profession. Elle pourra peut-être leur donner l'idée d'un scénario original. Elle prouve, en tous les cas, que la vérité est plus puissante, par ses aperçus imprévus, et ses effets extraordinaires, que l'imagination la plus féconde.

CHAPITRE IX

En 1872, un grand nombre de vols et plusieurs
assassinats n'avaient cessé de mettre en émoi les
habitants du département de Seine et-Oise.

Il était facile de reconnaître, en suivant les lignes
topographiques des lieux exploités par les bandes des
malfaiteurs de ce département, qu'ils étaient guidés
par un homme qui en connaissait les endroits les
plus mystérieux et les plus déserts.

La plupart des victimes de ces voleurs et assassins étaient des maraîchers de Rambouillet, de La
Seille et de Limours, qui passaient par Saint-Germain avant de se rendre à Paris pour approvisionner
ses marchés.

La façon dont ces maraîchers étaient dévalisés ou
tués dans leur voiture, prouvaient que celui qui
dirigeait la main des meurtriers était parfaitement

au fait de la position pécuniaire, et des habitudes journalières de leurs victimes.

Dans le premier jour de décembre 1872, un paysan avait été trouvé mort dans sa charrette sur la route de Nanterre. Quelques jours après, vers neuf heures du soir, les pontonniers de garde au pont de service qui conduit de Chatou à Saint-Germain, aperçurent une charrette dont le cheval marchait de côté et d'autre et paraissait n'être plus conduit. Ils s'approchèrent de la voiture : ils virent, étendu sur la paille, un homme mort, dont la face paraissait être fortement congestionnée.

Un médecin fut appelé ; après un rapide examen, il fut constaté que la mort de cet homme provenait d'un crime et qu'il avait été étranglé. Des perquisitions furent faites sur les lieux ; devant un commissaire de l'endroit, il fut constaté que les poches de la victime avaient été arrachées et coupées ; on retrouva bientôt dans la paille un foulard tordu qui avait servi à la strangulation.

La police ne tarda pas à apprendre que cette victime s'appelait Goyard. C'était un riche cultivateur, un ami du père Jongé, vendant de seconde main, depuis vingt ans, les produits de ses terres de Limours et de Carrières-sous-Bois.

Plusieurs jours après, un nommé Coquelin fut assailli dans sa voiture, en quittant encore Saint-Germain. Des individus lui enlevèrent sa bourse, tandis que celui qui paraissait le *toucheur* de la bande cherchait à l'étrangler ; mais Coquelin parvint à terrasser ce dernier ; en se sauvant avec le reste de ses bandits, il laissa sa casquette dans sa voiture.

Le lendemain matin, en arrivant aux Halles, Coquelin alla déposer chez le commissaire la casquette de celui qui n'avait pu parvenir à l'étouffer comme il en avait étouffé tant d'autres. Un rapport fut dressé par le commissaire et envoyé au parquet de Paris. C'était le quatrième rapport qui avait trait à un crime du même genre. Je remarquai que toutes les victimes, appartenant pour la plupart à la localité de Limours, avaient eu plus ou moins des rapports avec le père Jongé.

Ces crimes s'étaient succédé en plusieurs mois avec une rapidité effrayante. Ils avaient répandu la terreur dans tous les environs de Limours et de Saint-Germain. Ils me faisaient un devoir d'appeler aussitôt dans mon cabinet celui qu'on désignait, dans les environs de Saint-Germain, sous le nom de père Jongé, et, dans les environs de Rambouillet, sous le sobriquet : du patriarche de Limours.

Comme cet homme était depuis longtemps un homme de la police, je le fis venir à la préfecture sans mandat d'amener.

Dès qu'il fut avec moi, je le tançai d'importance.

Je lui dis, malgré son âge avancé, malgré la position aisée, sinon honorable dont il jouissait dans le pays :

« — Il est au moins extraordinaire que toutes les victimes tuées et spoliées par les bandes du département de Seine-et-Oise, aient été de vos amis. »

Et j'ajoutai pour le forcer à parler :

« — Si dans les vingt-quatre heures, je n'ai pas par vous des renseignements sur tous les assassins de Limours, ce sera vous que j'arrêterai pour que vous désigniez vous-même à la justice de quelle façon vos quatre clients de Limours et de Saint-Germain sont devenus tout à coup la proie des assassins de votre double localité. »

Il me répondit avec un aplomb qui m'étonna ; car je ne connaissais pas encore la puissance de ce misérable vieillard, par son double mariage qui le rendait maître de la magistrature et des mystères des scélérats que la magistrature a pour mission d'éclairer.

— Vous ne feriez pas cela, monsieur Claude, parce que vous devez respecter un vieillard que ses derniers jours mettent à l'abri des lois. Vous ne ferez pas cela, parce que vous devez savoir ce qu'il en coûte d'arrêter les gens à la légère ou de compromettre, par un excès de zèle, des personnes beaucoup plus puissantes que vous-même !

Ces paroles étaient une allusion à mes récents malheurs, elles m'irritèrent au dernier point. Je considérai sa réponse comme un défi et comme une provocation, je lui répondis :

— Jongé, la justice est pour tous, même pour un *mouton* comme vous. Ni la vieillesse, ni la fortune ne rendent respectables ; ce qui met à l'abri de la justice, c'est l'honneur, et vous n'en avez point ! Or si vous ne me nommez pas ceux que vous avez sans doute embauchés pour travailler, par les voies du crime, à votre fortune mal acquise et malhonnête, c'est vous que j'arrêterai. Les noms ? Il me faut les noms des assassins de Limours ? Si je ne les ai pas par vous, je les aurai contre vous. Allez, réfléchissez, sinon la justice aura son cours, demain je vous dénoncerai au parquet !

Le vieillard partit en se grattant le front et en me ménageant cette fois ses flèches du Parthe.

Se repentait-il de m'en avoir trop dit ?

J'en eus la certitude le soir même de mon aventure avec ce mouton. Je n'attendis pas au lendemain pour avoir sa dénonciation. Elle m'arriva en me désignant l'endroit où je devais rencontrer les gens qui avaient fait le coup du *Coquelin*.

Ils séjournaient dans une maison publique à Courbevoie, dont l'un d'eux était passé à l'état de souteneur attitré.

Dès le soir même, j'y envoyai plusieurs inspecteurs.

Ils purent se convaincre que les dénonciations du patriarche de Limours étaient aussi exactes que fondées.

Mes inspecteurs pénétrèrent dans la maison désignée par le vieux mouton, juste au moment où deux voyous, deux rôdeurs de barrières s'armaient chacun d'un couteau. Et une fille, nommée la *Vengeance*, déclara que le but de la querelle était le partage d'une somme de quatre-vingt-dix francs, chiffre exact de la somme volée au maraîcher Coquelin.

Une fois ces deux hommes envoyés au dépôt avec la fille la *Vengeance*, je les fis interroger par le juge d'instruction qui leur présenta la casquette dont Coquelin s'était emparé, au moment où l'un des leurs s'apprêtait à étrangler le maraîcher de Limours.

Les deux bandits, qui se dirent se nommer Adolphe et Alexandre, se regardaient en pâlissant à la vue de la casquette de leur *toucheur ;* ils s'écrièrent d'un commun accord :

— Ça, c'est la casquette à *Maillard !*

Alors le juge leur demanda devant moi, présent à cet interrogatoire préalable :

— Qu'est-ce que c'est que Maillard ?

— C'est le chef.

— Alors, reprit le juge, vous n'avez été que les manœuvres de Maillard, de ce chef que vous avez aidé, sans doute, dans ses trois autres assassinats ?

— C'est possible, reprit Adolphe en regardant avec un clignement d'yeux son copain Alexandre. En tous les cas, nous n'avons été dans ces sortes d'affaires, que des éclaireurs. Nous faisions le guet lorsque les autres *travaillaient ;* nous ne connaissons rien de l'*ouvrage.*

— Pourtant, reprit le juge d'instruction, c'est vous qui en avez touché le prix ; la preuve en est par les quatre-vingt-dix francs trouvés sur vous et que vous vous disputiez dans une maison de tolérance, le couteau à la main, devant la fille la *Vengeance ?*

— Pour les remettre *honnêtement* légitimement, riposte Adolphe, à Maillard, notre chef, dont voici la casquette et dont nous ne possédons pas plus que vous, monsieur le juge, les secrets ; nous ne sommes que ses *innocents* manœuvres !

Il fut impossible au magistrat de rien tirer de ces deux bandits. Chaque fois qu'on les pressait de questions, ils répondaient :

— Tâchez de prendre Maillard! comme son *buté* a pigé sa *casquette!*

Les deux vauriens ne sortirent pas du cercle dans lequel ils avaient circonscrit leurs aveux. Il fallut, pour jeter une nouvelle lumière sur tous ces meurtres, trouver des complices moins discrets ou moins madrés.

L'affaire se poursuivit.

Naturellement les tribunaux de Versailles en furent saisis. Pour éclairer le juge de la nouvelle cour je pensais au père Jongé qui, avec intention, ne m'avait livré que les moins coupables de la bande, afin de ne pas se découvrir lui-même.

Par malheur, quand je pensais de nouveau à lui, il était mort par son fils! Ce parricide devenait une affaire connexe avec le crime de Limours. Elle fut confiée aux soins du même juge d'instruction.

On sait, par le chapitre précédent, ce qu'était ce juge au père Jongé, l'ordonnateur mystérieux des crimes de Seine-et-Oise.

Comme j'étais loin de me douter du mystère qui se rattachait à la naissance de ce magistrat, je ne négligeai rien pour déchirer le voile qui recouvrait ces assassinats impunis.

A cette époque, la Carotte, dit *Pif-soif*, venait de passer en jugement; il était à la Roquette. Il attendait le moment d'être dirigé sur les pontons pour gagner la Nouvelle-Calédonie.

En apprenant par sa police de scélérats, la mort du père Jongé, il ne put s'empêcher de dire à un camarade qui n'était aussi qu'un mouton :

— Eh bien vrai! le patriarche a de la chance!

Son fils lui a cassé sa pipe à pic et à point! Le vieux renard de Claude lui aurait fait dévider le jars. Si L... ne craint plus rien depuis qu'il a *flanché* en enjambant la frontière, il n'en est pas de même de ce daim de Maillard. Pourquoi a-t-il oublié sa casquette dans les *arpions des pantes?*

Ces paroles me furent rapportées.

Ces quelques mots de la Carotte furent pour moi tout un monde de révélations.

Je ne doutai plus que la bande Maillard, dont Jongé était le *renseigneur*, avait des ramifications secrètes avec le bandit italien L..., dont la Carotte était resté jusqu'à la fin le lieutenant.

Immédiatement j'écrivis, sous les ordres du parquet de Paris, pour que la *Carotte*, de son vrai nom, François *Dumont*, fût mis à la disposition du parquet de Versailles.

Auparavant, je fis venir à la permanence mon ancien geôlier de la commune. Je promis à ce *jugé*, qui devait sous peu voyager pour la *Nouvelle*, un grand allégement à ses peines, quoique récidiviste endurci, s'il se donnait de nouveaux droits à ma reconnaissance, en m'éclairant sur les crimes de Limours opérés par la bande Maillard.

D'abord il fit l'étonné. Lorsque je lui rappelai les paroles qu'il avait tenues à son camarade, un mouton comme il l'avait été lui-même, il s'écria en tournant d'un air de mauvaise humeur la visière de sa casquette.

— Pincé! Pas de chance! Je suis un imbécile! J'aurais dû me méfier du pante auquel on m'accouplait. Enfin, ce qui est fait est fait! Je n'ai plus qu'à cracher la vérité. Après tout, Jongé est mort, quant à L...! il y a longtemps qu'il s'est tiré des bottes et qu'il se la trotte à l'étranger.

Alors il compléta sur L..., le chef de la Mafia, les détails que l'on a lus dans un précédent chapitre, détails qu'il n'avait fait qu'ébaucher quand je le questionnai dans son cachot de la Roquette. Il m'avoua le rôle qu'avait joué le patriarche de Limours, dans tous les crimes de ce nom. Il m'apprit, ce dont je me doutais : que le père Jongé avait dénoncé à L... de M... ses plus riches clients, des maraîchers de profession qu'il faisait tuer la nuit sur ses indications.

— Par exemple, termina-t-il, comme ces affaires-là étaient des affaires toutes locales, ce n'étaient plus les Siciliens qui étaient chargés des coups décisifs ; c'étaient des rôdeurs de barrières dont Maillard a été le chef responsable sous la direction de L... et du père Jongé, c'étaient des *gayets*.

J'avais la clef de tous les mystères de cette vaste affiliation. Lorsque je voulus interroger la Carotte sur le compte de ce Maillard, il se tint coi, il devint aussi fermé qu'une porte de prison. Je ne pus tirer de lui aucun renseignement, probablement parce que mon Pif-soif s'était sans doute trop compromis avec ce Maillard. Je devinais que Maillard devait être un *buteur*, un *toucheur* (assassin) de la bande.

J'en eus la preuve lorsque, à Versailles, où je renvoyais mon Carotte, sous bonne garde, l'affaire des crimes de Limours se poursuivit.

Il fut prouvé qu'Adolphe et Alexandre, les moins

coupables, les éclaireurs de la bande Maillard, ne s'étaient pas acharnés seulement sur les maraîchers de Limours et de Saint-Germain. Un garde champêtre de Seine-et-Oise, qui avait été témoin du premier meurtre commis sur un paysan de Limours, avait été tué par eux pour ne pas être dénoncés par ce témoin. Une dame, une veuve Lafon, petite rentière demeurant à Nogent, rue Charles V, avait été trouvée tuée dans son domicile par les étrangleurs; enfin, les meurtriers de Limours, toujours conduits par les plans mystérieux de L..., avaient été jusqu'à commettre, près d'Orléans, un assassinat à Chevilly, dont l'auteur responsable était, dit-on, un ex-zouave, avec un nommé la Saucisse. Mais ni le Zouave, ni Maillard, ni la Saucisse ne furent retrouvés.

L'instruction de tous ces crimes fut l'objet d'une enquête un peu molle de la part du juge d'instruction. Ce magistrat connaissait trop le père Jongé, son enquête n'amena d'autres éclaircissements que ceux que je tenais de Jongé lui-même et de la Carotte.

Lorsque ce dernier parut dans le cabinet du juge de Versailles, il prit une attitude singulière. Elle lui fut inspirée par ses relations très suivies autrefois avec le père Jongé et le chef de la Mafia.

Quand j'appris par la Carotte le résultat de son interrogatoire avec le magistrat, il ne me fut plus permis d'ignorer que les secrets du père Jongé, touchant ses deux mariages, étaient connus aussi de mon ancien geôlier de la Santé.

La Carotte, en se présentant devant le magistrat,

qui le questionna sur toutes les prouesses de la bande Maillard, eut des allures provocatrices.

— Mon doux juge, lui dit-il, il est inutile de m'interroger. Je ne dirai rien. En ne disant rien, je suis persuadé que je vous rendrai, tout magistrat que vous êtes, tout scélérat que je suis, un fameux service.

Le juge se récria, il lui riposta d'un air d'indignation; et il lui dit que son cynisme était à la hauteur de ses crimes. La Carotte l'arrêta; il répondit :

— Vous voulez que je parle! Eh bien! soit, je parlerai. Je vous dirai, au risque de faire rougir les bons gendarmes qui me guettent dans la chambre à côté, je vous dirai que les crimes de Limours ont été connus, sinon exécutés, par le père Jongé! Et vous savez, n'est-ce pas, que le père Jongé!... le vieux, avait le bras long? Il m'a conté, dans le temps, ses relations avec la magistrature. La magistrature, reconnaissante pour les services qu'il lui a rendus, en dénonçant les filous qu'il connaissait aussi, l'en a bien récompensé. Ah! voyez-vous, on calomnie la justice! elle vaut des honnêtes gens comme nous! Demandez au papa Claude? Tenez, tout gredin que je suis, il me doit la vie, le vieux! Comme un magistrat de ma connaissance, qui doit son honneur au père Jonzé, un brave homme, après tout, quoique calomnié par tout le monde, avant d'avoir été tué par son cafard de fils, qui, j'en suis sûr, va se blanchir de son crime par les calomnies déversées depuis trop longtemps sur son brave homme de père! Mais la justice est *juste*... je suis sûr qu'elle laissera dormir en paix les mânes du vieux !

Et la Carotte ne négligea pas de m'apprendre que ses paroles avaient produit sur le juge instructeur des effets inattendus.

Celui-ci ne le laissa pas achever.

Il lui dit que le vieux Jongé n'était pas en cause ; qu'il n'avait à répondre que sur la bande Maillard, et non sur le parricide commis sur la personne du père Jongé.

C'était ce que voulait le malin la Carotte.

Sans doute il avait vu, au trouble dans lequel il avait mis le magistrat, que ce dernier ne voulait pas, dans un intérêt tout personnel, remonter des effets aux causes. Par sa parole à double entente, mais trop explicite pour le juge, la Carotte était sauvé, de ce côté-là, parce que le magistrat instructeur avait désormais peur de lui.

On écarta la Carotte de sa complicité avec Jongé.

Quand il fallut le confronter avec Alexandre et Adolphe, la Carotte fut tout à fait à son aise. Il ne les connaissait pas, et ces rôdeurs de barrière ne le connaissaient pas non plus.

J'appris que, dans tous les crimes de Limours, L..., Jongé, la Carotte et Maillard n'avaient employé ces rôdeurs que comme comparses.

En effet, Maillard seul se mettait en communication avec les rôdeurs.

Ce Maillard avait eu soin de gagner la frontière, pour rejoindre L..., en fuite avec ses Siciliens après l'affaire manquée de Coquelin et la mort du vieux Jongé.

Le juge d'instruction ne tenait qu'à mettre en cause l'introuvable Maillard. Il fit revenir devant lui la Carotte avec Alexandre et Adolphe; il les confronta devant Coquelin, le seul survivant des quatre victimes de Limours.

Encore une fois, la casquette de Maillard joua le principal rôle dans cette triple confrontation. Elle fut essayée à la fois par Adolphe, par Alexandre et la Carotte.

Tous les trois, sur l'ordre du magistrat, la placèrent sur leur tête devant Coquelin, qui l'avait arrachée de la nuque de Maillard, et présent à cette enquête.

A l'un elle fut trop large, à l'autre trop étroite, au troisième trop longue.

Coquelin fut bien obligé d'avouer qu'il ne reconnaissait pas, dans tous les hommes qu'on lui présentait, l'assassin dont lui et les familles des autres victimes de Limours avaient tant à se plaindre.

Dans cette nouvelle instruction, la Carotte, qui n'avait plus rien à attendre de l'indulgence de la justice et qui tenait son magistrat dans sa main, fut plaisant jusqu'au cynisme. Cette fois j'étais présent à cette instruction, pour ramener, après cette dernière confrontation, la Carotte à Paris.

Et ce dernier s'écria, après l'expérience de la casquette :

— Ah! quelle chance pour la magistrature qu'on ne retrouve pas le Maillard de la casquette !

— Que signifient vos impudentes paroles? lui demanda le magistrat.

— Rien, mon doux juge, lui répondit-il, rien que

la signification que vous pouvez vous-même leur donner.

— Et moi, exclama le magistrat, furieux du sourire qui se dessinait sur les lèvres du soldat de Maillard, je vous somme de répondre!

— Je n'en ferai rien, malgré tout le respect que je vous dois, insista-t-il, parce que, voyez-vous, j'ai beau avoir servi la Commune, j'aime la famille! Et, M. Claude peut le dire, je n'ai jamais voulu la mort du pécheur. Tenez, c'est une appréciation toute personnelle, celle-là, mais Maillard, que je ne connais pas quoi qu'on en dise, dont la casquette m'est aussi étrangère que l'individu, Maillard a peut-être bien fait de fuir. Maillard pincé, il aurait fallu remonter à son vieux chef de file! Du Maillard à Jongé on aurait été peut-être plus haut encore! Dame! d'échelons en échelons, on ne sait pas jusqu'où l'on se serait arrêté! Peut-être que, d'instruction en instruction, cette affaire-là aurait pu dégénérer en une petite affaire de famille! Mais Maillard est délicat, il a préféré se tirer des pieds et ne laisser ici que sa casquette, pour ne pas faire rougir bien des gens.

— Taisez-vous! hurla le juge, rouge de colère, dont les gouttes de sueur perlaient sur le front, vous êtes fou! Et prenez garde, par vos insolentes digressions, d'aggraver votre situation, déjà si compromise.

Moi-même, par pitié pour magistrat, je tirai la Carotte, je le remis entre les mains des gendarmes.

En ce pénible moment pour le juge, on ne pouvait plus deviner celui qui était le plus sur la sellette, ou de l'accusé, ou du criminel, ou du magistrat.

Deux mois après, l'affaire des crimes de Limours était terminée. On n'en parla pas plus que du parricide commis sur le père Jongé.

Par déférence pour la magistrature, autant que par considération pour les bons antécédents du fils Jongé, le parricide n'encourut que la peine de cinq ans de travaux forcés.

Quant aux crimes de Limours, leurs auteurs et Maillard en tête, sont encore à trouver.

Adolphe et Alexandre n'ont été condamnés que comme des voleurs purs et simples, ils n'ont pu être considérés, faute de preuves, comme des assassins.

Et la Carotte, pour bien d'autres crimes étrangers aux crimes de Limours, retourna à la Nouvelle-Calédonie.

Pour des causes plus étrangères à la justice qu'à ses représentants, les crimes de Limours restèrent impunis et la société ne fut pas vengée!

CHAPITRE X

LA BANDE LA TAILLE.

J'ai parlé précédemment, à propos des *chauffeurs du Midi* et des *étrangleurs de Marseille*, d'une bande redoutable dont le premier chef fut découvert par Bagasse.

Malgré l'arrestation de ce chef et de ses complices en 1869, cette bande ne cessa d'exister. Je dis plus, elle n'eut jamais de solution de continuité.

Ses soldats, non moins féroces, se retrouvèrent deux ans après, comme je l'ai dit encore, dans la bande de Pedro , l'assassin-contrebandier des Landes. Leurs repaires s'étendaient de Lodève à Bordeaux, elles se continuaient des Cévennes jusqu'à Marseille. Elles ont eu des ramifications jusque sur tout le littoral des Pyrénées et dans toute la Provence.

Lorsque le nord de la France fut menacé par la guerre et par la guerre civile comme en 1870-71, les légions de cette bande cosmopolite, ainsi qu'on l'a vu dans les précédents chapitres, cherchèrent leurs chefs invisibles et introuvables, jusqu'en Italie, au fond de la Sicile.

La *Camorra* et la *Mafia* étendirent alors leurs pernicieuses ramifications jusqu'au sein de la capitale, point de mire de nos ennemis intérieurs et étrangers.

Lorsque la paix fut rétablie en France, lorsque le chaos fait par la guerre et par la guerre civile se dissipa, les bandes des malfaiteurs se refoulèrent vers leurs repaires naturels : aux Cévennes, aux Pyrénées, jusqu'à l'Etna.

Prenons-y garde, le volcan sicilien brûle et fume toujours sur l'Europe ; son cratère n'attend pour y répandre encore sa lave que de nouveaux tremblements de terre comme en 1793, en 1814, en 1848, en 1870, où tout devient anarchie.

Alors on voit renaître, sous des noms moins connus, tout aussi redoutables, de nouveaux Mandrin, de nouveaux Cartouche, de nouveaux Lacenaire que l'incurie, la lâcheté, la désorganisation sociale érigent en héros et qui ne sont au fond que les agents dépravés par les passions les plus funestes, les plus honteuses et les plus dissolvantes !

Mais je hâte d'abandonner le rôle de moraliste pour rentrer dans mon caractère beaucoup plus modeste de policier.

A l'époque où les Italiens fuirent Paris, réadministré policièrement, il se forma aux environs de Marseille une association redoutable, qui dépassa par ses forfaits tout ce qu'avaient imaginé les chauffeurs et les étrangleurs du Midi. Elle était composée en plus grande partie d'Italiens. Elle se signala vers la fin de 1871 et en 1872 par une série de meurtres, dont les révoltants détails sont aussi épouvantables que répulsifs.

Grâce à deux agents de la sûreté, grâce à un habile inspecteur, F*** que je détachai de mon administration de Paris, un des assassins de la bande, nommé Ribetto, fit découvrir les traces de tous ses complices qui, en moins d'une année, commirent des atrocités inimaginables. Je citerai : 1º l'assassinat du gardien du pont de la Durance ; 2º les assassinats de la ferme de l'Ève, dans la commune de Lurs, arrondissement de Forcalquier ; 3º l'assassinat de la veuve Lambot ; 4º le meurtre d'Oscar Leneur ; 5º l'assassinat de Sautel, dit Poulct.

Il fallut une véritable expédition militaire pour s'emparer de la bande la Taille. Un détachement de chasseurs à pied cerna à la fois et la maison de son chef, nomme Fontana, et la maison de Vercellonné, le lieutenant des soldats de Fontana.

Lorsque ce détachement de chasseurs eut fait le siège des habitations de ces deux chefs de la bande la Taille, elle alla le lendemain s'emparer à Marseille de ses soldats qui y avaient élu domicile.

Voici les noms des principaux chefs et soldats de la bande qui, de 1871 à 1872, répandirent l'effroi dans tout Marseille et ses environs :

Josephe Fontana, dit Achin, dit Romagnol, Italien, né à Turin ;

Vercellonné, dit le Carabinier, Italien, né à Turin ;

Garbarino, Gênois ;

Galetto. dit Bochon, né à Turin ;

Pascal Montegazza, né à Turin ;

François Reynaudi, né à Turin ;

Angele Arene, jeune Italienne ;

Bellera, jeune Italienne ;

Madeleine, épouse de Montegazza, jeune Italienne ;

Marie Galligaris, jeune Italienne ;

Marie Simon, revendeuse à Marseille.

Le siège central de ces bandits était non loin du théâtre de leurs principaux exploits. Il se trouvait au Puy-Sainte-Réparade, la résidence privée de Fontana, le chef de la bande la Taille. L'association qui exploitait toute la Provence se divisait en trois groupes distincts. L'un siégeait au Puy, habité par Fontana ; les deux autres résidaient à Marseille et à Orgon, explorés par les hommes des deux lieutenants de ce chef de bande.

Le second lieutenant de Fontana était le Génois Garbarino, un volontaire sorti d'un corps garibaldien. Il avait été enrégimenté par Galetto, au Puy, qui donna encore, au mois d'avril 1871, une nouvelle recrue à la bande : le nommé Ribetto; celui-ci, après avoir formé et développé un nouveau noyau de l'association Fontano, ne devait pas tarder à la vendre.

Fontana, le chef de la terrible association, n'avait guère le physique de l'emploi, à l'encontre des M..., chef de la Mafia ; des Cenuri, chef des bandits des Romagnes ; on ne trouvait en lui aucune ressemblance avec leurs portraits ; rien ne rappelait dans son allure ni dans son physique le type du classique Fra-Diavolo.

C'était un homme de trente-six ans, aux traits vulgaires, de petite taille, très maigre, dévoré par la phtisie qui menaçait de l'enlever du jour au lendemain. Tel du moins parut-il à l'audience, à la suite de ses nombreux méfaits. Il n'avait que le souffle. Sauf ses yeux vifs et brillants qui relevaient sa physionomie jaune et terne, on l'aurait pris pour un vagabond vulgaire.

Pourtant, par les conceptions de ses crimes qui rappellent les épopées les plus épouvantables de Mandrin, cet homme était le génie du mal; il avait l'hystérie du sang

Galetto, dit Bochon, le premier soldat de la bande, donne aussi un aperçu de sa férocité par sa généalogie : le grand-père de Galetto était mort sur l'échafaud, son père mort en prison. Son grand-père s'appelait l'Hyène, le Féroce, *il feroce*. Lorsque cette terrible bande fut prise sur la dénonciation de Ribetto, soudoyé par mon inspecteur F***, le consul général d'Italie transmit ces détails sur l'aïeul de Galetto : c'était un monstre qui assassinait les jeunes filles et qui faisait de leur chair de la charcuterie !

Voici d'abord l'exposé du premier exploit de la bande la Taille, au sujet du meurtre du gardien du pont de la Durance.

Le 15 mai 1871, des habitants des campagnes, se rendant au marché de Cavaillon, voulurent réveiller, à quatre heures du matin, le gardien du pont de la Durance. Il ne leur répondit pas. Surpris de ce silence, ils cherchaient à s'en expliquer la cause, lorsqu'ils remarquèrent une mare de sang à leurs

pieds. On alla chercher aussitôt le maire qui se rendit sur les lieux avec le juge de paix, le juge d'instruction et le substitut de Tarascon.

De chaque côté du pont suspendu qui traverse la
Durance se trouve un petit bâtiment; l'un, à gauche,
affecté à la recette et au logement du gardien;
l'autre, à droite, servant d'entrepôt aux outils des
ouvriers du pont.

Une ligne rougeâtre se détachait de la mare de
sang, elle se prolongeait sur le pont sans solution
de continuité. Elle marquait le passage d'un corps
parti du bâtiment de droite jusqu'à la balustrade
opposée où le corps avait dû être précipité dans la
rivière, à l'endroit où le courant est le plus rapide.

L'intérieur du gardien, un nommé Martin, était
tout bouleversé. Les draps du lit portaient encore
les marques des mains ensanglantées qui avaient
souillé la couche de la victime. Une pendule, suspendue au-dessus du manteau de la cheminée, avait
été dérangée et les aiguilles, arrêtées sur neuf heures
quarante-cinq minutes, marquaient le moment où
le crime avait été consommé.

Le même jour, on découvrait vers le soir le cadavre de Martin, étendu sur les graviers de la Durance; il portait les traces de onze blessures, dont
quatre au moins étaient mortelles.

Martin était un ancien gendarme. Quoique âgé de
soixante ans, il était grand, fort, courageux; un
homme ne lui faisait pas peur! Et deux individus au
moins avaient été nécessaires pour aider l'assassin
à le porter jusqu'à la rivière.

Lorsqu'on arrêta Fontana, sa concubine et sa

bande, on retrouva les armes et les livres de recettes de Martin chez les assassins. La maîtresse de Fontana, au moment de son arrestation, cachait encore sous sa robe le pistolet du gardien du pont de la Durance.

Voici maintenant des détails plus circonstanciés sur les assassinats de Lurs. Ils rappellent les actes les plus odieux des *chauffeurs du Midi*.

Le dimanche 9 septembre 1871, un quadruple assassinat, suivi de vol, était commis dans la ferme de l'Ève.

Quatre personnes, les unes dans la force de l'âge, les autres dans la fleur de la jeunesse, étaient égorgées en plein jour dans leur habitation. Un enfant de onze mois était seul épargné.

Cette ferme était exploitée par André Granier, âgé de cinquante ans, par Véronique Simon, son épouse, âgée de quarante ans, par leur fille et Sube, son époux.

Ce dernier, le 9 septembre, avait quitté la ferme de l'Ève pour se rendre au village de Lurs. Il avait laissé son beau-père reposant tout habillé sur son lit, au premier étage. Sa belle-mère était assise dans la cuisine, sa femme faisait jouer son petit enfant devant la porte avec sa cousine, Rosa Granier, une jeune fille de dix-neuf ans.

Lorsque Sube revint à l'Ève, à l'entrée de la nuit, il ne retrouva plus que quatre cadavres ! Il n'y avait plus dans la ferme qu'un seul être humain, c'était son enfant au berceau, qui pleurait à côté des quatre cadavres.

Le cadavre le plus rapproché de la porte

d'entrée était celui de Rosa Granier. Cette jeune fille était étendue sur le dos, sa robe relevée sur la face masquait en partie sa figure. Le bras gauche était recourbé et la main s'appuyait sur la hanche, le bras droit était tendu et le chignon séparé de sa chevelure. L'épaule gauche était appuyée sur les jambes d'un autre cadavre.

Elle avait trois blessures et une main ensanglantée avait laissé son empreinte sur la cuisse droite.

L'expression des traits, l'attitude de la jeune fille dénotaient de sa part une certaine résistance qui n'avait servi qu'à prolonger son agonie.

Le second cadavre était celui de la Sube, ses pieds touchaient la tête de Rosa Granier. Il ne présentait qu'une seule plaie de la mâchoire au menton, ouverture béante qui permettait l'introduction du doigt à l'intérieur. La mort avait dû être presque instantanée.

Le troisième cadavre, celui de la femme Granier, était comme les autres, recouvert d'une étoffe ensanglantée ; couchée la face contre terre, les pieds touchaient presque la tête de Rosa.

Ces trois corps de femme avaient été dépouillés de tous leurs bijoux.

Au premier étage se trouvait le dernier cadavre, celui de Granier André. Réveillé sans doute par les cris des trois femmes, il avait été frappé à son tour en remontant l'escalier. A la dernière marche, en effet, près d'une porte vitrée, gisait, en manches de chemise et sur le dos, baigné dans le sang, le corps du malheureux Granier.

Les révélations de Ribetto à mon inspecteur de la

sûreté S*** expliquèrent les causes et la manière de procéder de ces deux meurtres, commis l'un au pont de la Durance, l'autre à la ferme de l'Ève.

Au pont de la Durance, ce furent les outils des ouvriers du pont qui servirent à tuer son gardien! Celui-ci n'eut pas le pouvoir de résister, parce que toute la bande se mit après lui pour l'assassiner et le jeter dans la rivière. Et Ribetto ajouta que la déception de la bande fut grande lorsqu'elle ne trouva chez lui que quelques centaines de francs. Elle s'en vengea en le dévalisant complètement.

» — A la ferme de l'Ève, ajouta Ribetto, nous savions qu'il devait y avoir 7,000 francs. Nous entrâmes et nous tuâmes, avec les instruments de la cuisine et avec les armes prises au gardien du pont, tous ceux qui se présentaient, hommes et femmes. Nous ne pardonnâmes qu'à un jeune enfant qui était encore au berceau. Après quoi nous fouillâmes partout; mais il nous fut impossible de trouver l'argent. Encore une fois nous fûmes volés. Nous nous contentâmes des bijoux des *péronnelles,* que nous donnâmes à nos femmes. »

Les instruments des deux crimes furent retrouvés et saisis à Puy-Sainte-Réparade.

Voici maintenant d'autres détails sur l'assassinat de la veuve Lambot. Cette femme se livrait à la prostitution, malgré son grand âge. Elle avait soixante-seize ans; elle habitait le village de Meyrasques. Le dimanche 5 novembre, quelques voisins s'inquiétèrent de la disparition de cette femme. Ils ne l'avaient pas vue depuis l'avant-veille au matin. Lorsque les voisins se décidèrent à pénétrer légalement chez elle, ils la trouvèrent assassinée dans son appartement bouleversé par la main des voleurs.

Il résulta des explorations du docteur d'Aix que la veuve Lambot avait été violemment frappée à la tête d'un coup de pierre. Deux individus étaient entrés chez elle, et voici ce que donnèrent les explications de Ribetto :

L'un des deux meurtriers tenait sa pierre à la main au moment où, assise sur le bord du lit, elle se livrait à lui. Immédiatement elle avait reçu un coup de couteau au bas-ventre par le même individu. D'autres coups de la même arme, portés de haut en bas, avaient pénétré dans l'estomac, brisé une côte, puis tranché le cou. Ensuite les barbares avaient enlevé, sur le corps encore chaud, dans le gras de la cuisse, un morceau de chair grand comme la main qu'ils *avaient mangé !* Pas entièrement cependant, parce qu'un lambeau de cette chair avait dû être emporté et montré à Fontana, comme une preuve matérielle de cet attentat commis au profit de la bande la Taille.

Voici pourquoi ils avaient conservé ce lambeau de chair, qu'ils tenaient à montrer au chef comme preuve convaincante de la mort de la veuve Lambot :

Cette prostituée, qui avait pour amant Galetto, dit Bochon, avait donné à ce soldat de la bande la Taille une partie de ses économies, à condition qu'il lui ferait annuellement une rente viagère que celui-ci, depuis les meurtres infructueux du gardien du pont de la Durance et des fermiers de l'Ève, ne pouvait pas lui payer.

Alors Galetto, de complicité avec Ribetto, conçurent le projet, pour se débarrasser de cette dette, d'en finir avec la vieille Lambot. Ce furent eux, avec le consentement de Fontana, qui se décidèrent à l'assassiner, en employant les horribles moyens que je viens d'indiquer et que me transmit mon inspecteur S***, sur la dénonciation du complice de Galetto.

L'horrible *marque de fabrique*, indiquée par ce lambeau de chair de leur victime portée au siège de cette infernale association, dénote à quel degré de férocité étaient montés les soldats du phtisique Fontana.

Le chef de cette bande d'hyènes et de chacals était, du reste, un type sans pareil de cruauté. On disait dans le pays que, lorsque Fontana était sur le théâtre de ses crimes, entouré de nombreux cadavres, aux plaies béantes et inondées de sang, il se faisait verser un verre de sang chaud qu'il avalait avec une volupté inouïe. On disait que son corps épuisé, grelottant la fièvre, avait besoin du sang des autres pour vivre encore, pour ranimer ses sens émoussés par l'orgie, épuisés dans les excès de toute nature, aussi atroces, aussi cyniques que tous ses crimes.

Les façons de tuer de ces Italiens procédaient de celles des bouchers. Jamais ils n'engageaient de longues luttes. Ils pénétraient à l'improviste, au nombre de dix ou douze, dans les maisons de ceux dont ils connaissaient les habitudes, et en restant le moins possible sur le terrain où ils opéraient. Jamais ils ne les tuaient debout! ils commençaient par terrasser leurs victimes et par les coucher par terre!

Une fois retenues par les vingt bras armés qui les menaçaient en silence, qui étouffaient leurs cris, ces victimes étaient saignées comme des moutons, dépecées comme des agneaux à l'abattoir!

Le plus souvent, ainsi qu'à la ferme de l'Ève ou pour la veuve Lambot, les assassins se contentaient de les étourdir avant de les frapper au cou et de leur ouvrir le ventre de bas en haut.

Lorsque Fontana parut à l'audience, il ne put donner tous ces horribles détails, consignés par mon inspecteur sur les dénonciations de Ribetto.

A chaque instant Fontana se trouvait mal. Il semblait que la vie se retirait de ce vampire depuis qu'il n'avait plus de corps à tuer, ni de sang à boire. A plusieurs reprises il fallut l'emporter de l'audience, il fallut attendre qu'il revînt à la vie pour recommencer à compter les morts faits par les atroces exploits de ce cannibale!

Ce qui était aussi effrayant que les crimes de cet épouvantable et odieux personnage, c'était de penser qu'il avait trouvé assez de monstres créés à son image pour pouvoir consommer tous ses horribles forfaits.

La femme Angèle Arène, la concubine de Fontana, une Italienne, était bien digne d'être accouplée à ce monstre! Elle vivait dans l'odeur du sang comme dans une atmosphère de délices. Lorsque le détachement de chasseurs, sous la conduite de S***, mon inspecteur, cerna la maison de son amant,

Angèle tenait encore, caché sous sa jupe, le couteau qui avait saigné le fermier et les fermières de l'Ève. Ce couteau était resté taché de sang, « parce que, disait cette infâme créature à Ribetto, elle ne pouvait se décider à le laver, pour respirer plus longtemps l'odeur des meurtres qu'ils avaient commis tous ensemble à la ferme de l'Ève. »

Ces derniers meurtres, malgré les horribles traces qu'ils avaient laissées, de la cuisine jusqu'au premier étage de la ferme, avaient été si promptement exécutés, près d'une route si passagère, que pas un des nombreux témoins qui avaient passé sur cette route à l'heure de ce quadruple meurtre, ne s'en était aperçu et n'en avait eu même le soupçon !

Cependant il faisait grand jour,

C'est que la bande la Taille possédait par tradition une habileté merveilleuse pour occire les gens. Elle connaissait à fond la science du meurtre. En quelques minutes ils savaient envoyer leurs victimes de vie à trépas. Par leurs blessures toujours mortelles, à l'endroit des carotides, ils provoquaient des hémorragies foudroyantes. Ils tarissaient aussitôt la source de la vie dans l'effusion du sang ; ils s'attaquaient au cou, au ventre, quand ils ne saignaient pas leurs victimes aux quatre membres.

Lorsque ces misérables se croyaient sûrs de l'impunité, à l'abri de tout témoin, protégés par la nuit, ou loin de toute habitation, la bande la Taille laissait parfois souffrir ses victimes pour mieux jouir et se repaître de leurs mouvements spasmodiques.

VII. 10.

A l'orgie du sang se mêlaient alors l'orgie du vin et des bacchanales les plus écœurantes.

Hommes et femmes dansaient en rond autour des victimes que leurs complices saignaient aux quatre membres. Pendant que ces démons exécutaient leur ronde, ils criaient, ils chantaient, pour bien étouffer les cris, les râles, les soupirs des moribonds!

Les femmes, dans ces bacchanales de l'enfer, étaient encore les plus acharnées! Comme Angèle, conservant le couteau taché qui lui rappelait les meurtres de la ferme de Lodève, ces furies, ces bacchantes, ces Euménides, étaient toutes des hystériques. Fontana, leur sultan, se mourait comme elles consumé aussi par ses ardeurs charnelles. Toutes ces furies étaient dominées par la névrose du crime!

Ces scènes de l'enfer, dans lesquelles des assassinés se débattaient sous les couteaux de leurs égorgeurs, pendant que des bacchantes échevelées, des démons avinés, dansaient en rond, deviendraient impossibles à décrire. Leurs peintures, en tous les cas, seraient trop repoussantes pour qui voudrait les reproduire à la lettre.

On a eu, après tout, un aperçu de la férocité de la bande la Taille par le meurtre de la veuve Lambot. Il est impossible de pousser plus loin la cruauté, à moins de retourner dans les peuplades les plus sauvages. Chose bizarre, ces experts dans l'art du crime étaient encore des innocents dans la façon d'en récolter les fruits. Ainsi, dans l'assassinat du gardien du pont de la Durance, ils tuent sans s'être bien assurés de la production de leur meurtre. Ils sont volés, comme dans l'affaire du quadruple assassinat de la ferme de l'Ève. Là encore ils ne trouvent pas les 7,000 francs qu'ils espéraient récolter sur le lieu du crime, pourtant si habilement conduit et si prestement exécuté.

Lorsque à l'audience ils apprennent qu'il y avait encore, dans les tiroirs des meubles des fermiers de l'Ève, des centaines de francs qu'ils n'ont pas pris, ils se regardent et semblent se dire :

« — Hein! si nous avions su! »

Cela prouve que ces misérables n'ont par-dessus tout que la passion du meurtre ; en effet, une fois grisés par leur furie sanguinaire, l'hystérie du sang l'emporte sur l'appât du gain.

Si, plus tard, ils tuent la vieille prostituée Lambot, leur poule aux œufs d'or, qui pourtant leur rapportait plus qu'ils ne lui devaient, c'est qu'ils sont possédés par amour du crime, il l'emporte sur l'amour des richesses.

Ils n'ont aussi aucune prudence : lorsque les femmes de ces monstres sont arrêtées, traquées dans leur propre repaire, elles sont en partie ornées des bijoux qu'elles ont pris à leurs victimes. Elles ne songent pas à s'en défaire afin de mieux garder, comme le couteau d'Angèle, un *agréable* souvenir de leur sanglante orgie à la ferme de l'Ève.

Ce qui donne à cette horrible bande un caractère monstrueux dans lequel le vice, la folie criminelle dominent au premier chef, c'est la mort de la veuve Lambot, la prostituée.

Sa mort, conçue par des misérables qui ne valaient guère mieux qu'elle et qui, par cela même, auraient dû l'épargner, sa mort, bien digne de sa vie, achève de peindre ses odieux complices.

Cette femme, cette prostituée septuagénaire choisit, pour protecteur et pour amant, le plus féroce de la bande la Taille, ce Galetto, cet Italien dont les indignes ancêtres sont montés sur l'échafaud ; c'est à lui qu'elle confie ses économies! Lorsqu'elle reçoit de son amant le premier coup qui doit la tuer, elle ne se défend pas! Elle se laisse mourir entre les derniers spasmes de la volupté et les premières crises de la mort.

Elle répétait souvent à ses amis, qui se réunissaient chez elle pour faire orgie en compagnie d'Arsène, de Madeleine, la seule épouse légitime d'un de ces bandits, le nommé Montegarra !

— Faisons des infamies, n'en disons pas!

En effet, cette mère de prostituées, cette papelarde, bigote et bacchante, joignait à la lubricité la plus révoltante une hypocrisie qui contrastait avec son ignoble métier.

Son lit était garni de bénitiers, son corps était enguirlandé de chapelets.

Elle allait à l'église ; elle dînait de l'autel, elle soupait de la prostitution.

Elle menait une vie pleine de contresens dont les superstitions étranges, mélangées de mysticismes religieux, de joies profanes devaient plaire du reste à un Italien comme Galetto, le petit-fils d'un homme qu'on appelait l'*Hyène*, un chat féroce dont les caresses mordaient jusqu'au sang! La Lambot, et le petit-fils de celui qui tuait les jeunes filles avant d'en faire de la charcuterie, étaient bien dignes de s'entendre ; c'étaient deux natures de félin.

Les autres femmes de cette bande odieuse étaient, comme je l'ai dit, à la hauteur de cette association. Lorsque ces horribles femmes étaient mères, elles apprenaient à leurs enfants à devancer toutes les passions inhérentes à la maturité de leur sexe. Lorsqu'un mari de l'une d'elles, un honnête homme, pardonnait à sa femme de s'être souillée à Fontana, lorsqu'il la sortait de son antre, elle se sauvait du foyer conjugal, pour rentrer, poussée par la puissance du mal, à cette école du crime et de la lubricité.

Maintenant que je crois avoir assez dépeint le caractère particulier et monstrueux de la bande la Taille, je continue à poursuivre la série de ses crimes.

Elle se termine par l'assassinat d'*Oscar Loneux*, ouvrier charpentier, et par l'assassinat de Sautel, dit Poulet, messager d'Apt.

Le malheureux Loneux avait été attendu par trois Italiens de la bande, au moment où il sortait de Ratisbonne, à neuf heures sonnant. Il avait été assassiné à deux kilomètres de cette localité, une demi-heure lui avait suffi à peine pour franchir cette distance.

L'infortuné, tué à l'improviste, avait été précipité de la hauteur du chemin sur des buissons auxquels il était resté suspendu.

Loneux avait été assailli à l'improviste.

On n'avait encore rien entendu dans le voisinage. Le cadavre ne portait aucun signe de lutte, les vêtements étaient intacts ; Loneux, cependant, était grand, vigoureux, énergique, capable de se défendre. S'il ne s'était pas défendu, c'est qu'on ne lui en avait pas laissé le temps.

Il avait été attaqué par plusieurs individus. Les deux blessures qu'il avait reçues avaient été faites à *coup sûr*, par deux assassins armés de couteaux, l'un devant, l'autre derrière lui. Un troisième assassin était armé de pistolet, dont la baguette avait été retrouvée à Puy-Sainte-Réparade.

L'assassinat de Sautel dit Poulet, le messager d'Apt, âgé de quarante-quatre ans, avait eu lieu aussi sur la grande route. Il avait été assommé, et la mort avait été instantanée. Encore une fois, il fut constaté que les assassins de la bande de la Taille étaient plus habiles dans l'art du meurtre que dans l'art du vol ; car le messager assommé dans sa charrette avait encore dans un des caissons de son véhicule une somme de 31 francs que les meurtriers n'avaient pas songé à prendre.

Et Ribetto, qui était de ce meurtre, avoua que l'assassinat de Poulet ne rapporta à la bande que du tourteau qu'il amenait à Aix et 14 francs d'argent !

Toutes les révélations de ce crime furent dues à Ribetto. Il avait un intérêt particulier à se venger de la bande, surtout du dernier amant de la veuve Lambot, de Galetto.

Je passe sur bien d'autres meurtres que la bande la Taille exerçait sur ses propres complices. Ces cannibales ne se contentaient pas detuer les richards du pays, ils se dévoraient entre eux, sous le prétexte le plus futile, on l'a vu par l'assas- nat de la veuve Lambot. Ils n'étaient pas aussi experts dans l'art du vol.

— Nous savons bien tuer, avouait Ribetto, mais nous ne savons pas voler. Nous ne sommes que des *maladroits !*

Ribetto, le dénonciateur de la bande par dépit amoureux, avait été le premier à posséder la confiance de la Lambot. Elle lui avait vendu son bien à fonds perdu, moyennant une rente viagère de 200 francs par an. N'ayant pu la payer, la veuve Lambot s'était adressée ensuite au beau Génois.

Et celui-ci d'accord avec le traître Ribetto, dans la même situation que le traître, avait inspiré à Fontana et à sa bande l'idée de tuer la vieille prostituée.

Fontana et ses lieutenants furent condamnés par le tribunal à la peine capitale.

Le chef de la bande, Fontana, ne tarda pas avant les autres à subir sa condamnation, il était mort d'avance. Il n'en fut pas de même pour Garborino et Galetto. Ils montèrent sur l'échafaud ; la femme Arsène fut condamnée aux travaux forcés à perpétuité, Montegarra et Bellora à vingt ans, Trinchini à dix ans de réclusion, Montabelli à cinq ans.

Quant à Ribetto, le dénonciateur de la bande la Taille, il fut acquitté. Pour que son acquittement ne parût par trop inique, il fut suivi de celui de la racoleuse Martaille et de la femme de Montegarra.

Ainsi finit cette corporation de malfaiteurs qui

désola pendant un certain temps tout le territoire d'Aix.

Il suffit d'un inspecteur de Paris qui fut autorisé à faire appel, au nom de la justice, au général de division du département, pour avoir raison de tous ces bandits dont le centre se tenait, comme je l'ai dit, à Puy-Sainte-Réparade, chez le chef Fontana.

A la tête de la force armée pour traquer la bande la Taille dans ses divers repaires, l'inspecteur S*** conduisit les chasseurs à pied, tant dans la maison de Fontana que dans la maison de Vercelonné ; il pénétra chez les bandits sans constater trop de résistance. Lorsque les soldats entourèrent l'habitation de Fontana, celui-ci voulut sortir. L'inspecteur S*** s'avança vers lui pour entamer la conversation. Fontana se tint sur la réserve. S***, ayant entendu du bruit dans la maison, fit rapprocher les soldats. Ils entrèrent la baïonnette en avant. Les scélérats qui s'y trouvaient, se blottirent contre les murailles. Un d'entre eux, Garborino, avait à la main un couteau encore ensanglanté.

L'inspecteur S*** lui demanda ce qu'il avait fait avec ce couteau ?

— J'ai tué des moutons, répondit-il.

Galetto, le second de Garborino était menaçant, les autres comme Fontana, le premier pris, étaient humbles. Les bêtes féroces sont lâches.

Durant l'audience, un détail singulier signala les débats. Pendant que l'avocat Rougier plaidait pour ces Italiens, assassins émérites, d'autres Italiens étaient en train de dévaliser sa maison de campagne, à quelque distance d'Aix.

On remarqua, dès qu'on apprit cette nouvelle à l'audience, des signes d'intelligence entre des accusés de la bande la Taille et des individus qui étaient dans l'auditoire.

Il faut désespérer des malfaiteurs qui ne désarment pas, fût-ce devant les généreux efforts de leur honnête défenseur! et les fils des Phocéens ont toujours raison de détester, d'instinct et de raison, les descendants des enfants de la Louve!

CHAPITRE XI

LA PLACE DES MARIS..... TROMPÉS ET LA MAISON DES SUICIDÉS.

Il existe à Paris comme ailleurs des endroits funestes qui semblent appelés à devenir, à époque fixe, le rendez-vous des maris trompés, ou des fous obsédés par l'idée du suicide.

Tout le monde connaît la place de la capitale qui, dans l'ancien quartier de la galanterie, était surnommée la place *des Maris trompés*. Je pourrais me servir, par euphonie, du qualificatif si cher à Molière ou à Paul de Kock. Je tiens à rester poli et moins gaulois. On connaît également, au bois de Boulogne, l'arbre des pendus, situé entre les deux lacs, et qui attire régulièrement comme au guichet du Louvre un malheureux dont la fin tragique augmente chaque semaine les faits divers de la presse.

Eh bien, il y a dix ans, il existait une maison aussi funeste, aussi maudite que l'arbre du bois de Boulogne. Là plus d'un suicidé y mourut obsédé par un désespoir amoureux, qui était l'opposé du désespoir des maris trompés par leurs femmes.

Cette maison mystérieuse était située aux confins de Paris ; elle était habitée par une noble dame à la mode, menant à grandes guides la vie des hétaïres, dont elle avait les principes, la manière de vivre, la folle élégance. Cette femme, d'une beauté remarquable, était intraitable vis-à-vis des hommes du monde qui souvent se ruinaient pour elle, avant d'aller se tuer à sa maison maudite.

J'ai sous les yeux différents rapports concernant les victimes de cette beauté. Ses ténébreux scandales, à la fin de l'Empire, finirent par émouvoir autant la politique que la police.

Avant de parler de cette maison, de sa mystérieuse propriétaire, rangée dans la catégorie des femmes fatales, je dois parler d'un épisode qui se passa la nuit, sur la place des Maris trompés. Il a singulièrement marqué dans l'histoire du précédent règne.

Était-ce bien sous le règne précédent? Je ne l'affirmerais pas, comme je ne préciserai pas d'une façon topographique, pour l'honneur de son arrondissement, la place où se passe la scène que je vais décrire.

C'était par une nuit d'hiver, un homme en chemise descendait, par une échelle improvisée, d'un balcon d'une maison au style Médicis. C'était un homme en bonne fortune qui n'attendait pas précisément le chant de l'alouette, pour abandonner à regret son amante. Ce nouveau Roméo avait été surpris trop tôt par le mari de sa Juliette ou de sa Desdemone. Il s'empressait de rendre au mari la place qu'il lui avait prise, au moment où celui-ci, d'ordinaire fort occupé à son cercle, était revenu à une heure plus matinale que de coutume au logis conjugal.

Ce mari avait-il été averti par un ami complaisant, jaloux d'un bonheur à trois qu'il n'avait pu partager? Cela pouvait être dans les conjectures probables. Les maris ne sont jamais bien clairvoyants, surtout ceux qui se partagent entre l'amour du foyer et l'amour plus absorbant du jeu?

Enfin, pour une raison ou pour une autre, le mari, à une heure du matin, entrait brusquement dans la chambre de sa femme pendant que son remplaçant en sortait précipitamment, laissant derrière lui, au pied de l'alcôve, ses vêtements accusateurs.

Dans l'intérêt de sa propre conservation, autant que pour éviter les suites d'une conversation trop criminelle, l'amant déguerpissait par vingt degrés de froid, le corps nu et grelottant. Il franchissait un balcon, à l'aide d'un châle de la belle qui lui servait d'échelle de soie.

Il n'était pas au bas du balcon, à deux étages du sol, que le mari importun forçait la chambre de la dame. Eplorée, folle de terreur, elle n'avait pas le temps, devant son mari changé en Othello, de lui dérober les vêtements de son amant, preuves convaincantes de son adultère.

Et ce qui prouvait que le guet-apens était prévu, combiné à la suite d'une dénonciation anonyme, c'était que l'amant vêtu à peu près comme le premier homme était reçu au bas du balcon par les deux domestiques du mari outragé.

A peine touchait-il le trottoir, que notre malheureux amant heureux était enlevé par de vigoureux serviteurs. Ils le garrottaient à l'aide d'une corde solide, à la colonne de la vasque de la fontaine de la place.

Alors le quidam, déjà si désagréablement dérangé, n'osa crier, de peur de faire du scandale. Tout au plus, opposa-t-il une vigoureuse et muette résistance aux aides de son bourreau, vengeur légitime de son honneur !

On juge des tortures que dut endurer, par vingt degrés de froid, cette victime de l'adultère, garrottée à cette colonne de l'infamie ou du ridicule. Aux souffrances physiques se joignirent pour lui les souffrances morales, quand l'aube vint à blanchir les façades des maisons de la place.

Alors les premiers passants qui aperçurent le malheureux amant, exposé à la rigueur du temps et à la risée publique, s'approchèrent de lui. Ils le regardèrent d'abord avec effarement. Ils le crurent victime d'une gageure ou d'un pari malveillant ; ils se mirent aussitôt en devoir de le dégarrotter.

Comme les premiers passants n'étaient que des balayeurs, des mercenaires de la rue, n'ayant aucun rapport avec le monde de cette victime de l'amour, les serviteurs qui veillaient autour de la vasque heureusement à sec, défendirent à ces libérateurs de faire acte de générosité. Ils les forcèrent à le laisser nu et grelottant. Ils racontèrent ce qui l'avait mis là ; ils les mirent au fait de la juste représaille du mari.

Les balayeurs passèrent, en riant de la bonne farce de l'époux vengeur.

Il fallait, pour ce mari, que les représailles conçues contre le rival illégal eussent leur cours naturel ; il fallait qu'il fût vu, bafoué publiquement par son monde.

Ce fut ce qui arriva, quand il fit jour pour les habitants du quartier.

On voit d'ici le scandale provoqué par ce quartier en émoi, devant l'homme en chemise implorant la pitié des passants, pour ne pas risquer une fluxion de poitrine ou une bronchite, en restant dans la position des femmes adultères aux temps bibliques.

Il ne fut délivré de ses cordes que lorsque la vengeance du mari fut assouvie ; que lorsque les gens du quartier connurent en même temps les effets et la cause de l'exposition publique d'un amant trop heureux, dans le simple appareil d'un homme arraché du lit... d'un autre.

Il va sans dire que les serviteurs, instruits par leur maître, ne manquèrent pas de donner toute l'explication du garrottement et de la quasi-nudité de l'amant noctambule.

Il fut l'objet des railleries des naturels de cette région aux mœurs aussi indépendantes que légères. Les petits journaux de l'époque en parlèrent. La place qui en avait été le théâtre, ne conserva que davantage la mauvaise réputation dont l'avaient déjà gratifiée les locataires de ses élégantes villas.

L'affaire fit d'autant plus de bruit que le mari et l'amant étaient très connus dans le monde de la politique et des arts. L'un, le mari, était un journaliste dont l'opposition était fort désagréable au gouvernement. L'autre, l'amant, était un artiste, un sculpteur dont le talent avait valu déjà à son auteur les faveurs de l'Etat.

Le mari avait le tort d'aimer sa femme et le plus grand tort d'être hostile au pouvoir. Il ne se contenta pas de déférer une plainte en adultère ; il fulmina dans son journal contre le sculpteur dont les mœurs donnaient, disait il, un avant-goût de la moralité plus que suspecte des favoris du pouvoir.

Cet adultère fit tant de bruit en ce temps-là, par son prologue aussi étrange que scandaleux, que le pouvoir en prit ombrage.

Les tribunaux allaient s'emparer de l'affaire. Cet adultère, grâce au mari, journaliste libéral, après avoir été d'abord un différend de ménage, allait dégénérer en un différend politique. Le chef du pouvoir fut très alarmé de la tournure que prenait l'affaire, objet des railleries de tous les journaux et du *Tout Paris*. Il fit venir séparément le mari vengé, et l'amant de plus en plus honteux. Pour apaiser la colère de l'époux, pour étouffer les brocards des journaux, sur la manière dont l'amant avait été traité publiquement par l'irascible Othello, le chef de l'Etat ne trouva qu'un moyen : Acheter le journaliste, le mari offensé et son journal tourné au rouge le plus vif, et faire pleuvoir sur le rédacteur en chef les faveurs ministérielles ;

acheter l'artiste, en payer toutes les œuvres en les considérant toutes à l'avance comme commandes de l'Etat.

De cette façon les tribunaux se turent. Le mari et l'amant furent renvoyés dos à dos, sous la manne bienfaisante qui tomba des mains du chef de l'Etat sur le mari pour couper court au malheur de l'amant, qui avait payé si cher sa dernière nuit de bonheur !

Ce fut de ce jour que les passants, en regardant sur la place les deux maisons qui se faisaient face, où dans l'une restait le ménage gâté par l'adultère, dans l'autre l'amant qui avait gâté ce ménage, ce fut de ce jour que la place en question prit définitivement la dénomination de : *place des Maris trompés*. Je me sers de cet euphémisme pour ne dire ici le véritable nom de ce lieu de Paris, que ni Molière, ni Paul de Kock n'aurait négligé d'écrire sans respect pour les mœurs.

J'arrive maintenant à la maison des suicidés. Elle était sise dans une rue inconnue du monde élégant. C'était pour les boulevardiers qui étaient venus parfois s'y compromettre en compagnie d'une grande dame, une maison au bout du monde. Elle était située rue d'Enfer.

On racontait, au sujet de cette habitation, des choses aussi mystérieuses que terribles. Trois jolis petits crevés y avaient compromis leur vie. Sur ces trois jeunes gens du meilleur monde, deux s'étaient fait sauter la cervelle, le troisième s'était raté. Mais il n'était pas moins sorti très meurtri de la maison de la rue d'Enfer.

Après y avoir été appelé, attiré comme tous les autres par la sirène, s'il ne s'était pas tué raide à ses pieds, il n'en était pas moins sorti, blessé grièvement, et plus grièvement atteint dans sa fortune.

En moins de deux ans, le parquet reçut, au sujet de la femme de la rue d'Enfer, des plaintes sanglantes. Elles donnèrent raison aux rapports terrifiants que me fournirent mes inspecteurs sur le mystère de cette maison infernale.

Mais comme la sirène, la pieuvre, la goule de ce repaire, avait un nom très aristocratique, les plaintes dont elle fut l'objet restèrent sans effet. Les rapports dressés par mes inspecteurs à la suite de ces plaintes, dormirent encore quelque temps dans mes cartons.

Enfin la rumeur publique, très alarmée, parla plus haut que la faveur. Le dernier jeune homme qui s'était tiré un coup de revolver devant cette sirène fut mis en évidence par le scandale de son équipée et par les sommes folles qu'il avait dépensées pour elle. La justice fut bien obligée de s'occuper des choses étranges qui se passaient dans la maison de la rue d'Enfer.

Le jeune homme en question, après avoir failli mourir pour cette nouvelle Marguerite de Bourgogne, ne se considéra pas comme guéri de son amour, malgré la mort qu'il venait de risquer pour ses beaux yeux.

Elle avait failli lui prendre la vie, elle lui avait pris une partie de sa fortune ; tout cela ne suffisait pas encore pour lui arracher le bandeau qui l'aveuglait.

Encore malade de sa blessure, plus malade encore de l'amour qu'il concevait pour la femme de la rue d'Enfer, il fit un procès à sa famille, afin de posséder ce qui lui restait de son patrimoine.

Mais la famille, alarmée de la conduite insensée de ce jeune homme qui avait failli mourir pour une femme indigne, saisit la justice d'une demande en nomination d'un conseil judiciaire.

Comme la famille de ce jeune homme était extrêmement riche, la justice fut entravée par les révoltes de l'amoureux blessé, non guéri. Il trouva des avocats pour soutenir sa mauvaise cause et entraver la justice.

Pendant que se plaidait ce procès, qui n'était pas encore en l'honneur du jeune homme, on m'adressait des rapports terribles concernant la propriétaire de la maison de la rue d'Enfer.

Ils étaient tellement épouvantables qu'ils dépassaient la vraisemblance.

Ces rapports disaient en substance, sur le dire des voisins, d'après les racontars du précédent régime, que souvent, au moins une fois par semaine, une voiture de place s'arrêtait à la petite porte d'un mur du jardin de la maison de la rue d'Enfer.

Alors il en sortait une femme voilée, et le visage entièrement caché par les ornements de sa coiffure. Elle était suivie d'ordinaire d'un cavalier à la tournure et à la mise d'un homme du monde. Une heure après, des bruits étranges se faisaient entendre de l'intérieur de cette habitation mystérieuse. De ses fenêtres donnant sur la rue se répandaient des lueurs éclatantes, rougeâtres, sinistres. On entendait, disaient les voisins, comme des éclats de rire, mêlés de soupirs et de bruits sourds ou métalliques, comme le bruit d'un lourd marteau résonnant sur le plancher, ou le bruit strident de chaînes et de ferrailles. A mesure que la nuit s'avançait, les lumières devenaient plus vives, les éclats de rire, rappelant le bruit du tonnerre, résonnaient comme des rires de démon, ils se succédaient avec plus de puissance. Puis tout s'éteignait, tout rentrait dans la nuit. Généralement à la suite de vibrants échos où des éclats de rire accompagnaient des imprécations de rage, on entendait des soupirs ressemblant à des râles de mourant.

Une nuit, sous l'Empire, à la suite du même tapage dans cette maison infernale, un homme avait ouvert une de ses fenêtres, il s'était précipité dans la rue comme un fou, en retombant dans la rue le crâne brisé ; une autre nuit, un autre personnage, toujours à la suite du même sabbat, s'était élancé dans le jardin et s'y était brûlé la cervelle.

Mais comme ces deux sinistres s'étaient passés à une époque où cette grande dame, cette princesse était au mieux avec le roi d'Italie et la cour de Prusse, on avait étouffé le scandale de ces deux meurtres dans cette maison, qu'on n'appela plus que la *maison des suicidés.*

Cependant lorsque, en 1872, sous la nouvelle République, le même scandale recommença par le coup de revolver du jeune homme très riche et très roturier qui s'était mis à son tour à la merci de cette pieuvre titrée, le public s'inquiéta sérieusement des mystères qui continuaient à se passer dans cette étrange maison.

Malgré l'obstination du jeune homme, toujours épris de sa princesse, malgré sa fortune entamée par elle, malgré les épouvantables déboires qu'il en avait reçus, cet amant éconduit ne voulait rien dire, sur les mystères de la maison des suicidés.

Pour ma part, j'en fus réduit aux vagues rapports, assez romanesques mais très invraisemblables, de mes inspecteurs.

Fallait-il interroger moi-même ce jeune fou qui, après s'être ruiné, presque tué pour sa belle princesse, voulait vivre pour recommencer avec elle son martyre?

Je connais le cœur humain : c'eût été de ma part peine perdue. Il m'aurait été répondu ce que répondaient ceux qui avaient été à la maison de la princesse, pour y éprouver des souffrances au point d'essayer de s'en délivrer par la mort. « La maison des suicidés, disaient-ils, est une maison de luxure appartenant à une grande dame qui déroge et qui se débauche en compagnie d'hommes de plaisir ! Les bruits que l'on entend ne sont que des bruits d'orgie. Si parfois ces orgies se terminent par la mort de ces galants, c'est que, pour elle, il y a toujours loin entre les premières et les dernières satisfactions de l'amour.

Voilà ce que répondaient généralement tous ceux qui avaient été attirés dans la maison des suicidés. Ils ajoutaient avec une certaine fatuité que, s'ils n'avaient pas eu le sort de ses victimes, c'était parce qu'ils avaient été plus heureux, vis-à-vis de la belle princesse.

Tout cela ne me disait rien de bien positif sur la nature de cette femme extraordinaire, sur les agissements qu'elle mettait en œuvre dans sa maison mystérieuse.

J'appris enfin, par un rapport plus circonstancié, que cette grande dame était en communication avec Mme de C***, la perfide amie de Mme X***, mon espionne de Forbach, celle qui, sous la Commune, dans mon cachot, était venue s'offrir à moi, au nom du bonapartisme, pour me sauver la vie.

Lorsque je connus ce détail, je m'empressai, en raison des rapports aigres-doux que nous avions conservés entre nous, de me rendre au quartier de la Madeleine, où elle logeait alors, quand elle n'habitait pas sa maison de Ville-d'Avray.

Quand Mme C*** m'aperçut, elle me fit d'abord le plus parfait accueil, car elle me redoutait depuis que j'étais rentré dans mes fonctions d'autrefois.

— Ah! vous voilà, lâcheur! me dit-elle. Eh bien! qu'est-ce qui me procure l'honneur de votre visite? Ce n'est pas, je pense, pour me remercier des offres que je vous ai faites à la Santé, sous la Commune? puisque vous avez refusé mes services quand je vous rappelais ceux que vous aviez rendus au maître que je sers toujours; car, avant comme après, je suis restée bonapartiste! Que voulez-vous, je me souviens; je n'ai pas, comme vous, cette indépendance de cœur qui fait de vous un serviteur de la République thiériste, comme vous avez été autre-

fois un serviteur de l'Empire libéral ou autoritaire !
Ce qui m'étonne encore, cher monsieur, c'est que
que vous n'ayez pas servi aussi la Commune,
comme vous servez la République !

— Madame, lui répondis-je, avec un mouvement
de tête, un haut-de-corps indignés, voilà trop longtemps que vous m'habituez à vos amabilités. Ce
n'est pas plus pour les entendre que pour vous remercier que je suis forcé de revenir chez vous !

— Alors, me répondit-elle, assez piquée elle-
même, expliquez-vous en redevenant aimable.

Je remarquai lorsqu'elle m'engageait à m'asseoir
auprès d'elle, qu'un changement s'était opéré dans
sa physionomie. Son visage n'avait plus l'incarnat
d'autrefois, ses traits étaient fatigués, tirés. Un cercle noir ombrait le contour de ses grands yeux dont
l'éclat, moins vif, avait quelque chose de vitreux.
Je constatai qu'en me parlant, une toux sèche s'é-
chappait opiniâtrément de sa poitrine pour s'arrêter à ses lèvres gercées et couperosées.

— Madame, lui dis-je, vous recevez souvent ici,
je le sais, la princesse de ***.

Je lui désignais sa qualité, qui n'était pas celle
qu'elle prenait quand elle faisait débauche à sa maison de la rue d'Enfer ou quand elle se commettait
avec Mme C***.

— Eh bien, oui ! me répondit-elle ; après? Est-ce
qu'il m'est défendu, en république, de recevoir encore des princesses ?

— Au contraire, lui dis-je, de cette façon l'aristocratie fait un pas de plus vers la démocratie. Je vous
félicite de cette nouvelle conquête.

— Trêve de plaisanterie, me répondit-elle. Où voulez-vous en venir avec celle qui se fait appeler chez moi *la Dragonne*, ou la *Perle-Noire*, et qui, vous devez le savoir, n'est pas plus princesse avec moi que votre singe de Thiers, à Versailles, n'est gentilhomme?

— Il ne s'agit pas, lui répondis-je, il ne s'agit pas ici de M. Thiers! mais de vous, de la princesse, qui dans votre monde, se démocratise au point de descendre jusqu'au rôle d'une hétaïre, dont elle adopte jusqu'au nom de guerre.

— Alors, me riposta-t-elle, s'il s'agit de la Dragonne et de moi, arrivez vite au fait, en me ménageant, de nouveau, vos amabilités.

— Eh bien! j'y arrive : dans quel but tenez-vous ensemble de si longues conférences avec la princesse?

— Probablement parce que nous nous plaisons!

— N'est-ce pas plutôt dans un but criminel?

Mme C*** pâlit, rougit, toussa, puis se remit.

— Est-ce que vous avez un mandat d'arrêt contre moi, pour anticiper sur votre questionnaire, auquel je ne répondrai que s'il vous est permis de m'envoyer chez le juge d'instruction?

— Non, je n'ai pas de mandat d'arrêt contre vous, lui répondis-je, car le cas qui m'amène n'est pas justiciable des lois.

Et je la regardai dans le blanc des yeux.

Cette fois Mme C***, quoique très cynique, très effrontée par état et par tempérament, n'osa soutenir mes regards. Elle courba la tête et rougit de nouveau.

Je profitai de son embarras pour ajouter :

— Mais, si la loi n'a rien prévu contre vos cas, il n'en est pas de même pour votre complice, toute princesse qu'elle est ! Vous savez la nouvelle mort qu'elle a failli causer à un jeune homme de famille entraîné dans sa maison maudite ? Eh bien ! je veux savoir de vous, madame, tout ce qui s'est passé à ce sujet.

— Est-ce comme une prière ou comme une menace que vous me posez votre ultimatum ?

— Comme une prière...

— A la bonne heure, ajouta-t-elle, en s'accoudant avec coquetterie sur le canapé où elle venait de s'asseoir pendant que j'étais en face d'elle, roulant mes pouces dans l'attitude recueillie d'un juge en séance. A la bonne heure ! alors je céderai à votre prière, je n'aurais pas cédé à votre menace. Or vous saurez que la Dragonne n'entraîne jamais personne dans sa maison, c'est à son corps défendant que ses amants la pressent de les y conduire.

— Attirés sans doute à cette maison des suicidés comme le papillon est attiré à la chandelle, pour s'y brûler !

— Est-ce que vous croyez à ces fables absurdes ?

— Je crois à l'histoire.

— Quelle histoire ?

— Mais l'histoire de l'homme qui s'est jeté par la fenêtre, de l'homme aussi qui s'est tué dans le jardin ? Enfin de mon jeune homme, qui a failli se tirer dans le cœur un coup de revolver !

— Eh bien ! qu'est-ce que cela prouve ?

— Que votre princesse est une scélérate, qu'elle
est passible de la cour d'assises.

— Vraiment! parce que la Perle-Noire ne veut
pas se donner à tous les gens qui, sous prétexte de
souper et de boire, se rendent avec elle à sa maison
de la rue d'Enfer?

— Où il se fait, dit-on, des bacchanales à révolter
tous les gens du quartier.

— Qui est-ce qui vous a conté cela? dit Mme C***
en haussant les épaules. Un de vos brigadiers pour
avoir de l'avancement! Je vous le répète, s'il fallait empêcher une jolie femme de se laisser faire
la cour par tous les imbéciles qui veulent se
tuer pour elle, la police du monde entier ne suffi-
rait pas à emprisonner toutes les coquettes, à
enfermer tous les serins! Votre jeune homme,
comme vous l'appelez, n'est que très fier aujour-
d'hui d'avoir voulu mourir pour une princesse!
Cela le pose, lui un roturier, lui le fils, je crois,
d'un ancien rôtisseur! Ah! il se plaint. maintenant
qu'il est l'objet des *racontars* du turf, maintenant
qu'il est à la mode? Eh bien! il est très difficile, le
petit rôtisseur!

— Non, madame, il ne se plaint pas! c'est la
justice qui se plaint, et qui informe, au sujet de tous
les scandales qui se passent depuis trop longtemps
à la maison des suicidés, par la faute, par la très
grande faute de votre princesse!

— Est-ce que vous croyez, ajouta-t-elle avec un
sourire aigu, que des princesses peuvent vivre comme
des mercières de la rue Saint-Denis ou des *Lucrèce*,
en filant la laine?

— En tous les cas, les princesses ont autre chose
à faire qu'à dévaliser les jeunes gens avant de les
tuer, comme vous le faites vous et elle, à la suite
des longues conférences que vous tenez ensemble
pour ourdir vos complots infâmes. Car mes notes
sont précises. Les voici telles qu'elles m'ont été
transmises par mes inspecteurs : « La princesse ★★★
se rend journellement chez la fille C★★★; c'est elle qui
lui indique les hommes riches qui se sont épris d'elle
et qui sont très disposés à se ruiner pour ses attraits
aristocratiques. Alors la princesse dite *la Dragonne*, dite *la Perle-Noire*, les entraîne à sa maison de la rue d'Enfer! Là, à la fin d'une orgie, en
présence de Mme C★★★ et de quelques hétaires
comme elle, la princesse n'est plus la Dragonne,
dite Perle-Noire. Alors elle défie l'amant de la posséder! Et si cet amant, surpris par l'ivresse, subjugué par ses charmes, veut passer outre, il s'engage en présence de ses compagnes, très friandes
de ce spectacle, un combat entre l'homme éconduit
et sa maîtresse intraitable. Comme la princesse joint
à une grande beauté une force extraordinaire, il
se trouve que souvent, dans la lutte, ce n'est
pas l'homme qui est le plus fort! Lorsqu'il est
terrassé, aux applaudissements de la galerie fémi-
nine, la princesse éternise sa victoire. Retenant
toujours son adversaire sous son genou, elle le marque, de la pointe d'une épingle à perle noire, à
l'arcade sourcilière, d'un trait de sang. Elle lui fait
une incision dont la trace, grâce à la pointe aci-
dulée, devient ineffaçable! Et c'est pour échapper
à ce stigmate ridicule que des amants désabusés

de leur idole, humiliés de ses mépris, ont préféré souvent la mort à ces outrages !

Lorsque j'eus fini de parler, j'aperçus Mme de C*** dans la même attitude méditative, le front courbé, les regards mélancoliques.

Enfin elle les reporta sur les miens et elle me demanda :

— C'est tout ce que vous savez?

— C'est tout ce que je sais, et j'en sais assez pour faire délivrer à Mme la princesse, qui ne vit plus sous l'Empire, un mandat d'amener.

— Qui vous ferait perdre votre place. La princesse n'a pas été pour rien maîtresse d'un roi et d'un fils de roi. On la soutiendra contre vous, même sous la République que vous servez si bien, on la soutiendra comme sous l'empire, que vous ne servez plus et que je sers encore !

— Comme vous servez les mauvaises passions de la princesse.

A ces mots, dictés par mon indignation, Mme C*** bondit comme une lionne. Ses yeux bleus me lancèrent de foudroyants éclairs, éclairs fauves et sinistres ; sa bouche se contracta, prête à me lancer une nouvelle injure. Cette fois je l'avais profondément blessée.

Puis elle s'arrêta, réfléchit et me dit d'un air sombre :

— Enfin que voulez-vous de moi?

— Que vous certifiiez par écrit, lui répondis-je, ce que j'avance ici d'après les rapports plus ou moins explicites de la Préfecture, rapports que j'ai complétés d'après mes conjectures personnelles basées sur l'expérience et sur votre attitude au moment où je vous parle.

Et je la regardai bien en face.

Elle me regarda de même et répliqua :

— Et vous ne direz rien de plus?

— Rien ! parce que le *plus* que je pourrais dire, serait inutile à la cause.

Elle me comprit ; elle me fit un signe approbateur, puis, prenant une plume, du papier qui était à sa portée, elle se mit vivement à écrire tout ce que je venais de lui énoncer concernant les faits mystérieux de la *maison des suicidés*.

Une heure ne s'était pas écoulée que j'avais en poche le récit plus ou moins détaillé des orgies de la petite maison de la rue d'Enfer, atténuées et embellies par la compagne de sa propriétaire.

Mme C***, malgré l'influence qu'exerçait sur elle la *Dragonne*, ne pouvait, à aucun point de vue, me refuser cette délation. N'était-elle pas de la police? Elle tenait à y rester autant pour se servir que pour trahir le nouveau gouvernement.

Enfin, j'avais des armes contre cette terrible pieuvre, contre la Dragonne qui continuait, comme autrefois, à faire tant de victimes.

Cette femme était d'autant plus à craindre que sa puissance égalait sa beauté.

C'était, d'après les chroniqueurs de l'ancien régime, une brune, au profil italien. Elle avait, écrivaient-ils, des yeux noirs, grands, effrontés, qui vous enveloppaient de la tête aux pieds. Piquante et superbe, croustillante ou majestueuse, elle prenait tous les rôles, toutes les poses, toutes les physionomies. Comédienne achevée, elle réunissait à la grâce *apprise* de la Parisienne, des allures de grande dame ; elle avait une beauté sculpturale ; ses formes splendides semblaient taillées dans le marbre le plus pur et le plus blanc. Elle était élancée et puissante ; elle possédait une forêt de cheveux noirs tirant sur le bleu et descendant en torsades serrées sur la nuque. Ses courbes séduisantes faisaient courir des frissons sur tous ceux qui en étudiaient les éblouissants contours ; c'était une brune qui fascinait. Elle n'avait qu'à vouloir, qu'à regarder pour éblouir et *tomber* son homme !

Sa beauté absorbante, sa grâce fascinatrice avaient des dons opposés à ceux de la blonde Mme C***.

Son type de vierge déchue ne pouvait que s'éclipser, se confondre dans la nature ardente de la *Dragonne*. C'était l'astre de cette étoile qui, près d'elle, n'était plus qu'un satellite.

Il était donc naturel que Mme C*** subît son pouvoir.

Si, malgré l'autorité que me donnait ma volonté de chef de la sûreté, la Dragonne eût été en ce moment auprès de Mme C***, il est certain que son pouvoir eût contrebalancé le mien.

Alors je n'aurais pas eu le précieux rapport qui me permit de faire exiler la Dragonne !

Cette fausse hétaïre, cette princesse véritable, en dehors du monde galant où elle satisfaisait ses goûts à la Sapho, avait des attaches dans toutes les cours étrangères.

La disparition de cette sirène titrée, de cette

hétaire d'occasion donnant un libre champ à ses goûts les plus dépravés, rendit service à tout le monde.

Sa disparition servit à son amie, Mme C***, qui commençait à se compromettre *personnellement*, avec cette dangereuse pieuvre. Elle sauva ainsi sa dernière victime, le malheureux qui, à la maison de la rue d'Enfer, avait risqué aussi sa vie pour elle.

Je fis venir ce jeune homme dans mon cabinet.

Une fois en tête-à-tête avec lui, je le sermonnai au nom de sa famille. Je le suppliai de ne plus penser à la dangereuse Circé qui s'était moquée de lui, comme elle s'était moquée de bien d'autres.

Ce jeune homme, aveuglé par la passion, voulut se récrier, protester. Je lui lus le rapport que je tenais de la complaisante de sa maîtresse.

Il resta pétrifié, ébahi, quand je lui dis avec une nuance de malice :

— Consolez-vous, mon jeune ami, vous ne vaincrez pas plus que d'autre l'aversion de la Perle-Noire pour tous ses amants. La marque qu'elle vous a faite au front est un stigmate que vous partagez avec beaucoup d'autres qui ont essayé avant vous de se faire aimer d'elle !

L'amour vit d'égoïsme et de vanité ! En apprenant que cette grande dame n'était pour lui comme pour tant d'autres qu'un jouet inutile, ne servant qu'à ses caprices, pour ne devenir qu'un numéro et un objet de rebut, le jeune homme se réconcilia avec sa famille. Il revint à la morale et retourna à la saine raison. Il est aujourd'hui un homme aussi raisonnable qu'il était autrefois une fou, un inutile courant au-devant du déshonneur et du suicide!

Grâce à la disparition de la Dragonne, il n'est plus question maintenant de la *maison des suicidés!*

CHAPITRE XII

L'AFFAIRE DE LA RUE DE SURESNES

Vers la fin de l'année 1862, deux jeunes filles, deux Bruxelloises, l'une aux yeux bleus et aux cheveux blonds dorés comme des épis, l'autre aux cheveux et aux yeux châtains, toutes deux d'une remarquable beauté, sortaient de la gare du chemin de fer du Nord.

Elles étaient accompagnées d'une dame d'un certain âge, à figure sinistre et qui aurait pu être leur mère. C'était une femme de cinquante ans. Sa physionomie, plus revêche que respectable, avait une expression aussi répulsive que celle des jeunes filles était heureuse et provocante!

Ces deux jolies personnes, de dix-neuf à vingt ans, étaient deux orphelines, c'étaient deux émancipées se rendant à Paris pour jouir avec entrain de la vie folle, de la vie parisienne.

Elles avaient fait connaissance, à la douane, d'une

dame qui, malgré son air rébarbatif et ses allures sordides, se donnait le titre de baronne de S***.

Au titre nobiliaire de cette dame, la connaissance n'avait pas tardé à s'établir sur un pied d'intimité entre les trois voyageuses.

La dame noble ayant demandé aux deux jolies filles où elles espéraient descendre à Paris, elles répondirent : « Au Grand Hôtel. »

La baronne se récria; prétextant que le Grand Hôtel ne recevait pas de dames seules.

La jeunesse est confiante, surtout lorsqu'elle rencontre une personne respectable qui se recommande par un titre aussi ronflant que séculaire.

Nos deux jeunes filles qui ne désiraient que s'instruire en s'égayant, s'empressèrent de demander à leur nouveau guide où elles pouvaient bien passer la nuit.

La dame les conduisit à la maison de la *rue de Suresnes,* dont elle était une des principales commanditaires.

Quelle était cette maison de Suresnes tenue par la soi-disant baronne S***, d'origine bruxelloise, avec la dame veuve R***, lingère à l'occasion, et qui, en réalité, n'était pas plus lingère que la S*** n'était baronne?

Cette maison était une maison de prostitution.

Elle avait à Bruxelles une succursale, tenue précisément par la dame S***, à la recherche de Paris à Bruxelles, de Bordeaux à Paris, de jolies mineures à l'usage de ses nombreux clients.

C'était à peu près la même histoire, la même organisation que j'ai signalée, par l'aventure du jeune Valaque, victime de la pensionnaire d'une certaine Mme C***, entretenant, par un banquier, trois maisons de prostitution de Bordeaux, Bruxelles, et dont le siège central se trouvait à Paris.

La maison de la rue de Suresnes était tenue par deux sœurs, les dames R*** et L*** ; la maison de Bruxelles qui recevait de la rue de Suresnes leurs pensionnaires, était aussi une succursale dirigée par la prétendue baronne S***.

Quand les deux jeunes filles racolées par cette baronne furent conduites le soir à sa maison de Paris, la police y opérait une descente.

Ce fut ce dénouement imprévu qui fit dire aux deux jeunes Bruxelloises égarées de gré ou de force dans ce lieu de prostitution :

« Pas de chance ! A peine parties de Belgique, à peine arrivées à Paris pour jouir de ses agréments, nous sommes arrêtées juste à notre arrivée. »

La veuve R***, et Mlle L***, mère d'une fille à son image, les deux directrices de la maison de la rue de Suresnes s'étaient installées sous les auspices d'un riche rentier, un libertin idiot.

Elles se disaient lingères comme Mme S***, leur correspondante, se disait baronne.

Elles continuaient d'exercer en apparence leur faux commerce de lingerie ; ce commerce servait de plastron ou de manteau au trafic plus lucratif, mais moins avouable, de filles mineures.

Elles n'avaient pas tardé à rencontrer la fortune, grâce à la marchandise de choix qu'elles s'étaient procurée par la bourse inépuisable de leur bailleur de fonds ; un Crésus, un gâteux, un libertin, le nommé O***.

Certaines actrices fort en vue, très en vogue, étaient venues mettre à la mode l'établissement de la rue de Suresnes, par leurs amours panachées, mystérieuses et renaissantes.

Un journaliste proxénète qui joua un très grand rôle dans les scandales de l'Empire, alimenta, de son imagination et de ses relations dans le *quart de monde*, la clientèle riche, mâle et femelle, de cet établissement aussi clandestin que malhonnête.

L'œuf de cette corporation de filles mineures à vendre, fut couvé au numéro 106 de la rue Neuve-des-Mathurins. A peine installées, les deux lingères dont l'une avait pour Alphonse un certain E***, l'amant à la fois de la mère et de la fille, quittèrent l'établissement de la rue Neuve-des-Mathurins. Il devint trop petit. Il fallut bientôt le transporter dans un local plus vaste, plus splendide et dans un centre encore plus mystérieux et plus tranquille.

On choisit la rue de Suresnes.

Lorsque l'on fit une première descente de police à cette maison de prostitution, on saisit des lettres très compromettantes entre ses associées de Paris et de Bruxelles.

Voici la lettre que la baronne S*** écrivait à la veuve R*** ; je la transcris avec son orthographe :

« A Bruxelles ce n'*es* pas comme à *Parisse*. On « n'a pas de dames à *choisir*. Une fois qu'une dame « *et* connue, il n'y a plus rien à faire. J'ai donné « hier votre adresse à 2 messieurs, très *chique* et

« un monsieur de Bruxelles qui a du *foin dans ses*
« *bottes.* »

Maintenant voici une lettre-circulaire de la veuve
R*** à ses clients et amateurs :

« Nous avons quitté le n° **106** de la rue Neuve-
« des-Mathurins pour venir prendre une installation
« beaucoup plus convenable, où nous vous tenons
« en réserve de véritables bijoux. Veuillez donner
« une petite visite à notre nouvel établissement,
« vous y trouverez tout ce qu'on peut espérer trou-
« ver dans l'écrin le plus riche. »

Voici encore une autre circulaire où la veuve R***
change de nom pour n'être plus que la simple *Au-*
gustine :

« Ceux qui aiment la belle peinture n'ont qu'à
« visiter nos tableaux d'un rare mérite. »

Mlle Augustine ou la veuve R*** voulait parler,
sans doute, de tableaux vivants.

Il est incontestable que cette proxénète, en fait de
peinture, n'entendait que le nu académique de ses
modèles ; ce qui constituait sa plus belle peinture !

Mlle Augustine, outre son commis voyageur E***,
l'*Alphonse* de Mme L*** et de sa fille, beau blond
de vingt-six ans, possédait encore une racoleuse
chargée de la pourvoir de jeunes filles pauvres.
C'était une vieille de soixante-deux ans ; on la nommait la veuve Brocard ; elle pratiquait dans les quar-

tiers excentriques de Paris et dans les ménages d'ouvriers pauvres le commerce qu'exerçait en grand, à Bruxelles, dans le monde galant, la baronne S***.

L'établissement avait pour commanditaire O***, le client millionnaire, aussi pauvre d'intelligence qu'abondamment pourvu de billets de banque.

Cet homme de cinquante ans, aux revenus aussi inépuisables que ses désirs, dépensait, à l'établissement de la rue de Suresnes, deux cents francs par jour pour avoir chaque jour une fille nouvelle.

Avec de telles ressources, de tels éléments de succès, la maison de Suresnes ne pouvait que grandir et prospérer.

L'imaginative n'y faisait pas plus défaut que le capital.

Ces lingères d'occasion, ces brocanteurs et brocanteuses d'objets d'art, dont la nature vivante formait le fonds le plus palpable et le plus productible, s'inspiraient aussi de l'intelligence, aussi ingénieuse que féconde, d'un ancien journaliste du temps du second empire.

Expert en consciences et en vertus à vendre, ce journaliste, caméléon de tous les régimes, ancien serviteur de Napoléon III, comme il était le serviteur de M. Thiers, ne faisait pas de différence entre les coulisses des théâtres et les coulisses de la politique.

Tout lui était bon pour battre monnaie, l'âme et le corps.

Comme Vespasien, sa fortune n'avait pas d'odeur quelle que fût la sentine d'où elle sortit.

Sa plume c'était un hameçon. Autrefois elle lui avait servi à pêcher en eau trouble les gens hostiles à son maître. Sous la République, elle lui servait à rabattre les adeptes de son ancien souverain pour le compte du nouveau gouvernement.

Il dînait de la République en ne se rappelant plus qu'il avait soupé de l'empire.

Comme les dîners de la République n'étaient pas aussi gras que les soupers de Compiègne, il ajoutait à son menu un dessert de son choix. Ce dessert, c'était la maison de la rue de Suresnes dont il ornait l'établissement par de gracieuses artistes.

Durant quelques mois, la rue de Suresnes eut une animation inusitée ; on vit continuellement des femmes en grande toilette aller et venir chez la veuve R***, puis des hommes ayant l'air d'appartenir à la haute classe de la société.

Le train brillant de cette maison, les scandales qu'elle amena, les plaintes qu'elle provoqua de la part de certains pères de famille, en quête de leurs enfants, plus ou moins égarées, finirent par mettre en éveil la police, par occuper spécialement le bureau des mœurs.

Un jour, un commissaire de police, suivi d'un nommé Gogo dit Rigolo, puis de mon agent Œil-de-Lynx, arrivèrent inopinément dans cet hôtel, trop garni de mineures.

A l'arrivée du commissaire et de ses agents, les femmes fuirent de tous les côtés ; elles se cachèrent derrière les tentures, jusque dans les cabinets les plus secrets.

Dans une chambre du premier étage, bien qu'il fît alors grand jour, Rigolo et Œil-de-Lynx furent bien surpris d'entrer dans un salon, aux tentures fermées, rempli de lumières, d'y trouver un homme ayant assises à côté de lui deux jeunes femmes de dix-huit à dix-neuf ans à peine.

C'étaient les deux sœurs dont j'ai parlé au début de ce chapitre, plus surprises de la désagréable visite du commissaire et de ses agents, que de leur tête-à-tête à trois conçu par leur obligeante cicerone, la baronne de Bruxelles.

On saisit dans l'établissement de la rue de Suresnes toute une collection de photographies des femmes à la mode, à l'usage de tous les lupanars de l'Europe.

On cueillit l'inspecteur de la maison, l'amant de l'associée de Mme veuve R***, de la soi-disant Augustine, amant utile de la sœur L***, celle-ci eut l'art de filer à l'approche du commissaire.

Son amant était un magnifique garçon de vingt-six ans, frais et rose, à la barbe soyeuse, qui, à l'encontre de ses patronnesses, n'avait nullement le physique de l'emploi.

Lorsque Mme R*** fut arrêtée avec E***, l'Alphonse de cette sœur d'Augustine, elle se dit encore marchande de lingerie.

On ne trouva, rue de Suresnes, en fait de lingères que dix-huit jeunes filles mineures.

On saisit avec les propriétaires de l'établissement, avec tout son matériel féminin, le jeune E...

Ce serviteur intéressé de ces dames était aussi le sultan de la mère et de la fille.

Le pourvoyeur E*** touchait, pour sa part, vingt francs sur chaque jeune fille racolée par ses soins et par les soins de ses commis mâles et femelles.

Les agents Rigolo et Œil-de-Lynx mirent aussi la main, au moment de cette descente de police, sur le nommé O***, l'homme de cinquante ans, le libertin idéal, qui donnait chaque jour deux cents francs à l'établissement pour avoir tous les jours une fille nouvelle.

C'était un homme caduc avant l'âge, au teint décoloré, un chauve aux paupières demi-closes, aux lèvres pendantes et aux chairs flasques. Lorsque M. O*** fut interrogé par le commissaire, à peine put-il le comprendre et lui répondre par monosyllabes.

Le commissaire mit aussi la main sur un prétendu homme du monde qui dit se nommer Lesourd.

Cet homme n'était en réalité qu'un faussaire recherché depuis très longtemps par la police.

La rencontre inopinée de ce bandit dans cet endroit suspect rendit un véritable service à la famille Lesourd, dont il avait pris le nom avec une impunité sans égale.

Le lendemain de cette arrestation à la rue de Suresnes, la femme du véritable Lesourd apprit que son mari, absent en effet à l'heure où le faux Lesourd avait été arrêté, avait été pris en flagrant délit dans une maison de prostitution, l'épouse indignée entra dans une violente fureur contre son innocent époux.

Le mari répliqua à sa moitié, abusée :

— Qu'il était aussi pur que le jour qui l'avait vu naître, qu'il ne connaissait pas même de réputation les sirènes de la rue de Suresnes !

Et la preuve, ajouta-t-il :

— C'est que je suis auprès de toi. C'est que je ne suis pas arrêté comme ce misérable qui, en cette occasion comme en tant d'autres, se pare de mon nom pour commettre ses infamies. Encore une fois, ma bonne amie, je suis la dupe de mon sosie, de mon infatigable, de mon insaisissable sosie ! C'est encore la faute à *Equipé !*

Equipé était le nom de ce chevalier d'industrie.

Depuis nombre d'années, Equipé, qui cependant, par ses nombreuses aventures, était si bien dénommé, avait emprunté le nom moins ronflant de Lesourd.

Quoique ce nom fût bien moins caractéristique que le sien, il s'était mis dans la peau du Lesourd, à la suite de différentes circonstances désagréables que je vais brièvement raconter.

Equipé débute par commettre un faux au préjudice de la préfecture de la Seine. Dans ce faux, il prend le nom du Lesourd en question. Il est condamné, pour ce fait, par la cour d'assises à dix ans de travaux forcés. Mais il ne répond pas plus à son mandat d'amener qu'à son mandat d'arrêt ! Il s'engage avec les papiers du véritable Lesourd. Au régiment, il ne tarde pas à déserter. Et c'est le véritable Lesourd qui est pris à sa place. On reconnut enfin l'erreur ! Et cette fois l'invisible Equipé a une nouvelle condamnation de dix ans de travaux forcés !

Mais Equipé subit sa peine d'une façon toute platonique ; il continue à devenir invisible. Profitant de ses études au collège Louis-le-Grand, il se fait professeur sous le nom de Lesourd. Il se marie en 1863, en faussant tous ses actes civils. Devenu veuf, il se remarie avec les mêmes papiers! Ce n'est qu'en 1872, lorsqu'il donne un coup de canif trop violent à son contrat illicite, que le faux Lesourd, l'adroit Equipé, trop bien nommé cependant, est dénoncé par le vrai Lesourd à la préfecture de police.

Il fallut l'affaire de la rue de Suresnes pour découvrir le faux Lesourd, l'audacieux Equipé qui contrariait depuis trop longtemps le digne, le seul vrai propriétaire du nom d'emprunt de son gênant copain!

Le commissaire, en poursuivant ses investigations qui l'amenèrent à des captures imprévues, met aussi la main sur la veuve Brocard.

Cette vieille racoleuse de mineures pauvres ne jouissait pas, comme l'état-major de la rue de Suresnes, du privilège accordé à la signature sociale : *Augustine*.

Elle se contentait de prélever tant pour cent sur les jeunes filles prises dans ses coups de filet ; on saisit chez elle une lettre ainsi conçue, signée de la baronne S***, la directrice de la maison de Bruxelles :

« Envoyez-moi une Irlandaise aux yeux bleus. C'est pour un prince; écrivez-moi, poste restante, à Spa. »

La baronne S***, dans l'intérêt de son commerce, faisait aussi bien le voyage de Bruxelles à Spa, que de Bruxelles à Paris : elle prêtait parfois des sommes considérables aux femmes bien lancées , comme savait le faire le journaliste de l'établissement qui produisait ses sujets non seulement à l'établissement de la rue de Suresnes, mais dans toute la haute gomme.

Le banquier de cette honnête maison se payait, intérêt et capital, sur toutes les mineures soumises à la maison. M. O*** était si abruti qu'il ne sut à l'audience que répondre.

Lorsqu'il parut à la barre, ce fut la dame R***, la matrone de l'établissement, qui répondit pour lui quand le juge lui demanda :

— M. O*** était le banquier de votre maison?

— Oui, monsieur.

— Tous les matins on lui menait une femme?

— Oui, monsieur.

— Jamais la même ?

— Non, monsieur.

Mme R***, qui se disait lingère, prenait sur sa marchandise cinquante francs sur les cents francs, prix convenus et cotés pour chaque mineure vendue aux clients de son établissement.

Comme je l'ai dit, E***, le cornac du troupeau féminin, avait cinq francs par chaque jolie tête.

Il était, comme je l'ai dit encore, l'amant de la sœur de la patronne; il passait pour être l'amant de sa fille.

La maison de la rue de Suresnes était aussi le refuge galant des filles de théâtre et des jeunes dames qui s'y rendaient en cachette de leur amant.

On offrit à l'une d'elles la somme de cinq cents francs pour aller se dérober avec un riche inconnu, peut-être avec M. O***, à cet établissement par trop hospitalier.

Cette dame nia à l'audience ce marché.

Le journaliste proxénète, qui était au courant de toutes les négociations des matrones de la maison, dit au tribunal que cette dame lui avait raconté le fait.

Ce fut le brigadier Gogo, dit Rigolo, le brigadier des mœurs, qui rencontra dans une chambre de cette maison, dans un costume aussi diaphane que galant, les deux jolies Bruxelloises flirtant avec un bel inconnu.

Elles répétèrent à l'audience ce qu'elles avaient dit dans le procès-verbal :

« Qu'elles venaient de Belgique, qu'elles n'avaient pas eu de chance d'être arrêtées juste à leur arrivée. »

Quant à la fille de la sœur de Mme R***, associée de la matrone, qui passait aussi pour être l'amante de E***, elle répondit au juge avec un cynisme qui n'était pas de son âge.

Alors détenue à Saint-Lazare, elle parut à l'audience, vêtue du costume de la prison. Le président lui demanda :

— Votre profession ?

— Je suis musicienne, lui répondit-elle en battant la mesure de ses doigts. J'étudie le piano pour donner plus tard des leçons aux autres.

— Vous avez été en Suisse avec votre mère ?

— Oui, monsieur, ma mère et moi nous aimons beaucoup les voyages. Ça change !

— Est-ce que E*** passait pour votre beau-père ?

— Oui, car il était l'associé de ma mère.

— Et de vous?

— Oh non! Il n'avait pas d'argent. En Suisse, j'ai fait un amant. Je ne voulais pas de l'amant de ma mère.

— Avez-vous eu des relations avec O*** ?

— Oui, mais c'était sans conséquence!

A cette réponse, le magistrat baisse les yeux, il se pince les lèvres avec dégoût, il dit sèchement à cette éhontée :

— C'est bien! allez vous asseoir.

On appelle une nommée Gabrielle, autre mineure de dix-neuf ans, qui s'obstine à appeler Mme S***, de Bruxelles, « sa chère baronne ».

— Pourquoi baronne? demande le juge.

R. — Parce que je l'ai toujours entendu appeler comme ça. Du reste, dans le monde, ça fait bien.

D. — Elle vous a procuré un amant?

R. — Pourquoi faire? j'en avais un.

D. — Alors, pourquoi vous a-t-on trouvée chez Mme R*** ?

R. — J'ai connu Mme R*** chez moi, lorsqu'elle faisait la place pour m'offrir de la lingerie. J'ai été chez elle pour voir sa marchandise.

D. — Vous ignoriez quel pavillon couvrait cette marchandise?

R. — Oh non! je savais en réalité que Mme R*** détournait des mineures et qu'elle offrait ses services à des hommes mariés. Elle causait toilette aux femmes et les renseignait sur la maison de la rue de Suresnes.

Comme la précédente, elle a un langage qui démonte le magistrat.

Une grande dame mondaine, ayant équipage et chevaux, est citée à l'audience, comme ayant été une des pensionnaires des deux sœurs R*** et L*** par l'intermédiaire de la *baronne* de S***; celle-ci lui a prêté 7,000 francs, sur *ses économies*, prétend la prêteuse.

Cette dame qui, relativement, jouit d'une position assise, sinon honorable, hésite à se présenter au tribunal. Contrainte à paraître à la barre pour éviter la force armée, elle exige que le journaliste qui l'a lancée paraisse avec elle à l'audience.

C'est une femme d'une merveilleuse beauté. On la distingue à peine derrière sa voilette qu'elle tient constamment baissée pendant tout le temps que dure son interrogatoire.

Alors il se passe un phénomène qui fait honte à notre pauvre humanité.

Lorsque cette dame se présente, lorsqu'elle retire ses gants pour jurer devant le tribunal, elle les laisse tomber par mégarde ou par émotion.

Alors O***, le banquier du lupanar de la rue de Suresnes, l'homme inerte, sans parole, sans regard, sans intelligence, ramasse vivement les gants de la dame; l'œil ardent, un sourire de satyre sur les lèvres, il les présente d'une main fébrile à la jolie propriétaire, qu'il ne quitte plus du regard.

C'est à la fois répugnant et horrible à voir. Lorsque le tribunal prononce son jugement contre les cinq complices, contre les cinq propriétaires de la maison de la rue de Suresnes, où l'on faisait si bien la traite des blanches, O***, le vieillard cynique, l'être inconscient, est renvoyé des fins de la prévention sans dépens. Il est soumis par arrêt à un conseil de famille, ce n'est plus qu'un cynique tombé en enfance !

La veuve R***, possédant la signature sociale sous le nom d'*Augustine*, est condamnée à deux ans d'emprisonnement; la S***, la baronne, à trois mois; la fille de Mme L***, la sœur de Mme R***, à trois ans de prison. De plus, elle est soumise à un conseil de famille pendant dix ans.

La veuve Brocard, une vieille chouette de soixante-trois ans, chargée de racoler des Fleur-de-Marie frelatées, au compte des tapis-francs du grand monde, est condamnée à huit mois de prison.

Quant au journaliste, proxénète en tout genre dont les services rendus se comptent aussi bien dans les antichambres princières, dans les salons des banquiers que dans les alcôves des impures, il a l'art de se mettre hors de cause.

Sa personnalité trop connue, si elle eût été en évidence dans cette affaire, aurait déchiré un trop long voile sur les mystères de la maison de la rue de Suresnes; et ces mystères resteront éternellement à l'état... de problèmes !

CHAPITRE XIII

LES MANIAQUES ET LES AFFOLÉS

Ce qui se passa durant la période de 1869 à 1872 eut lieu aussi bien dans la société que dans la cervelle de chaque individu. Il s'opéra un état de bouleversement et de désorganisation, aussi funeste à l'économie individuelle qu'à l'économie sociale. Il se traduisit par des altérations, des hallucinations qui amenèrent de nombreux cas de folie.

Des espoirs déçus, des humiliations horribles, à la suite de la guerre et de l'invasion où la France ne fut plus l'*Invincible* de 1792, la *Glorieuse* de 1810, la *Dominatrice* de 1860, provoquèrent chez certains patriotes de violents accès de démence.

Les privations du siège, les alternatives d'espoirs qui énervaient tous les assiégés, achevèrent l'œuvre rêvée par un cerveau impérial et malade qui mit la France au niveau de ses hallucinations, dès que la patrie, affolée, tomba désarmée aux pieds du vainqueur !

La Commune surgit sous le talon de l'ancien reître, elle fut conçue d'abord par des citoyens indignés, à bout de honte.

Si la Commune se termina par l'incendie et par le sang, ce fut sous les ordres de bandits internationaux dont l'ennemi fournit la torche, le glaive et le pétrole.

Il y avait bien de quoi rendre fous les Français habitués par leur passé, surtout par les flatteurs de leur passé, à se considérer comme les maîtres du monde, les pionniers de la civilisation et du progrès.

Ce fut ce qui arriva pour la partie la plus saine, c'est-à-dire la plus crédule de la population parisienne.

La Commune est née d'abord de cette généreuse crédulité.

Ses plus fougueux héros n'ont pas tous été des fous féroces, la Commune a eu ses fous sublimes.

Ceux-là sont morts pour purger de leur sang les crimes de certains monstres et pour se délivrer avant tout de leurs odieuses responsabilités.

Les femmes de ces illuminés, les femmes dont les facultés affectives sont plus disposées que les hommes, au désorganisme né des perturbations de la passion et du fanatisme, figurent en 1870-71, en tête de la liste des maniaques et des affolés.

Je vais en citer quelques exemples.

Ce fut la *manie* poussée jusqu'à la furie qui provoqua dans les rues, sur les barricades et sur les remparts, les légions de femmes soldats, petites filles des Théroigne de Méricourt.

Ce fut sous l'empire de leurs désirs hystériques qu'elles assouvirent leurs passions, toutes de haine, ne pouvant être toutes d'amour.

Ce fut la *manie* poussée jusqu'à l'égarement qui provoqua dans les clubs, dans les rues, sur les remparts, la formation de ces bataillons de fusilières, d'artilleuses, de fuséennes et pétroleuses.

En proie à leurs désirs hystériques, elles assouvirent leurs passions avec toute la rage que donnent la volupté et l'amour.

Alors on les vit déguisées la plupart en vivandières ; les plus forcenées coururent bras nus, bonnet rouge au vent, drapeau et fusil sur l'épaule, monter la garde sur les remparts, pousser et pointer des canons sur les barricades.

Elles étaient prêtes à se faire tuer parce que le fanatisme de la révolution, comme le fanatisme de la religion, d'autrefois, leur défendait d'aimer.

On vit comme au club Saint-Eloi, dit : *Club Eloi*, un bataillon de femmes chargé d'arrêter les réfractaires de la Commune et de les fusiller.

Un jour ce bataillon féminin apprend qu'une boutiquière, dont le mari est parti pour ne pas servir la Commune, a remplacé temporairement son époux ; ce remplaçant est son premier garçon.

Préférant Vénus à Mars, ce réfractaire s'était blotti, avec la moitié de son bourgeois, au fond de sa boutique, pour former avec elle, jusque dans son alcôve, un hymen cimenté par l'amour et rendu plus indissoluble par la peur.

Le bataillon du club Eloi apprend la cachette de ce réfractaire, jeune employé du mari aussi trompé que réactionnaire.

Le lieutenant femelle des Amazones de la république n'hésite pas, au nom du comité de salut public, à investir la boutique.

On la fouille partout, au nom de la loi martiale.

Les intrépides gendarmes, en carmagnole, ne tardent pas à découvrir, caché sous le lit, le galant du mari qui a oublié Versailles, Paris, la Commune, pour Cythère.

Les femelles rouges sont d'autant plus furieuses que plusieurs d'entre elles, par leur aspect désagréable, par leur âge plus ou moins respectable, n'ont plus de pareilles fautes à commettre. Ils emmènent le voleur de cœur, au grand émoi de l'épouse coupable qui, en fait de mariage, comprend aussi la communauté !

Les soldats femelles tirent par les jambes, empoignent, mordent, griffent l'amant plus mort que vif, pendant que la femme adultère tombe en syncope. Nos guerrières le poussent dans leurs rangs, elles lui crient simultanément, en le traînant en prison :

— Ah ! fainéant ! Propre à rien ! Canaille de Versaillais ! Ce n'est pas assez, pour ton patron, de nous canarder à Versailles sous les ordres du Foutriquet, il te laisse ici pour nous moucharder ; et toi, sous prétexte de le servir, tu l'aides à le coiffer ! Eh bien, nous allons le venger tout en nous vengeant ; en route, galant réfractaire !

Il est traîné par les vengeresses de la Commune et... du mariage légal à la prison du poste, pour être mené le lendemain matin à la Conciergerie.

Arrivé devant son nouveau juge d'instruction, ce juge demande à ce prisonnier des femmes :

— Pourquoi avez-vous été mis en prison ?

L'amant, qui ne veut pas compromettre la patronne, répond :

— Ma foi ! je n'en sais rien !

— Ni moi non plus ! répond le juge. Il donne l'ordre qu'on le relâche.

La réponse de ce magistrat improvisé à cet homme amené devant lui par des femmes, parce qu'il refuse de prendre le fusil, porté par le sexe faible, donne un aperçu de cette époque où tout était bouleversé jusqu'aux lois de la nature !

Le bon sens était partout outragé, la folie partout à l'ordre du jour.

Un autre exemple de monomanie furieuse va le prouver encore.

Les époux D*** avaient mené pendant douze ans une existence à peu près paisible, lorsque survint l'année terrible.

Le mari D*** se souvint alors que sa femme d'origine allemande avait été courtisée avant lui par un cousin prussien !

Aux premières nouvelles de nos défaites, D*** croit remarquer que sa femme ne partage pas la haine de la France contre la Prusse.

Sa jalousie si longtemps endormie se ranime avec l'amour national ! Il prétend que si sa femme ne fait pas des vœux pour que la France reprenne le dessus sur l'Allemagne, c'est parce qu'elle aime son cousin ?

La femme, blessée dans sa vertu, dans ses affections, répond avec acrimonie.

Elle ne fait rien pour éviter les scènes violentes
qui aigrissent ce mari patriote, aussi jaloux de son
épouse que de l'honneur de la France.

Cette double jalousie finit par le rendre tout à
fait maniaque.

Il se dit que le cousin prussien n'a pas cessé de
voir sa femme !

Il se persuade que sa moitié est une espionne
placée à son foyer.

Il porte plainte à la police. Dès que la guerre est
terminée, il écrit au parquet. Il prétend, dans la
plainte qu'il envoie au procureur, que sa femme n'a
cessé durant le siège, sous la Commune, durant
l'invasion, de communiquer avec l'Allemagne, par
l'intermédiaire de son cousin.

Il dénonce, comme preuve à l'appui de son dire,
un miroir *indiscret*, un miroir maudit mis juste en
face de l'une de ses fenêtres. Il soutient que ce miroir
appartenait à des locataires intéressés à loger vis-à-
vis de lui ; c'était, prétend-il, un moyen de savoir
tout ce qui se passait dans son intérieur.

Il ajoute que son cousin a fait mettre ce miroir ;
car son propriétaire était, comme son parent, un
Allemand. Lors de la guerre, cet Allemand dut, conformément aux prescriptions françaises, quitter la
France ; mais le miroir resta.

Il est persuadé, termine ce maniaque, dans sa
plainte, que ce réflecteur a compté pour beaucoup,
avec les manèges de sa femme contre la France,
dans les malheurs de l'invasion.

Ce maniaque était d'autant plus malheureux des prétendues tromperies de son épouse, qu'elle a fait de lui, malgré lui, un traître à la patrie !

Cet insensé, en envoyant ces dépositions au parquet, ne cessait de faire des scènes à sa femme.

Après m'être convaincu, sur le texte des déposition de ce maniaque, que j'avais affaire à un monomane, j'envoyai plusieurs inspecteurs pour le surveiller dans son quartier.

Il habitait un petit appartement au cinquième étage dans le XVe arrondissement.

Trois jours après le dernier rapport que je reçus de lui, la femme fut en butte, de la part de ce patriote exalté, à une scène de jalousie féroce.

Pour se soustraire à ses outrages, elle courut se réfugier chez une voisine demeurant sur le même corridor.

Le mari jaloux entra précipitamment chez la voisine, elle était sortie pour aller probablement chercher du renfort. Trouvant sa femme seule, il se précipita sur elle et essaya de l'étrangler. Elle échappa à ses poursuites et à ses étreintes.

Le mari la poursuivit encore.

Alors elle saute par la fenêtre, le mari y saute avec elle.

L'épouse descend de la fenêtre sur le toit, l'époux la suit toujours.

La malheureuse pousse des cris déchirants.

Les voisins s'émeuvent.

Les inspecteurs que j'avais chargés d'explorer les environs accoururent avec des gardiens de la paix.

Ils ne peuvent atteindre le mari, que tous les gens à sa poursuite rendent plus furieux.

Pendant qu'ils tentent de l'atteindre, celui-ci se rapproche de sa femme, déjà à l'extrémité descendante du toit. Tous les deux se trouvent debout, suspendus dans le vide, placés sur un cheneau étroit.

Une lutte s'engage, lutte terrible où, à chaque instant, le moindre mouvement peut les faire tomber dans la rue.

Alors mes inspecteurs, ceux qui sont restés en bas, se hâtent, avec les voisins, de couvrir le sol de matelas, de paille, afin d'amortir une chute immanquable.

L'époux furieux a saisi sa femme par les cheveux.

Il va la lancer dans l'espace.

Une exclamation d'horreur s'échappe de toutes les poitrines oppressées et haletantes.

La femme parvient encore à se retenir. Elle reste un instant suspendue dans le vide.

Le forcené la ressaisit.

Il l'empoigne par la nuque, la fait tournoyer dans l'air avant de la jeter sur le pavé. Un voisin, spectateur à la fenêtre d'où sont partis le mari et la femme, crie au premier, à la vue de cette scène saisissante :

— Misérable ! veux-tu donc finir comme Troppmann ?

Ces paroles paraissent avoir un effet magique sur le maniaque. Il retire sa femme du bord du toit ; il la repousse vers la fenêtre et la sort brusquement de cette position critique ; puis il la ramène au logis.

Là il y trouve mes inspecteurs, qui l'arrêtent.

Le maniaque se laisse arrêter sans résister. Il se contente de dire, chez le commissaire où il est emmené :

— Vous ne voulez pas que je punisse celle qui m'a trahi et qui a trahi la France, parce que vous êtes des traîtres comme les autres ! Vous me punissez, quand c'est ma femme qui devrait être punie ! Eh bien ! emmenez-moi !

On l'emmena en effet, non au Dépôt, mais à Bicêtre. Le maniaque y devint fou !

Que j'en ai vu de ces fous du même genre, tourmentés par cette même idée fixe, la trahison !

Ils se promenaient le soir sur les remparts que notre million de soldats parisiens n'avaient pu défendre.

Je les voyais, le geste menaçant, les yeux sanglants, la bouche crispée et écumante. Ils jetaient à l'horizon des imprécations contre des ennemis invisibles.

C'étaient des affolés de patriotisme ; ils criaient à des adversaires imaginaires :

— Non, non ! nous n'avons pas été vaincus. Nous avons été vendus !

La France, dans la personne d'un grand nombre de ses enfants, ne peut se persuader encore aujourd'hui qu'elle n'est pas toujours la France invincible.

L'attitude timorée, les discours navrants du verbeux Trochu ont fait plus de mal à la population parisienne que les obus des ennemis.

On ne se doute pas de la quantité innombrable de victimes qu'a faites la folie du patriotisme, folie sublime, après tout, et qui ne disparaît qu'avec la virilité d'un peuple. A Paris le peuple français a bien mérité de la patrie!

En voici un autre exemple. Il est aussi terrible que celui que je viens de citer.

Un vieillard de quatre-vingts ans habitait un riche hôtel sur la place de l'Arc-de-Triomphe.

C'était un ancien militaire; il avait fait toutes les campagnes du premier empire.

Colonel du temps de *l'autre*, il avait brisé son épée au retour des Bourbons. Son fils, ancien capitaine, était mort à la campagne d'Italie.

Le vieux colonel habitait avec ses petits-enfants, qui, pour ne plus courir les hasards de la guerre, avaient préféré entrer dans la banque. Ils jouissaient, en raison de leurs attaches à l'Empire, d'une très haute position. Ces petits-fils entouraient leur grand-père, ancien officier de cuirassiers, d'un respect et d'une sollicitude qui tenaient de la vénération.

Lorsque ce vieux débris de la Grande-Armée apprit la nouvelle de la guerre de Prusse, il entra dans une joie inénarrable :

— Ah! mes enfants, s'écria-t-il, que je regrette que vous n'ayez pas fait comme votre père. Il est mort, il est vrai, sur le champ d'honneur. Et s'il vivait comme vous, il vengerait comme vous nos désastres de Waterloo! Que n'ai-je vingt ans de moins, moi aussi, je ferais payer cher à ces maudits Prussiens tous nos affronts de 1815!

Mais les petits-enfants du vieil héros d'Iéna ne partageaient plus la haine ni la confiance de leur grand-père.

Lorsque l'annonce de nos revers transpira dans tous les journaux, les enfants de l'ancien colonel eurent bien le soin de les lui cacher.

Comme le vieux héros était avide de connaître nos victoires, sa famille se chargeait de lui lire, en caressant sa gloriole, les nouvelles de la guerre.

Le grand-père était à moitié aveugle. Il était facile à ses petits fils de travestir dans leurs lectures les nouvelles désastreuses de la guerre qui nous parvinrent après Reischoffen, après le désastre de Sedan.

C'était un subterfuge que l'amour filial peut seul produire. Le confiant vieillard, qui ne pouvait plus sortir de sa chambre, parce que ses jambes étaient aussi mauvaises que sa vue, le confiant vieillard crut sur parole les lectures mensongères, consolantes et flatteuses de ses petits-enfants.

Tout ce qui avait trait aux malheurs de la France était mis sur le compte de l'armée prussienne.

Quand vint le siège, la famille du vieux colonel donna l'ordre aux domestiques de ne faire pénétrer aucun journal chez leur grand-père.

Par un hasard malheureux qui servit les petits-enfants, à l'époque du siège, une indisposition du vieillard le força à garder le lit, à s'isoler de toutes les choses extérieures.

Lorsqu'il se rétablit, les Prussiens faisaient leur entrée dans Paris. Ils se préparaient à passer sous l'Arc de Triomphe.

Le vieillard entendit le bruit extraordinaire, les clameurs de la population vaincue forçant l'état-major de la Prusse à ne pas passer sous l'arc triom-

phal, parce qu'ils avaient épuisé Paris sans le vain-
cre. Ces bruits insolites vinrent frapper étrange-
ment les oreilles du vieil officier du premier empire.

Pour la première fois un terrible soupçon traverse
l'esprit du vainqueur d'Iéna.

Il se dit que ces clameurs ne ressemblent en rien
à des cris de triomphe.

Il demande, avec une inquiétude mêlée d'an-
goisse, à ses enfants, qui ne le quittaient pas à ce
moment critique :

— Quels sont ces cris ?

— Ce sont, répondent-ils, les cris de triomphe
du peuple de Paris, qui fête l'armée française, et
acclame les vainqueurs de Berlin !

— Je veux voir, je veux voir ! se récrie le vieux
soldat. Il se précipite sur le balcon de sa fenêtre
lorsque le peuple furieux défend aux vainqueurs
de Paris le passage de l'Arc de Triomphe.

Avant que les petits-enfants du vieux cuirassier
aient le temps de le suivre sur le balcon de l'appartement, celui-ci a tout vu, tout compris, tout
embrassé du regard !

Il a reconnu les casques à pointe des Prussiens,
les uniformes de l'état-major de l'empereur Guil-
laume.

Le vétéran du premier empire pousse un cri de
douleur et de rage.

Il se frappe le front ; il est fou de douleur.

Ses yeux prennent une expression égarée ; il
s'écrie, en se précipitant du balcon sur la chaussée:

— Encore ! encore l'invasion ! Encore le roi de
Prusse ! comme en 1815.

Et l'ancien colonel, affolé de douleur et de rage, tombe, le crâne fracassé, aux pieds du vainqueur du second empire.

Dans sa folie, il s'était dit qu'il avait vécu trop longtemps depuis Waterloo.

La vérité, qu'on lui avait tenue cachée depuis Sedan, avait amené dans son esprit affaibli une réaction trop pénible.

Un transport au cerveau l'avait envahi en face du nouveau tableau de notre défaite.

Cette victime de la guerre me rappelle un autre affolé, victime de la Commune et du massacre des otages de la Roquette.

Cet homme, cet affolé, avait été, sous la Commune, un des lieutenants du 66e bataillon de fédérés ; il avait fait partie de son peloton d'exécution.

C'était un ancien artiste, républicain exalté. Il avait enfin reculé devant les horreurs commandées par les chefs dirigeants du Comité de Salut public.

Lorsqu'il fut désigné pour diriger le peloton qui devait fusiller à la Roquette les six principaux otages, ce lieutenant prit peur. Il brisa son sabre et se refusa à commander le feu.

Dans le désarroi causé par l'entrée des troupes dans Paris, il put traverser les lignes bien éclaircies de ses soldats. Il parvint à s'enfuir du côté des remparts gardés par les Prussiens, et éviter ainsi les représailles de l'armée de Versailles.

Une fois hors de danger, les terribles tableaux dont il avait été le témoin, plus ou moins volontaire, avaient frappé son cerveau et dérangé sa raison.

Jusque vers la fin de 1872, cet ancien lieutenant

des insurgés erra de bourg en bourg, il se croyait toujours poursuivi par les vengeurs des six principaux otages de la Roquette, au nombre desquels l'archevêque de Paris et le curé de la Madeleine tombèrent morts contre le chemin de rondé.

Il était fou de terreur.

Un tremblement convulsif agitait ses membres ; il roulait à chaque instant des yeux égarés.

Au moindre bruit, il croyait entendre un gendarme passer derrière lui, prêt à lui demander compte de ses faits et gestes dans les terribles scènes auxquelles il avait assisté.

Le temps, loin de calmer ses terreurs, loin d'apaiser sa fièvre, ne fit que les augmenter.

Il avait toujours sous les yeux les images épouvantables de la semaine de mai, au moment où son bataillon avait reçu l'ordre de Ferré de retourner à la Roquette, de fusiller les six principaux otages.

Ces images terribles le poursuivaient avec le souvenir du châtiment qu'il n'avait pas eu la force d'exécuter.

Il voyait, comme des fantômes menaçants, les six victimes désignées au feu de son peloton : l'archevêque de Paris, Deguerry, Bonjean, Leclerc, Allard et Ducoudray ; il les voyait rangés encore contre le mur de ronde, en face des chassepots de ses soldats prêts à faire feu.

Lorsque la nuit arrivait, il était en proie à des cauchemars épouvantables. Il lui semblait entendre comme des bruits de sonnette électrique. Il était persuadé qu'il revoyait les couloirs de la Roquette, qu'il les traversait de nouveau pour se rendre dans la cour avec son peloton.

Il apercevait, descendant une à une, les six victimes dans le chemin de ronde. Elles se replaçaient sous ses yeux contre le mur, en lui criant toutes, d'une voix calme mais attristée : « Frappez ! frappez au cœur. » Alors le malheureux, pâle, livide, la sueur au front, leur criait, comme il avait crié autrefois à ses soldats impassibles, dédaigneux ou goguenards :

— Pitié ! pitié !

Il revoyait tout, exactement tout ce qu'il avait vu à cette époque :

Il voyait un sergent prendre son commandement, et à défaut de l'arme brisée du lieutenant, emprunter le sabre d'un camarade pour commander le feu à sa place.

Il entendait la décharge

Il voyait tomber les cinq morts du coup ; il voyait, après la décharge, l'archevêque rester debout au mur avec le même calme que s'il n'eût pas été criblé de blessures.

Il réentendait un second commandement de l'impitoyable sergent, résumé par ce seul et éternel mot :

— Feu ! feu !

Et l'archevêque tombait.

Et le lieutenant, affolé, se sauvait à toute jambe pour ne pas revoir, comme autrefois, les quelques gardes qui avaient obéi au dernier commandement et donner le coup de grâce aux otages !

Toute la nuit, cette même scène de carnage se représentait à son cerveau. Il l'apercevait, endormi, il la voyait, éveillé. Elle se groupait dans sa tête endolorie comme sur la toile d'un tableau! c'était l'archevêque donnant sa bénédiction au prêtre Allard avant de mourir; c'était Bonjean tenant à la main un papier qu'il remettait à un garde pour sa famille; c'était Deguerry, très calme, très digne, tous n'ayant que des mouvements de douleurs pour ceux qui allaient les frapper!

A la fin le lieutenant n'y tint plus.

Il était las de vivre ainsi, poursuivi par l'image des victimes dont il n'avait osé lui-même commander le dernier supplice et dont il se reprochait cependant le trépas!

Las de fuir la justice, las d'être poursuivi par ses remords, il se dénonça au parquet, il vint se livrer à moi.

Sa vue me fit peine.

Les traits altérés de cet homme, aux yeux inquiets, sa figure creusée, amaigrie, qui avait tout l'aspect d'une tête de cadavre, m'inspira autant de pitié que d'horreur.

Aux premières paroles que cet ex-lieutenant des fédérés m'adressa, je n'eus pas de peine à reconnaître que j'avais affaire à un fou.

Les événements de la terrible semaine de mai l'avaient terrassé.

Sa nature sensible d'artiste n'avait pu résister aux terribles impressions qu'elle avait ressentie.

C'était un homme frappé, frappé de mort.

Cependant je résolus de faire briller encore en lui quelques lueurs de raison, je lui demandai ce qui avait motivé le massacre des otages après le 15 mai.

Il m'apprit que le 24 mai, la fureur des fédérés était à son comble, parce que trop tard ils avaient découvert qu'il y avait dans leur état-major un grand nombre de bonapartistes qui ne se faisaient pas faute de *purger* et leurs bataillons et leurs adversaires.

Les paroles de ce malheureux ne s'accordaient que trop avec ce qui m'avait été signalé dès la formation de la Commune.

En effet, dès son origine, au 18 mars, la Commune ne fut-elle pas composée, comme je l'ai écrit précédemment, de deux éléments hétérogènes : de l'*Internationale des travailleurs et du comité fédéral*. Ce dernier comité avait pour président , comme je l'ai dit encore, un certain Raoul de B***, ancien protégé de l'empire, proche parent du docteur C***.

Que devint ce Raoul de B*** à la fin de la Commune ?

Ce fut son lieutenant, le lieutenant des otages, qui me l'apprit.

— Le 15 mai, me dit-il, je devinai que ce B***, mon capitaine, était un traître ; je lui reprochai son passé. Comme il était ivre, il me répondit : « Quand on s'appelle le comte Raoul de B***, on se f... des gens comme toi. »

Il tira son sabre, il m'en menaça. Moi, je le désarmai. Alors, fou de colère, il me dit qu'il se vengerait sur mon bataillon et qu'il le *purgerait*.

Le lendemain, il envoie faire tuer mes hommes, par ordre supérieur, à la barricade de la rue Caumartin. Je reviens avec les débris de mon bataillon, place du Château-d'Eau. En me retrouvant là, mon Raoul de B***, qui croyait bien que j'étais mort avec mes soldats à la barricade Caumartin, me traita «de lâche. » En revoyant ce misérable, je lui crie :

— Canaille, tu as dit que tu nous purgerais, et tu nous as presque tous fait tuer là-bas ; ici, c'est ton tour !

« Alors j'ordonnai aux hommes qui me restaient de mettre mon comte de l'ex-empire contre un mur et de lui faire ce qu'il a fait faire aux Versaillais contre les nôtres. »

« Son compte ne fut pas long ! »

Je ne me contentai pas de cette légitime vengeance, j'allai trouver Ferré. Il s'était replié alors avec tous les gens de la préfecture à la mairie du XIe arrondissement. Je racontai ce que j'avais fait contre l'officier d'état-major, le comte de B***, après qu'il eut combiné notre massacre.

Mon sergent, celui qui précisément me remplaça pour commander bientôt les massacres des otages, dit à Ferré :

— Ça ne peut pas aller comme ça. Nous sommes trahis. On a fait un décret pour nous protéger ; la Commune nous fait mourir comme des mouches par d'anciens bonapartistes. On a fusillé les nôtres rue Caumartin, nous voulons qu'on fusille six des principaux otages que vous détenez à la Roquette.

Ferré écouta mon sergent, puis il écrivit sur un papier qu'il lui donna en nous disant :

— Faites ce qu'il faut !

Et moi, mon sergent et trente hommes de mon

bataillon nous nous dirigeâmes à la prison de la Roquette avec cet ordre de Ferré :

« Ordre au citoyen directeur de la Roquette de faire exécuter six otages et *notamment l'archevêque.* »

Vous savez le reste, vous savez ce qui se passa, le rôle que j'ai joué dans cette tuerie qui ne me laisse pas un moment de trêve, ni une seconde de repos, ni une heure de sommeil. Aussi suis-je décidé à en finir en me livrant au poteau de Satory.

Je calmai mon affolé, une fois qu'il eut fini son récit, je lui dis qu'il avait assez souffert pour mériter l'indulgence de la justice militaire, je crus devoir prendre sur moi de lui assurer une retraite provisoire avant de le livrer à la justice.

Je le fis envoyer à Charenton. Il y est encore !

Que sont devenus ces soldats et ces sous-officiers qui commandaient son peloton d'exécution ; hélas ! frappés à leur tour, ils sont presque tous morts ; ceux qui leur survivent ne valent guère mieux que le lieutenant affolé du 66e bataillon des fédérés !

CHAPITRE XIV

L'ASSASSIN DE LA RUE DE LA VIERGE.

Depuis deux mois, dans la même année 1872, le quartier de la Villette était plongé dans la consternation. Il ne se passait pas de semaine où les bords du canal Saint-Martin ne fussent signalés par une rixe nocturne ou par un guet-apens, suivi d'un crime.

Les mariniers ne cessaient de repêcher près du pont de Flandre, à la passerelle des vastes bâtiments à farine, des cadavres d'homme ou de femme qui portaient de nombreuses traces de violence.

Le parquet reçut du commissaire de police du quartier de nombreuses plaintes au sujet de ce meurtre, dont l'auteur ou les auteurs restaient inconnus.

Leurs victimes étaient généralement de jeunes ouvrières ou des ouvriers des fabriques environnantes. Lorsque les mariniers les sortaient de l'eau, ils constataient, si c'étaient des femmes, qu'elles étaient odieusement outragées par d'ignobles blessures. Ces blessures avaient dû préalablement devancer les vols opérés sur leur cadavre. Si c'étaient des hommes', ils ne portaient que la trace d'un coup de couteau dans la poitrine, dont l'effet avait dû produire une mort instantanée.

En tous ces cas, les assassins devaient être des maîtres experts dans l'art du crime. Les mains expérimentées qui avaient frappé ces cadavres, étaient celles de récidivistes familiers depuis longtemps aux menottes ou aux poucettes de mes brigadiers.

Sur les avis réitérés du commissaire, d'après les ordres de la magistrature, j'envoyai vers l'ancienne barrière Saint-Martin, du côté du pont de Flandre, mon inspecteur le plus habile; il fut chargé d'étudier ce genre d'assassin qui devait appartenir, selon moi, à la classe des *débardeurs.*

Et j'y fis mettre en permanence mon brigadier durant près de quatre semaines. Il ne bougea pas avec les hommes de sa brigade des environs du pont de Flandre.

L'inspecteur Requin, comme je l'ai dit, comme je l'ai prouvé par l'affaire d'Avinain, avait toutes les qualités du squale pour attendre patiemment sa proie, pour la happer sûrement au passage.

Je savais que cet homme, aux joues creuses et verdâtres, aux yeux clairs et brillants qui fouillaient dans la nuit comme la lumière d'une lanterne sourde, avait la patience du fauve pour saisir à temps sa proie.

Son flair, qui se centuplait à l'odeur du sang, à

la senteur de cadavre, était, pour moi, d'une précieuse ressource dans le genre d'affaire qu'on me donnait à surveiller et à suivre de près.

Grâce à Requin, je ne tardai pas à être sur la piste de l'assassin et de ses complices, auteurs plus ou moins responsables des meurtres et des noyades du pont de Flandre et de la passerelle des Moulins.

Voici ce que le rapport de Requin, chef de la *filature* du pont de Flandre, ne tarda pas à m'apprendre au sujet de la dernière victime jetée dans le canal.

Le dernier cadavre était un nommé Becker; il fut reconnu pour être un ouvrier d'une scierie mécanique de la Villette. Il fut prouvé, après la confrontation du cadavre, que cet ouvrier, de nationalité américaine , avait donné, quelques jours auparavant, un dîner d'adieu à ses camarades et qu'ils avaient passé ensemble une partie de la nuit.

Becker avait annoncé à ses compagnons qu'il devait partir le lendemain pour sa patrie. A cette intention, il avait annoncé qu'il avait envoyé ses malles à la gare.

Les compagnons de Becker, au nombre desquels se mêlèrent, dans le cabaret où ils se trouvaient, des rôdeurs de barrières et des débardeurs, restèrent avec lui jusqu'à trois heures du matin.

Ils se rappelèrent qu'à cette heure, les rôdeurs et les débardeurs avaient emmené leur amphitryon, sous prétexte de lui faire la conduite jusqu'à son domicile.

Depuis, les compagnons de Becker ne revirent pas plus ces individus que Becker lui-même.

Sa disparition ne les inquiéta guère, ils savaient

qu'il devait partir de France, le lendemain, en em
portant sur lui une assez forte somme.

Mais lorsqu'on retira huit jours après l'Améri-
cain du canal, le Requin, présent à cette pêche,
entendit ces paroles dans un groupe des curieux at-
troupés autour du cadavre :

— C'est encore un coup de la Cyclope! Si le
pante avait été aussi bien une largue, la Cyclope
l'aurait bien autrement saigné !

Le Requin, dont l'ouïe était d'une finesse miracu-
leuse, entendit ces mots, quoique murmurés à voix
très basse à l'oreille d'une jeune femme.

Aussitôt mon Requin se rapprocha de celui qui
les avait prononcés : il reconnut dans ce jeune
homme, à haute casquette, le souteneur élégant ;
souteneur aux mains blanches, à manchettes, à col
cassé, quoique en blouse.

Cet Alphonse parlait à une femme en peignoir,
nu-tête, coiffée avec une certaine affectation.

Requin n'eut pas de peine aussi à la signaler
comme une fille publique des environs.

Cette femme répondait très bas à son Alphonse :

— C'est encore un coup de l'Hyène ; c'est lui qui
l'a barboté dans le canal avec sa Cyclope. Moi aussi
je connais le coup.

Cet échange de paroles suffit à Requin pour
dresser sur place tout un plan d'attaque contre ce
souteneur et sa largue.

A l'aide d'un sifflement particulier, Requin réunit
autour de lui les inspecteurs qu'il avait sous ses
ordres. Il fit empoigner l'Alphonse et la dame qui
avaient trop parlé.

Pendant qu'on envoyait le cadavre à la Morgue sur la constatation du commissaire, on entraînait chez ce magistrat le souteneur et la fille pour entendre leurs explications touchant les auteurs présumés des assassins de Becker assassiné, puis noyé.

La fille et le souteneur se retranchèrent vis-à-vis de Requin et du magistrat dans une réserve absolue. Ils prétendirent que les paroles qu'ils avaient échangées au moment du repêchage de Becker n'avaient pas trait à cette victime qu'ils ne *connaissaient pas*.

Par malheur un des curieux, qui s'était trouvé dans la foule pour constater l'identité de Becker, son ancien camarade d'atelier, reconnut aussi l'Alphonse.

Il le signala comme faisant partie du groupe de souteneurs et de rôdeurs qui, dans la nuit du crime, se proposait de reconduire Becker à son domicile.

Immédiatement on fit une enquête; le rapport fut envoyé au parquet pendant que l'Alphonse et la fille furent consignés au Dépôt.

Voici ce qui amena la découverte des assassins du cadavre de Becker et la première capture de mon brigadier le Requin.

L'Alphonse, qui se nommait Louis Marjotte, un ancien repris de justice, dénonça, pour ne pas passer pour le meurtrier, celui qui avait fait le coup.

Pour innocenter sa fille publique aussi compromise que lui, il nomma l'assassin et sa complice : la Cyclope, l'inspiratrice de tous les crimes de cet assassin; son homme, dit l'*Hyène* ou le *Chat-Sauvage*. La bande de l'Hyène était composée de souteneurs et de débardeurs. L'Hyène était plus généralement désigné sous le titre du *butteur* ou tueur de la rue de la Vierge.

Encore une fois, ce meurtrier ne fut pas puni. Il déjoua avec la Cyclope les embûches de la police et les rigueurs de la justice, malgré les six cadavres, les six noyés, les six victimes de la Villette que ces misérables comptaient dans leurs fastes criminels.

Je vais raconter la circonstance dramatique qui empêcha la magistrature de sévir contre ces meurtriers, en même temps que je vais dépeindre leur physionomie.

La Cyclope était une petite femme horrible, repoussante, maigre, rouge de cheveux. Elle avait une peau de parchemin criblée de trous dus à la petite vérole. Dès son enfance, cette maladie l'avait tellement ravagée qu'elle l'avait privée d'un œil ; de là, son surnom de la *Cyclope*. Une plaie hideuse remplaçait la cavité de l'œil gauche ; son œil droit, terne et oblique, s'avançait d'une façon étrange, épouvantable, par l'effet des convulsions du jeune âge, jusqu'au centre du front.

De la sorte, c'était un vrai cyclope femelle.

Ses cheveux rouges et rebelles, vraies tresses de la figure de la Gorgone antique, étaient partagés en deux cornes hérissées sur ce front qui n'avait qu'un œil !

Ces tresses formaient au-dessus de sa tête plombée, immonde, fantastique, comme deux serpents ; elles complétaient le portrait de sa hideur mythologique.

L'Hyène, son digne époux, valait bien, pour le
moral et le physique, sa féroce moitié.

C'était un grand diable tout en bras, tout en jambes; il avait des pieds démesurés, et sur son corps
de faucheux s'allongeait une tête blême et pointue.

Sa figure sans lèvres, — tant elles étaient minces, — était fichée dans des épaules voûtées,
comme si la longueur de son corps était impuis-
sante à les supporter.

Son cou était tout dans ses épaules ramassées,
comme le vautour qui déguise sa chair dans ses
plumes, comme l'hyène qui courbe son museau vers
la terre pour mieux se concentrer sous son corps
voûté, prêt à fondre sur sa proie.

L'homme et la femme, les assassins de la rue de
la Vierge, habitaient dans une rue de ce nom. C'é-
tait une rue ou ruelle ignorée, elle n'existe plus
aujourd'hui. Elle était située au-dessus de l'ancienne
barrière Saint-Martin et terminée par une maison
isolée, perdue dans les champs.

Cette maison fermait cette ruelle ou cette impasse
qui, par ses longs murs, par ses enclos de jardin de
rapport, était plutôt une route sans issue qu'une
impasse.

Une poterne en défendait l'accès aux voitures, aux
charrettes des propriétaires environnants.

La maison regardait la ruelle, de ses fenêtres
louches, braquées effrontément sur elle.

Située dans un endroit désert, moitié plaine, moitié boulevard, elle semblait se dresser là pour attendre les vagabonds, les criminels qu'elle attirait
de tous les points de l'horizon.

Par un contraste grimaçant avec sa façade et son odieuse solitude, une sainte niche s'enfonçait entre la porte bancale et les fenêtres de cette habitation de mauvaise mine.

Dans cette niche on voyait une statue de la Vierge: elle drapait son enfant Jésus sous des plis tourmentés, rappelant la façon de peindre ou de sculpter des artistes redondants du xviie siècle.

Cette pieuse image, enclavée à l'entrée du repaire de cette ruelle ou de cette impasse, achevait de rendre son aspect plus répugnant. Ce parfum de sainteté jetait je ne sais quelle équivoque dans cette solitude où régnaient l'hypocrisie, la débauche et le crime!

On sentait que là tout devait être infâme.

Le Requin, sur les indications de Marjotte et de sa prostituée, n'hésita pas, pour traquer l'Hyène et la Cyclope dans leur repaire, de s'y rendre en personne, coûte que coûte.

Accompagné de loin par les gens de sa brigade, il pénétra *seul* à la maison de la rue de la Vierge, après s'être bien fait renseigner sur les faits et gestes de ses locataires.

Marjotte, pour ne pas être compromis par l'Hyène et la Cyclope, dont il avait en effet partagé les travaux et les bénéfices, avait, une fois mis au Dépôt, tout à fait renseigné Requin.

La Cyclope, selon ce souteneur, était las de l'Hyène, lui avait fait des propositions pour entrer en ménage avec lui, pour le faire chef de la bande des assassins de la rue de la Vierge, dont elle, la Cyclope, était l'allumeuse.

Voici comment s'y prenait la Cyclope pour attirer les femmes et les hommes dans les pièges ourdis par sa bande de voleurs et d'assassins.

Elle accostait de onze heures à minuit les rares passants attardés près du canal de l'Ourcq. Elle se faisait passer pour une mendiante ; elle leur contait une histoire, en leur disant qu'elle avait des enfants en bas âge à nourrir, qu'elle n'avait rien à leur mettre sous la dent ; puis, pendant que le passant compatissant s'apprêtait à fouiller dans sa poche, dans l'endroit désert où l'avait attiré la fausse mendiante, les gens de la bande débusquaient du parapet. Ils assassinaient *le désigné* et le jetaient après leur meurtre au fond du canal.

Quelquefois, comme avec Becker, la bande des assassins de la rue de la Vierge changeait de théâtre et de tactique. Ils attendaient le samedi, jour de paye, dans un cabaret désert des environs, tous ceux qui étaient disposés à y faire ripaille.

Une fois la noce arrivée à son terme, une fois les ouvriers en goguette et très enclins par l'ivresse à la confiance, les faux ouvriers se mêlaient à leur orgie. Finalement ces derniers, moins gris que les autres, offraient de reconduire isolément leurs camarades à leur domicile.

On sait ce qui arriva pour Becker, dans le même cas.

L'*Hyène*, l'amant de la Cyclope, pratiquait plus volontiers le coup des *ouvriers du samedi*. Deux ouvriers avaient succombé de la même façon.

La Cyclope, sa digne compagne, s'exerçait plus volontiers sur les femmes.

En sa qualité de fausse mendiante, elle les conduisait à la mort sur les ailes de la charité.

Trois jeunes ouvrières, en un mois, étaient tombées sous les coups de la Cyclope. En sa qualité de femme du capitaine, elle se chargeait elle-même, à l'aide de gigantesques ciseaux, de labourer le sein, le ventre, le cou de ses victimes avant de les faire jeter à l'eau par les aides de l'Hyène.

La plupart de ces aides, comme je l'ai dit, étaient des souteneurs ou des débardeurs.

La rage contre son sexe, dont la Cyclope n'avait ni le charme ni la beauté, la poussait à défigurer ses victimes, à exercer contre elles des outrages barbares, obscènes, inhumains. Ces outrages ne pouvaient entrer que dans le cerveau d'un monstre comme la Cyclope.

Quant à l'Hyène, ancien forçat qui avait subi deux condamnations, à propos de vols suivis de meurtres, mais dont les meurtres n'avaient pu être prouvés, il se contentait de tuer d'un seul coup. Il frappait au cœur ceux qu'il dépouillait avant de les jeter dans le canal.

Ce qui faisait toujours dire à l'horrible Cyclope :

— Mon homme, ma Hyène, mon chat est un fainéant! Il ne sait pas faire souffrir!

Cette hideuse créature avait toutes les fureurs de l'hystérie du sang et de l'amour; elle s'était prise de belle passion pour le séduisant Marjotte, le lieutenant de sa bande d'assassins.

Au moment où le Requin s'apprêtait à traquer ces deux misérables, Marjotte s'était promis de faire jouer la corde de la jalousie dans le ménage de la rue de la Vierge, mieux uni pour le meurtre que par l'affection.

Averti par Marjotte, qui tenait à se faire bien venir de la justice une fois traqué par elle, Requin s'était fait un rôle qu'il voulait jouer d'un bout à l'autre, pour mieux pincer les deux scélérats.

Lorsqu'il pénétra dans leur repaire de la rue de la Vierge, il s'annonça comme un homme en rupture de ban désirant s'associer à la bande de l'Hyène pour partager le prix de son infamie.

— Je m'appelle, dit-il aux deux monstres, de mon nom de prison, *Jus-de-Réglisse*. J'ai dix ans de pré. Je viens à vous pour vous dénoncer une affaire que je ne puis entreprendre seul. Je me présente sous les auspices de Marjotte, qui vient d'être pincé à propos du Becker qu'on a repêché, ce qui ne *sent pas bon* pour vous !

— Eh ! s'écria la défiante Cyclope, c'est au moment où la renâcle peut nous boucler que tu viens à nous. Ce n'est pas malin, ça ! qu'en dis-tu, mon chat ?

L'affreuse Cyclope regarda de son œil vitreux, d'un air d'intelligence son complice. Celui-ci se contenta d'incliner la tête d'un air d'acquiescement.

— Vous vous méfiez de moi ! se hâta de reprendre d'un air contrit le madré Requin, ce n'est pas bien ! Vous devriez plutôt vous méfier de vous-mêmes.

— Mon fiston, reprit la Borgnette en se pinçant les lèvres, j'aime à voir clair avant de me livrer à un Philistin. Voyons? Lâche le *bibelot*, car si je n'ai qu'un œil, je t'avertis, il est bon. Avant de connaître ton affaire, il faut que nous sachions ce qui en retourne sur la nôtre. Tu disais donc que tu viens de la part de Marjotte et qu'on a découvert ce daim de Becker?

— Oui, reprit le Requin à voix basse et en coulant sa tête entre la tête des deux monstres. Entre nous, je crois que la femme à Marjotte est jalouse de toi, elle t'a dénoncée à la police parce que, ce dont je ne crois pas un mot, elle t'accuse de vouloir lui souffler son homme!

— Hein!... potence de sort! Si je savais ça, la Cyclope! hurla l'Hyène, qui prit brusquement la parole; si je savais que la femme à Marjotte dit la vérité, si j'étais sûr que c'est pour cela qu'elle a mangé le morceau, c'est moi qui te renverrais à Charlot!

En même temps il prit un verre sur la table; il fit mine de le broyer dans sa large main, avant de vouloir le jeter à la tête de sa complice.

Car Requin, en entrant sous prétexte d'être un galérien comme ces échappés de prison, avait surpris l'Hyène et la Cyclope en train de vider une bouteille placée sur une mauvaise table, branlante et boiteuse!

— Des bêtises! exclama la Cyclope en grinçant des dents, en pâlissant, ce qui fit réfléchir l'Hyène tout en reposant son verre sur la table, la femme à Marjotte a une araignée dans la tourte! Si elle a fait ce que dit Jus-de-Réglisse, si elle nous a dénoncés, tant pis pour elle. Pour le repos de la

bande, pour le repos de mon ménage avec mon chat,
elle payera cher son potin. Je lui ferai faire connaissance avec mes *faucheux!* Ce n'est pas tout,
ça, reprit la Cyclope, qui ne tenait pas à exciter
la jalousie féroce de l'Hyène, roulant encore des
yeux furibonds; car ce n'était pas la première fois
que ce bandit avait des soupçons sur la Cyclope.
Voyons ta nouvelle *affaire*, Jus-de-Réglisse? Il faut
déboucler ton cadenas; on sait que la Cyclope,
toute borgne qu'elle est, voit de loin de son bon œil.
Allez-y en douceur, mon bon, jaspinez de l'orgue,
petit père, allez-y de votre boniment!

— Auparavant, s'écria l'Hyène en regardant froidement la Cyclope, il faut apporter ici une nouvelle
bouteille; celle-ci est vide, le verre de Jus-de-Réglisse
ne peut être plein avec le fond de cette fiole. Allons,
ma fille, va à la cave, va nous chercher une nouvelle
bouteille ; prends-la cette fois derrière les fagots.

La Cyclope était aussi désireuse que l'Hyène de le
quitter; elle ne se le fit pas dire deux fois.

En abandonnant la place, elle faisait diversion,
ou du moins croyait-elle faire diversion à la jalousie
de son homme, dont elle redoutait les effets depuis
que sa jalousie venait d'être si habilement travaillée
par le faux Jus-de-Réglisse.

D'un autre côté, en femme astucieuse, elle soupçonnait Requin d'être autre chose qu'un récidiviste.

Quand elle fut partie, elle monta au grenier avant
d'aller à la cave, tout en murmurant :

— Ce nouveau copain-là ne me dit rien de bon;
je crois que nous brûlons et que nous avons affaire
à un *remueur de casseroles.*

La Cyclope en fut convaincue après être montée au grenier. De là elle aperçut dans la plaine l'escouade de Requin cernant, en travers des routes, tous les abords de la plaine avant de traquer les bandits.

— Ça y est, pincés ! exclama la Cyclope en se frappant le front.

Alors elle s'empara d'un petit paquet d'arsenic qu'elle resserrait dans un coin, au cas d'alerte ou au moment d'entreprendre une campagne.

Une fois munie de son poison, elle descendit à la cave.

Durant son absence, l'Hyène, lui aussi, n'avait pas perdu son temps.

Bien convaincu que la Cyclope le trompait avec Marjotte, afin de lui donner un jour tous les bénéfices et toute l'autorité dont il jouissait dans la bande, l'Hyène n'attendit que le départ de ce monstre femelle pour exécuter son projet, déjà mûri depuis l'arrivée de Requin.

Au moment où elle montait au grenier, l'Hyène versait, dans son verre à demi-plein, une poudre blanche. Elle composait la moitié du paquet que la Cyclope était venue chercher au grenier, une fois convaincue qu'elle était aussi trahie par la police.

Lorsque la femme du bandit revint dans la salle avec une autre bouteille, elle fit un signe presque imperceptible à son homme, et qui voulait dire :

— Méfie-toi, nous sommes avec un policier.

Requin surprit ce geste, comme mon brigadier avait surpris le mouvement de l'Hyène versant le poison dans le verre de la Cyclope.

Il s'agissait pour cet agent découvert et dont la vie était à la merci des bandits qu'il avait à traquer, il s'agissait de jouer serré.

Une fois que l'assassin de la rue de la Vierge eut compris le geste de la virago, il prit un air engageant vis-à-vis de la Cyclope et de Requin, il espéra les prendre tous les deux à leur propre piège.

— Allons, dit-il à Requin, buvons du vin de cette bouteille. Je veux que vous m'en donniez des nouvelles. Après nous causerons!

Requin s'aperçut, pendant que l'Hyène lui versait, que la Cyclope, sous prétexte de causer de très près à son chat, répandait dans son verre le contenu de son paquet; c'était la moitié du poison qui, grâce à son homme, était déjà dans le verre de sa digne moitié.

Mon agent en sa qualité d'agent, avait des yeux de côté jusque derrière la tête, il ne perdit rien de ce manège.

L'instant était pour lui des plus critiques.

Le vin était versé, il fallait le boire.

Si la mort était dans le verre de la Cyclope, elle était aussi dans le sien.

Sur ces trois verres pleins, un seul ne condamnait pas son buveur, celui de l'assassin de la rue de la Vierge.

Il fallait, pour Requin, intervertir les rôles sans que les deux bandits s'aperçussent de cette interversion; elle ne pouvait se faire qu'avec autant de mystère que d'adresse.

Enfin Requin prend son verre au vin empoisonné. Il fait mine de le porter à ses lèvres; il regarde en dessous ses bourreaux, il surprend tous les éclairs de joie qui brillent dans leurs yeux.

Très décidé à ne pas boire, il abaisse tout à coup son verre en s'écriant :

— Que je suis bête ! j'allais boire sans trinquer, et sans trinquer à la réussite de l'affaire que je vous apporte...

— A ta santé, à la vôtre, à la nôtre ! exclament les deux bourreaux, qui choquent leurs verres contre celui de l'agent avec l'impatience du chasseur qui tient sa proie aú bout de son fusil.

— Ah ! exclame le madré Requin, en remettant tout à coup son verre sur la table, comme surpris à l'improviste par un bruit insolite, ah ! est-ce que vous n'avez rien entendu ? Voyez donc ce qui se passe dehors.

Les deux bandits, préoccupés par la brigade de sûreté qui veille dans la plaine, donnent en plein dans la ruse de Requin.

Ils ne font ni une ni deux, ils s'élancent contre une fenêtre donnant sur la campagne, et ils tournent le dos à leur avertisseur, qui leur a désigné de quel côté il a cru entendre du bruit.

Au moment où l'Hyène et la Cyclope, anxieux, ne le voient plus, Requin pousse son verre contre le verre de l'assassin de la rue de la Vierge. Avant que celui-ci se soit retourné pour revenir à sa place avec sa complice, le verre de son hôte est échangé contre le sien.

C'est au tour de l'Hyène à prendre son verre empoisonné.

Les deux scélérats triomphants lui répondent en se regardant avec intelligence :

— C'était une fausse alerte, trinquons! A la réussite de la nouvelle affaire que nous ne connaissons pas.

— Et, répond Requin d'un air impassible, en buvant d'un trait le verre ne contenant pas de l'arsenic, et que vous allez bientôt connaître. A vos santés!

— A la vôtre! reprennent en chœur l'Hyène et la Cyclope, frémissants de plaisir à la pensée de leur nouveau meurtre, en présence de la victime qu'ils tiennent ou du moins qu'ils croient tenir en leur pouvoir.

Ils boivent.

Une fois qu'ils ont bu, Requin, parfaitement tranquille, après avoir échappé à la mort qu'il vient de donner à ceux qui croient être encore ses bourreaux, leur raconte une histoire impossible. Il leur dresse un plan qu'il combine sur une vieille aventure de bandit à laquelle a dû être mêlé autrefois Vidocq ou Canler.

Une fois l'histoire finie, une fois le plan déroulé devant ceux qui ne sont, pas plus que lui, dupes de cette histoire, il les quitte. Il leur dit qu'il va chercher des camarades appelés à les seconder dans leur projet.

L'assassin de la rue de la Vierge et la Cyclope sont enchantés de voir partir le faux Jus-de-Réglisse avant que l'arsenic produise ses effets.

Le *Quart d'Œil* du moins ne mourra pas chez eux. Ce sera une circonstance atténuante lorsque viendra l'heure de payer tous leurs crimes.

Requin, une fois hors du repaire où son devoir professionnel l'a entraîné en y risquant sa vie, s'empresse d'aller rejoindre ses divers inspecteurs. Les uns sont couchés dans des taillis, les autres dissimulés derrière des charrettes. Tous attendent l'ordre de cerner la maison de la rue de la Vierge où s'est passé la scène réglée par leur brigadier.

Alors Requin se dirige vers les uns et vers les autres, en les enjoignant tous de serrer de plus près les tenants et les aboutissants de la ruelle, objet de leur objectif.

Il leur dit :

— Vous n'avez pas besoin de pénétrer dans la souricière. Vous n'avez plus qu'à la cerner, le gibier est pris. L'échafaud n'aura pas besoin d'être dressé pour lui.

En effet, lorsque le Requin se rendait plus tard chez le commissaire et à la Préfecture, il constatait devant témoins le double suicide de la rue de la Vierge et de la Cyclope dans leur habitation.

Requin et sa brigade n'y pénétraient que lorsque ces deux monstres n'étaient plus que deux cadavres.

Les journaux de l'époque prétendirent que les meurtriers des victimes de la Villette, au moment d'être pris, s'étaient empoisonnés par de l'arsenic.

Ce n'était pas la vérité. La vérité, la voici :

Dès que la Cyclope s'était sentie la première, atteinte par le poison, elle avait accusé l'Hyène, se doutant qu'elle devenait la victime de la jalousie contre Marjotte.

Celui-ci s'était aussitôt emporté en se sachant si bien deviné.

Au moment où, dans sa fureur, l'assassin de la rue de la Vierge s'apprêtait à lancer à la Cyclope une bouteille à la tête, il avait senti à son tour de violentes douleur l'envahir.

Lui aussi se vit condamné.

A son tour il accusa la Cyclope d'avoir voulu se débarrasser de lui pour partager avec le Marjotte tous les profits de sa condamnable souveraineté, comme chef de bande.

Une lutte s'engagea, lutte horrible, dans les convulsions de la mort torturant les deux combattants !

Lorsque Requin et sa brigade pénétrèrent dans la maison de la rue de la Vierge, ils ne trouvèrent plus que deux cadavres entrelacés d'un façon horrible.

L'Hyène tenait dans une de ses mains convulsionnées, un tronçon de bouteille ; la Cyclope, le nez mangé par son associé, avait dans le crâne des débris de verre qui lui avaient ouvert la tête.

Tous deux nageaient dans une mare de vin et de sang.

Voilà comment l'assassin de la rue de la Vierge ne parut pas devant la justice criminelle.

CHAPITRE XV

LE BRIGANDAGE MODERNE ET SON TOUR DU MONDE.

Le lecteur de ces Mémoires peut déjà en tirer une première conclusion. Par le développement des nombreuses causes célèbres que j'ai successivement passées en revue, il peut se convaincre du mouvement *cosmopolite* du brigandage moderne.

A part les crimes inspirés par la passion, crimes logiquement, fatalement individuels, les forfaits qui ont pour mobile l'amour du lucre sortent d'une officine plus ou moins étrangère, je la dénommerai, pour me résumer, sous le titre : *l'Internationalisme du vol et du meurtre.*

Je ne parle ici qu'au nom de mon expérience, et la pratique que m'a donnée ma fonction de *policier en chef.*

Loin de moi la pensée de confondre avec les voleurs et les assassins, les hommes politiques à quelque parti qu'ils appartiennent.

Si un meurtrier comme Lacenaire, si un empoisonneur comme La Pommerais, si une bête féroce comme Troppmann, si une brute sanguinaire comme Collignon, si un loustic comme l'assassin Poncet, se déguisent sous le masque d'un adversaire ou d'un ami du gouvernement, ils ne restent pas moins des réprouvés. Ce sont des maudits, qui mériteront toujours d'être mis en quarantaine par la justice.

Entre eux et la société, se dressera un vide qui ne pourra toujours être comblé que par l'échafaud!

Je dis plus ; ces êtres féroces dont les instincts ne peuvent être modifiés ni par l'éducation, ni la perfectibilité, parce que la conformation de leur cerveau, la nature de leur tempérament le leur défendent, ces monstres ne sont souvent que les instruments d'une pensée infernale conçue par des monstres comme eux.

Lacenaire est le produit matériel d'une époque en combustion. Collignon est un criminel *personnel* comme Lacenaire, Collignon lui-même est le prolétaire homicide armé par le rebut du socialisme contre la bourgeoisie.

Collignon le dit : il a tué pour donner une *leçon* aux bourgeois.

Poncet, *Marjette*, *Maillard*, et *Maillot* dont je vais bientôt parler, tout en étant, en apparence les chefs d'attaque de leurs bandes, toujours les mêmes, toujours recrutées aux barrières, pour tuer isolément des veuves et des vieillards, ne sont que les lieutenants de bandits internationalistes. Ils ne sont que les agents d'un crime collectif. Ils n'ont que devant l'échafaud, la responsabilité et la signature sociales.

Leurs chefs véritables sont introuvables, parce que depuis trente ans, le monde, par les applications de la science, s'est transformé. Parce qu'il y a aussi loin de l'organisation séculaire de la police à l'organisation du brigandage moderne, qu'il y a loin du *coucou* d'autrefois à nos chemins de fer, à nos voies de communication perfectionnées par la vapeur et par l'électricité.

Les grands voleurs, les audacieux assassins savent aujourd'hui se servir de tous nos moyens de transport et de communication à travers le monde entier.

Tandis que la police actuelle en est presque restée à M. de Sartine, à Vidocq, à *la filature locale* d'un quartier ou d'une province.

Si Jud a pu se soustraire à la police, si Troppmann n'a été que le plastron de sa bande d'assassins, encouragés dans leur évasion ou dans leur invisibilité, par un gouvernement ombrageux et timoré, ces assassins le doivent à la routine administrative de la police française.

Il ne m'appartient pas, moins à moi qu'à tout autre, de parler des abus d'une administration, que mon rôle était de servir et non de transformer.

Je dois l'avouer, mes aptitudes spéciales de policier s'y sont toujours refusées.

Je crois cependant, en raison de la facilité *effrayante* avec laquelle les scélérats peuvent se communiquer d'un bout du monde à l'autre, qu'un homme aujourd'hui quelle que soit son habileté à se transformer, à se transfigurer, comme je l'ai fait souvent, pour tromper un coupable, ne pourra plus être dans la police de la sûreté, son *Deus ex machina*.

Les règnes des *Vidocq*, des *Canler* et des *Claude*, *praticiens de la police de sûreté* sont passés. Le règne des administrateurs commence. je crois avoir été le dernier des policiers.

Il faut organiser ce service entièrement dévoué à la magistrature, sur les bases indiquées, en prévision de l'avenir, par Allard dont Canler le *figuriste*, ne fut que le lieutenant inconscient.

Tout chef de la police de sûreté, qui voudra voir de haut et de loin, en raison du mouvement universel, dans le monde des criminels, ne devra s'attacher des hommes de mon tempérament, que comme lieutenants.

Ce n'est plus l'homme qui doit filer son semblable, c'est le chemin de fer. Un policier administrateur doit pousser ses brigades là où surgissent des convulsions sociales, des organisations politiques, des invasions, des révolutions ou des guerres. La police aujourd'hui pour être bien faite, ne peut être une police locale. Elle doit exiger l'extradition des scélérats de tous les continents, pour séparer partout l'ivraie du bon grain, pour que le bon grain ne soit pas étouffé par l'ivraie.

C'est pour prouver mon dire basé sur des faits, et non sur des hypothèses, que je me suis étendu avec tant de complaisance sur certains faits révolutionnaires qui, du reste, ne pouvaient que figurer dans les Mémoires de ma vie, puisqu'ils m'ont été tout personnels.

J'indiquerai plus tard par une carte du crime que je dessinerai à un prochain chapitre, le mouvement internationaliste du brigandage moderne.

Les pégriots des faubourgs comme les Maillard, les Maillot et les Poncet, ne sont que les actifs instruments des mercenaires de hardis capitaines. Ils se recrutent à Londres, en Sicile, en Amérique, en Afrique, partout où la sauvagerie reste à l'état latent dans la civilisation, pour garantir leurs antres, au profit des ramasseurs d'épaves ; ces derniers n'en sortent que bien armés contre la société moderne.

Je serais désolé que le lecteur pût croire que je suis ici un utopiste.

Policier retraité, en critiquant l'administration, je n'agis nullement sous le pouvoir d'une mauvaise pensée. Loin de moi, toute idée d'envie et de rancune.

En signalant d'après la transformation de nos conditions sociales, ce que doit faire la police pour être à la hauteur de sa nouvelle mission, je crois encore la servir.

Comme je n'ai pas la prétention, moi, un praticien, d'être un réformateur ou un organisateur, je me contente, à la suite des nombreuses causes criminelles qui se sont passées sous mes yeux, après en avoir été l'acteur obscur, je me contente, dis-je, d'en indiquer l'origine et le mouvement dans le monde entier.

Les traits que je vais indiquer d'une façon topographique, en indiquant dans chaque région, avec la nature caractéristique de ses méfaits seront bien imparfaits. Je donnerai donc l'explication de ce plan sommaire.

C'est à Londres, je le répète, ce pays du vol, que se trouvent les plus fameux picks-pockets. A chaque grande solennité dans une des capitales du vieux et nouveau continents, l'Angleterre comme on l'a vu, durant le cours de mon récit, y lance ses voleurs les plus expérimentés. C'est à Londres aussi, comme je l'ai précédemment indiqué, que se tient, au profit du vol universel, la *caisse de dépôt* où tous les scélérats du globe portent en sûreté les fruits de leurs rapines.

C'est à Paris, autour de son enceinte, que les voleurs de la Grande-Bretagne, enrégimentent les pégriots et les gayets, mercenaires du crime, chargés d'assassiner les veuves, les vieillards, désignés par ces jeunes capitaines de la dernière heure, mineurs de la *Grinche* cosmopolite.

Il y a encore à Paris, des changeurs et des bijoutiers qui, tous les cinq ans, régulièrement comme M. F***, du Palais-Royal, restent les points de mire des voleurs cosmopolites qui, à leur intention, descendent de Londres ou viennent d'Amérique.

Les contrebandiers occupent généralement les Pyrénées, les faux monnayeurs les Cévennes, ils s'étendent jusque dans le Haut et le Bas-Rhin ; Bruxelles est la capitale de l'escroquerie et la succursale des femmes à vendre. Les assassins fameux qui font, très volontiers le tour du monde, comme les experts en l'art du vol, sortent d'Italie, de la *Carmorra* et de la *Mafia*, d'Amérique, de la Californie et du Mexique.

Dès les victoires d'Italie, les pifferari, ont inondé la capitale. Ils sont revenus pour tenir encore les torches des incendiaires de la Commune. L'Allemagne nous envoie l'élite de ses assassins qui, grâce à une contre-police secondée par une haine internationale, reste introuvable.

L'Amérique comme l'Allemagne est le refuge des plus grands scélérats. Aux époques marquées par le fléau de la guerre et de la révolution, ils sortent de leurs repaires : des vieux quartiers de Londres, de la Sicile et du Mexique. Ils se ruent sur tous les pays où les troupes régulières les combattent avec les rebelles, dont ces bandits déshonorent, par leur férocité, par leurs déprédations, les plus légitimes révendications.

Cette carte bien imparfaite donnera, je crois, un aperçu du mouvement internationaliste de tous les bandits du monde.

Je le répète, par nos voiés de communication, qui ont effacé toutes nos frontières, rapproché toutes les distances, Mercure, le dieu du commerce et du vol, a fait une aussi large part aux négociants qu'aux bandits.

Cette carte des crimes, par les localités qui ont entre elles de fréquents rapports au profit de l'internationalisme du brigandage, formera le tableau de l'association caractéristique des différentes bandes qui, à un moment donné, se ruent comme une seule légion, sur les pays sans défense, livrés par la défaite, à toutes les revendications et à tous les pillages.

Nous l'avons vu pour notre compte après la guerre

de Prusse et dans les désastres de la Commune.

Les cours des Miracles ne sont plus aux portes des villes, elles se tiennent à la frontière de tous les Etats.

C'est à la police française à être armée en conséquence contre elles, par la fermeté de nos gouvernements, par la prévoyance de nos légistes, sinon la police elle-même deviendrait sans force, sans autorité, sans puissance, en face de cette imposante et universelle truanderie! La police serait lettre morte!

Les pénitenciers où les bandits, frappés par la justice, expient leurs forfaits, ne sont pour eux que de nouveaux repaires. Ils ne sont pour ces récidivistes, malgré les climats meurtriers de la Guyane, malgré l'infécondité de la Nouvelle-Calédonie, que des *guillotines* sèches et bien anodines!

Poncet et tant d'autres, malgré l'aridité des savanes, malgré les sables brûlants de la Guyane, sont parvenus à s'en échapper et à revenir en France, pour y commettre de nouveaux forfaits.

La *Nouvelle-Calédonie* qui, en 1863, devint après la *Guyane*, après *Lambessa*, un autre pénitencier, n'est pas si bien gardée sur ses côtes, pour qu'un des chefs de l'internationalisme criminel, ou de ses soldats les plus farouches n'en sortent à leur tour pour rentrer dans les rangs de l'infamie active.

De nouveau, ces soldats du bagne, ces réfractaires, se ruent sur la société en péril, pour recommencer leurs exploits.

Aujourd'hui le monde est partagé en deux camps: celui des honnêtes gens sans défense, n'ayant pour

rempart que la police mal armée par la tradition, et celui des bandits qui ont su mettre à profit les applications de la science pour dépouiller en
un temps donné la société laborieuse. Elle semble
n'avoir travaillé qu'au profit de tous les Caïn de
l'univers, placés en dehors de la famille commune
pour mieux la dépouiller.

Loin de supprimer le gendarme, loin de laisser
croupir la police dans sa vieille ornière, il faut
renforcer l'un, il faut régénérer l'autre.

CHAPITRE XVI

Le meurtre d'un marchand de vin, nommé Brazès, assassiné dans sa cave; meurtre qui, malgré les
actives recherches de la police, dérouta les pistes
de tous mes infatigables inspecteurs, prouve une
fois de plus la puissance mystérieuse du brigandage
parisien.

C'est dans cette affaire que prend naissance la
bande Maillot. Elle succède à la bande Marjotte et
Poncet, qui, elle-même, se dédouble sous les ordres
de l'invisible Maillot. C'est toujours le *pégriot*, le
guide ou le *toucheur*, c'est-à-dire le souteneur qui
devient *a priori* le chef d'attaque *responsable* d'une
affaire criminelle.

Brazès était un homme de quarante-huit ans; il
vivait solitaire dans une rue, tout aussi solitaire que sa
personne et que sa boutique. Il ne recevait dans son
établissement, situé rue l'Abbé-Groult, que quelques

honnêtes clients, vieux rentiers ou employés pai-
sibles, fort surpris, un matin, de trouver sa boutique fermée.

Dès que l'on requit le commissaire pour pénétrer
dans sa boutique, on fut fort alarmé de retrouver
le malheureux Brazès étendu dans la cave, frappé
au cou par un instrument tranchant, dont on ne
retrouva pas plus la trace que celle du meurtrier.

La porte de la boutique de Brazès ne donnant
que sur un mur, l'assassin avait pu impunément,
dans ce quartier désert, à l'heure où il n'y a plus de
passant, commettre son crime en toute sécurité.

Était-ce le vol ou la vengeance qui avait inspiré
le crime?

Tout cela, comme le meurtrier lui-même, fut un
problème.

Brazès était-il la victime d'une vengeance, d'une
haine de parti ou d'une bande de rôdeurs de barrière, dont le chef est toujours un drôle qui d'ordinaire conduit dans la journée les chevaux à l'a-
breuvoir, et le soir ses maîtresses au *persil!* garçon
boucher ou conducteur de gayet, comme Poncet ou
Avinain!

Toujours était-il que le crime Brazès était un
nouvel anneau de cette chaîne du brigandage des
faubourgs qui se rallonge de plus en plus sur Paris,
depuis qu'il élargit sa ceinture de boue et d'infamie.

Avant d'arriver à l'issue de cette affaire, je tiens à
démontrer par mes rapports professionnels concernant le meurtre de Brazès, combien sont minutieusement faites les recherches de mes inspecteurs!

Ces rapports prouveront, par leur résultat, combien est difficile, combien est semé d'écueils le terrain exploré par la police, quand les malfaiteurs, traqués par elle, ont tant de moyens de lui échapper.

Il n'est pas exagéré de dire que, sur toutes les affaires entamées par les inspecteurs qui souvent mettent des mois, des années et des dizaines d'années à poursuivre un coupable, la moitié de ces affaires ne donne aucun résultat.

Pour indiquer en même temps le mécanisme de la *filature* moderne, je vais énumérer, au sujet du meurtre de Brazès, rapports par rapports, toutes les recherches inutilement entreprises avant de découvrir la vraie bande, sinon le véritable chef qui entreprit ce crime.

Voici textuellement ce que donnèrent comme *travail*, après le meurtre de Brazès, tous les procès-verbaux de la police pour arriver, après bien des erreurs, à suivre à peine la trace de la vérité !

10 novembre 1872.

1er RAPPORT

Les instructions prescrites par la lettre de M. le juge d'instruction au sujet de l'assassinat du sieur Brazès n'ont rien fait connaître jusqu'ici qui puisse mettre sur la trace du coupable ou des coupables.

Les voisins ne peuvent fournir aucun renseignement. Du reste, la principale entrée de la boutique de Brazès est située en face d'un mur, et la rue est on ne peut plus déserte, surtout le soir, ce qui peut lui permettre d'entrer et sortir sans qu'on s'en aperçoive ; il n'a pas été possible non plus, en raison des précautions qu'il faut prendre pour ne pas donner l'éveil, d'être fixé sur la situation commerciale de sa famille, que l'on surveille. Cependant nous avons appris qu'un de ses parents avait des billets en circulation et en avait remboursé deux tout récemment, l'un de 120 francs le 25 novembre, l'autre, d'environ 200 francs, le 30 du même mois.

Pour le dernier effet, ce parent aurait emprunté 50 francs à Brazès, mais il le lui aurait rendu le 1er du courant, en même temps qu'une autre somme que ce dernier aurait avancée pour lui au sujet d'un achat de cognac fait en commun.

Ces deux sommes, formant un total de 242 francs, auraient été remboursés en un billet de 100, deux de 50, un de 20 et cinq de 5 francs.

Les renseignements pris chez Mme veuve M...

et Cᵉ, épiciers en gros, route d'Orléans (Montrouge), principaux fournisseurs de ce parent,
lui sont aussi favorables ; il les a toujours
payés régulièrement, et, pour eux, rien ne
peut leur faire croire qu'il soit gêné dans ses
affaires.

M. le commissaire de police chargé de cette
perquisition n'a rien jusqu'à ce jour qui puisse
faire découvrir l'assassin.

PRÉFECTURE DE POLICE, POLICE MUNICIPALE

Paris, le 8 décembre 1872.

2ᵉ RAPPORT

A six heures du matin, M. R..., commissaire
de police, a consigné au poste Saint-Lambert,
à sa disposition, les nommés : 1º P..., François, trente et un ans, employé au chemin de
fer de l'Ouest, demeurant rue de Vaugirard,
et L..., vingt-six ans, couturière, vivant en
concubinage avec le précédent, inculpés d'assassinat sur la personne du sieur Brazès, marchand de vins, rue de l'Abbé-Groult, 67.

PRÉFECTURE DE POLICE, POLICE MUNICIPALE
SERVICE DE SURETÉ

Le 7 décembre 1872.

3e RAPPORT

Le sieur P..., âgé de trente-deux ans, écrivain, prénoms et lieu de naissance inconnus, dont il est question dans la note ci-jointe, demeure avec sa concubine, connue sous le prénom de L... seulement, rue de Vaugirard,

La concierge de cette maison croit pouvoir affirmer que P... est rentré, le jour de l'assassinat du sieur Brazès, vers neuf heures et demie ou dix heures du soir, comme d'habitude.

Cette femme n'a rien remarqué qui puisse faire soupçonner P...

Nous croyons utile de dire que M. R..., commissaire de police chargé de cette affaire, vient de recevoir, d'une personne dont il ne nous a pas fait connaître le nom, un renseignement qui tendrait à faire croire qu'une autre personne serait l'auteur du crime.

En conséquence, il a été convenu qu'aujourd'hui, jour de l'enterrement, on ferait surveiller les démarches et l'attitude de cette personne.

Les inspecteurs B... et L... sont chargés de cette surveillance.

Signé : F...

PRÉFECTURE DE POLICE, POLICE MUNICIPALE
SERVICE DE SURETÉ

Du 8 décembre 1872.

4ᵉ RAPPORT

L'arrestation du nommé P..., trente et un ans, et de sa maîtresse, la fille L..., vingt-six ans, a été provoquée par suite d'une lettre anonyme dans laquelle on indiquait que ces individus avaient eu des relations avec le sieur Brazès, marchand de vins, rue de l'Abbé-Groult, 67, et qu'ils se trouvaient aujourd'hui dans une position très précaire; qu'ils pouvaient donc être les auteurs de l'assassinat dudit Brazès.

Le juge d'instruction avait, sur cette lettre, décerné une commission rogatoire et mandats d'amener conditionnels dont l'exécution avait été confiée à M. R..., commissaire de police du quartier Saint-Lambert, lequel avait aussitôt fait procéder à l'arrestation desdits individus, et, à la suite, il avait fait une perquisition à leur domicile qui n'avait rien produit. Il a en conséquence remis lesdits P... et fille L... en liberté.

M. le commissaire de police nous a dit qu'il avait procédé sous prétexte que le nommé P... était détenteur d'armes et pour participation à la Commune, ainsi que l'avait recommandé M. le juge.

Signé : A... (illisible).

PRÉFECTURE DE POLICE, POLICE MUNICIPALE
SERVICE DE SURETÉ

Paris, le 7 décembre 1872.

5e RAPPORT

Pendant la cérémonie de l'enterrement de la victime, la personne incriminée dans le 3e rapport paraissait très agitée et très énervée; sa figure se contractait continuellement; cependant nous n'avons rien surpris autre ni entendu de conversation sur le crime.

Après l'enterrement, cette personne et le frère de la victime se sont rendus sur la tombe de la femme de la victime et rentrés à leur domicile.

La femme de l'incriminé serait venue passer quelques instants la nuit dernière près de la victime ; elle paraissait tourmentée et inquiète, pleurait beaucoup ; à chaque parole qu'elle adressait à son mari, il lui répondait brusquement et brutalement.

Les inspecteurs,

Signé : B..., E. L...

PRÉFECTURE DE POLICE, POLICE MUNICIPALE

SERVICE DE SURETÉ

Paris, le 4 décembre 1872.

6ᵉ RAPPORT

Informé aujourd'hui seulement qu'un assassinat aurait été commis sur la personne d'un sieur Brazès, marchand de vins, rue de l'Abbé-Groult, n° 67, à l'angle de la rue Fenoux, XVe arrondissement de Paris, dont le cadavre a été retrouvé hier dans la cave de son établissement, je me suis transporté immédiatement à l'adresse indiquée, accompagné d'agents du service de sûreté, et des informations prises à ce sujet, il est résulté ce qui suit :

Le sieur Brazès (Damien-Jean-Pierre), âgé de quarante-huit ans, né à Montferré (Pyrénées-Orientales), depuis plusieurs années établi marchand de vins à ladite adresse, où il habite complètemeut seul ; sa conduite et ses habitudes sont régulières, il est sobre, de bonne vie et mœurs, et il jouit d'une très bonne réputation dans le voisinage. Son établissement, bien placé, mais peu achalandé, n'était fréquenté, surtout le soir, que par des voisins, gens rangés, qui venaient faire avec lui la partie de cartes ; il serait veuf depuis quelques années, et on ne lui connaîtrait d'autre personnel qu'une femme de ménage, la veuve B..., demeurant rue Zangiaccomi prolongée, n° 55, laquelle venait chaque jour chez lui, où elle restait seulement de huit heures et demie du matin à deux heures de relevée ; on ne lui connaîtrait d'autres parents qu'un frère, dégustateur de la ville de Paris, demeurant à Vanves, et un neveu.

On a su que le sieur Brazès, après avoir fermé sa boutique, la veille, vers neuf heures et demie du soir, était allé acheter du tabac dans le voisinage pour sa propre consommation, et qu'à son retour, au bout de dix minutes environ, il était entré dans l'établissement des époux ....., marchands épiciers, dont l'entrée forme le pan coupé précisément en face de la sienne, à l'angle desdites rues de l'Abbé-Groult et Fenoux, où il aurait bu une goutte avec le mari.

Je charge L..., sous-brigadier, et les inspecteurs, de bien étudier les environs et de me rendre compte de leurs recherches.

CLAUDE.

———

PRÉFECTURE DE POLICE, POLICE MUNICIPALE

SERVICE DE SURETÉ

Paris, le 5 décembre 1872.

7e RAPPORT.

Conformément aux ordres de M. le chef du service, nous nous sommes livrés à de nombreuses investigations, à l'effet de découvrir l'auteur d'un assassinat commis pendant la nuit du 2 au 3 du courant, sur la personne du sieur Brazès (Damien-Jean-Pierre), âgé de quarante-huit ans, né à Montferré (Pyrénées-Orientales), marchand de vins, rue de l'Abbé-Groult, n° 67, à l'angle de celle Fenoux.

Tout d'abord, nous nous sommes rendus chez M. R..., commissaire de police de ce quartier, qui n'a pu que nous répéter les termes de son procès-verbal, c'est-à-dire que le sieur Brazès a été trouvé, dans la matinée du 2 au 3 courant, à huit heures et demie, assassiné dans sa cave.

Aucune trace de lutte n'a été constatée, et l'instrument du crime n'a pu être trouvé.

Le sieur Brazès n'avait d'autres parents, à Paris, qu'un frère, dégustateur de la ville de Paris, et un neveu, épicier.

Le sieur Brazès vivait complètement seul et n'avait qu'une femme de ménage, Mme B..., demeurant rue Zangiaccomi, n° 55 (*prolongée*), qui ne venait chez lui que de huit heures et demie à deux heures de relevée pour procéder aux soins de son intérieur. — Cette femme a quatre fils de son mari, savoir :

1° B... Emile, vingt et un ans, carrier et scieur de pierres, demeurant chez elle ;

2° Id. Auguste, dix-neuf ans, garçon maçon, même domicile ;

3° et 4° Deux enfants de six et huit ans, logés également chez leur mère.

Précédemment il avait eu aussi, comme femme de ménage, une nommée T..., concierge rue de l'Abbé-Groult, n° 4, sans enfants.

Enfin, avant celle-ci, il y avait à son service, pour remplir les mêmes fonctions, une nommée C..., demeurant rue de l'Abbé-Groult, n° 66, laquelle a deux enfants :

1° Un fils âgé de vingt-neuf ans, Jules, garçon de lavoir, logé en garni, rue de Vaugirard, 321 ;

2° Une fille d'une vingtaine d'années, blanchisseuse, laquelle reste, actuellement encore, avec elle.

Dans la soirée qui a précédé le crime, le sieur Brazès a fermé son établissement vers neuf heures et demie. Il est allé acheter 50 centimes de tabac chez le sieur G..., débitant, rue de Vaugirard, 323 ; et, en sortant de là, il s'est arrêté chez le sieur B..., épicier, rue Fenoux, n° 9, chez lequel il a pris un petit-verre et a fumé une cigarette. Il n'est resté qu'un instant dans cet établissement et est rentré chez lui.

Dans la même soirée, à dix heures et quart, les époux Sanceau, rue de l'Abbé-Groult, 65, ont remarqué en rentrant chez eux, dans la maison du sieur Brazès, de la lumière dans sa boutique, et déclarent n'avoir entendu aucun bruit dénotant une lutte quelconque. — Le concierge de la maison, ainsi que les voisins, n'ont, pas davantage que les susnommés, entendu rien qui fût de nature à révéler une lutte.

Personne de suspect n'a été remarqué, par qui que ce fût, entrant ou sortant de cette maison.

L'établissement du sieur Brazès n'était composé que de quelques clients, qui sont, les uns propriétaires, les autres rentiers et jardiniers, parmi lesquels nous citerons M. G..., président du Cercle des Jardiniers, rue de l'Abbé-Groult, 62 ; M. V..., son ami intime, dégustateur de la Ville de Paris, rue de l'Abbé-Groult, n° 114, et M. P..., également ami, même rue, n° 64.

Aucune de ces personnes donc ne saurait être suspectée dans le crime qui nous occupe.

On ne connaît à la victime aucun ennemi ; jamais on n'a entendu proférer contre elle aucune menace, ni banale ni sérieuse. — Elle était généralement estimée et bien considérée dans tout le quartier.

Le vol ne paraît pas être le mobile du crime, attendu que, dans le tiroir-caisse de son comptoir, on a retrouvé intacte une somme de 242 francs en quelques billets de banque et menue monnaie, et dans sa commode, en divers titres et obligations, pour environ 35.000 francs de valeurs. (Ces valeurs sont placées sous scellés par ordre de M. le juge de paix.)

Nous ferons remarquer que le criminel a emporté un trousseau de clefs, plus le bec-de-cane de la porte de la boutique donnant sur la rue.

Une seconde perquisition, soigneusement opérée tant dans toute la maison que dans la *cave même*, a été encore opérée, en notre présence, par MM. Claude et R..., commissaires de police, laquelle n'a rien révélé qui pût faire découvrir l'instrument du crime.

Toutes les investigations donc qui ont eu lieu dans le but d'arriver à la découverte du criminel n'ont eu, jusqu'ici, qu'un effet négatif.

Le sous-brigadier et les inspecteurs,

(Signatures illisibles).

———

Paris, le 10 décembre 1872.

8e RAPPORT.

N° 4 D'UN ÉTRANGE

Monsieur,

Je prends la liberté de vous adresser cette lettre pour vous communiquer quelques renseignements sur le crime de la rue de l'Abbé-Groult, qui pourront peut-être aider la justice à découvrir le véritable coupable ; et d'abord beaucoup de personnes du quartier soupçonnent très fortement un homme d'une très mauvaise réputation, qui, pendant la Commune, était, disait-il, receveur, avait toujours beaucoup d'argent, tandis qu'aujourd'hui il est dans la misère. La femme avec laquelle il vit (car cet homme a abandonné ses enfants et sa femme légitime pour vivre avec une coquine), cette femme, dis-je, disait, dans un moment où il l'a abandonnée, qu'elle pourrait le faire arrêter si elle le voulait, à cause de sa conduite pendant la Commune.

Cet homme était très lié avec le malheureux Brazès; il y passait ses soirées, il y a encore six mois, à jouer et à boire du vin de Collioure, dont il vantait partout l'excellence. C'est ce même vin dont on a trouvé deux litres vides sur le comptoir le jour de l'assassinat, et dont l'infortune Brazès tirait le troisième litre lorsqu'on lui a coupé le col.

Cet homme, depuis qu'il est revenu avec sa concubine, rentre tous les soirs vers huit ou neuf heures au plus tard; le jour du crime, sa femme l'a vainement attendu jusqu'à dix heures en lui gardant son dîner. Impatientée, elle s'est couchée et ne sait pas au juste l'heure qu'il est rentré cette nuit-là. La maîtresse de cet homme devait à une personne 2 francs; en les lui empruntant elle lui dit qu'elle les lui rendrait vers le 29 novembre, jour où son amant devait recevoir une forte somme. Ce jour-là étant arrivé, et n'ayant pas pu rendre ces 2 francs, elle dit à la susdite personne :

— Pour sûr, le 2 ou 3 décembre je vous rendrai cet argent, car mon amant aura à cette époque la grande somme qu'il attend.

Or l'assassinat a eu lieu le lundi 2 décembre. Tout cela est connu dans le quartier, c'est ce qui fait que beaucoup de personnes soupçonnent très fortement cet homme, qu'il est facile de trouver, d'avoir commis l'assassinat ; dans tous les cas, si ce n'est pas lui, c'est un grand misérable capable de l'avoir fait, à cause de son infâme conduite sous la Commune, où il a pillé, volé et fait pis encore, dit-on.

Tels sont, monsieur, les faits qui motivent les soupçons que nous avons contre cet homme.

Votre très humble serviteur.

———

Si l'on n'a pas volé chez Brazès, c'est que l'assassin, ayant été effrayé, n'a pas eu le temps, ou bien encore Brazès pouvait avoir des valeurs dont se serait contenté l'assassin.

La maîtresse de cet homme a dit, je l'affirme, que si elle voulait elle pourrait le faire condamner pour le reste de ses jours, cela à propos de la Commune.

———

Paris-Vaugirard, 10 décembre 1872.

9ᵉ RAPPORT

SUITE DE LA NOTE - LETTRE

MONSIEUR CLAUDE, CHEF DE LA POLICE DE SURETÉ
A PARIS

Monsieur Claude,

Contre mon attente, ce n'est que ce matin que j'ai pu compléter les renseignements que je vous avais promis pour avant-hier dimanche au matin ; encore ne sont-ils pas aussi complets que je l'espérais, mais néanmoins je pense qu'ils pourront vous être utiles s'ils viennent corroborer ceux que vos agents ont déjà recueillis.

L'individu supposé être l'auteur de l'assassinat de M. Brazès doit être le fils d'un homme condamné à la déportation, au témoignage de Brazès, pour des faits commis sous la Commune. Cet individu vit aux dépens d'une femme avec qui il est maritalement.

M. C..., jardinier, client habituel du soir de M. Brazès, et M. G..., jardinier, voisin de Brazès. Il y a encore dans le voisinage, rue de l'Abbé-Groult, 76, en face la rue Bausset, un client de Brazès, ancien employé aux Tuileries sous l'Empire. Ces trois messieurs connaissent parfaitement l'individu dont je parle plus haut et qui était très lié avec M. Brazès.

J'ai tout fait pour connaître le nom de l'individu et savoir dans quel procès Brazès a témoigné au conseil de guerre, mais la peur les empêche de parler.

J'ai interrogé M. B..., propriétaire ; j'ai questionné V..., fabricant de paniers rue de l'Abbé-Groult, qui cependant n'a pas hésité à faire arrêter son concierge et à le faire condamner.

Eh bien ! aujourd'hui ce dernier a peur et il hésite à faire connaître ce qu'il sait très bien.

En un mot, tous les voisins de Brazès ont peur de renseigner la police et la justice : c'est ce qui me confirme dans mon opinion, comme beaucoup d'autres du quartier, que la mort de

Brazès ne peut être que le résultat d'une vengeance de bas étage.

D'après les uns, on est allé ouvrir trop tard, à neuf heures du matin, la boutique fermée; d'après les autres, dès qu'on avait frappé sans obtenir de réponse, il fallait aller chercher M. le commissaire de police pour faire ouvrir les lieux. Je m'abstiens de tout autre détail jusqu'à plus amples renseignements, que je ne désespère pas de trouver.

J'ai l'honneur de vous prévenir que je me mets entièrement à votre disposition non seulement pour l'affaire Brazès, mais encore pour toutes celles dont vous pouvez avoir besoin de moi dans mon quartier, entre autres une affaire de vol de timbres-poste commis sous la Commune à Vaugirard, et dont trois accusés ont été condamnés, mardi 3 courant, il y a huit jours, en police correctionnelle, savoir : P...., épicier, à deux mois de prison et forte amende; W..., à dix mois de prison et amende; Q..., à un an par défaut, sur la dénonciation des voleurs principaux! Une autre marchande de tabac a été acquittée; cependant elle en a vendu. — A..., marchand, rue de Vaugirard, a profité le premier du vol, et il a servi de témoin cependant contre les autres, etc., etc.

Veuillez agréer, monsieur Claude, la nouvelle assurance de dévouement de votre très humble et obéissant serviteur.

V...

———

PREFECTURE DE POLICE

10e NOTE POUR M. LE CHEF DE LA POLICE MUNICIPALE

A l'occasion de l'assassinat du sieur Brazès, marchand de vin, rue de l'Abbé-Groult, un anonyme appelle l'attention sur un nommé P..., ancien locataire de la maison rue de l'Abbé-Groult, qui aurait fréquenté assidûment l'établissement de sieur Brazès, et buvait ordinairement du vin de Collioure, dont l'assassin aurait bu deux bouteilles avant le crime, et dont le marchand de vin assassiné était en train de tirer la troisième bouteille quand il a été frappé.

P... serait un individu mal famé ayant joué un certain rôle pendant la Commune.

Il aurait abandonné sa femme et sa fille pour

vivre en concubinage avec une femme dont il aurait deux enfants. Puis il aurait abandonné sa concubine pour aller habiter Levallois-Perret. Cette femme aurait répété plusieurs fois qu'elle n'aurait qu'un mot à dire pour faire arrêter son amant.

Si les renseignements fournis sont exacts, P... se serait réconcilié avec sa maîtresse et demeurerait avec elle rue de Vaugirard, près du passage de la Favorite.

Prière à M. le chef de la police municipale d'utiliser, s'il y a lieu, ces renseignements pour arriver à la découverte du coupable.

Le préfet de police,

Pour le préfet :

PRÉFECTURE DE POLICE, POLICE MUNICIPALE

SERVICE DE SURETÉ

Paris, le 11 décembre 1872.

11e RAPPORT.

Les informations prescrites par une lettre ci-jointe du juge d'instruction, au sujet de l'assassinat du sieur Brazès, n'ont rien fait connaître jusqu'à présent qui pût mettre sur la trace du ou des coupables.

Le neveu de Brazès demeurait avant son mariage avec son oncle, et était employé depuis plusieurs années comme premier commis chez MM. Afforty et Balu, commissionnaires pour l'article de Paris, rue Saint-Denis, nº 143, et avant il avait déjà été au service de leur prédécesseur, M. Bizet, lesquels ont donné sur son compte les meilleurs renseignements sous tous les rapports. C'est un honnête sujet.

Ses voisins, consultés, n'ont pu fournir aussi aucun renseignement sur le crime ; du reste, la principale entrée de la boutique de Brazès est située en face d'un mur, et la rue, notamment à ce. endroit, est on ne peut plus déserte, surtout le so.., ce qui peut permettre d'entrer et de sortir sans jamais être vu. Il n'a pas été possible non plus, en raison des précautions qu'il faut prendre, d'ê..e fixé sur la situation commerciale de sa famille.

Les renseignements pris chez Mme veuve M... et Ce, épiciers en gros, route d'Orléans, n° 176, à Montrouge, principaux fournisseurs de Brazès, sont aussi favorables à toute cette famille

Et M. le commissaire de police chargé de cette affaire n'a rien non plus qui puisse faire découvrir l'assassin.

Le chef du service de sûreté,

CLAUDE.

Le 11 décembre 1872.

12e RAPPORT

L'individu signalé dans la lettre anonyme, en date du 10 courant, comme pouvant être l'auteur de l'assassinat du sieur Brazès, n'est autre que le nommé P..., François-Alphouse, né à Montrichard, le 4 août 1841, employé aux écritures chez un sieur G..., demeurant avec sa concubine Louise, âgée de vingt-six ans, rue de Vaugirard, sur lequel nous avons déjà fourni des renseignements le 7 courant.

M. R..., commissaire de police, a fait le 8 courant une perquisition chez P... qui est restée infructueuse. Ce dernier, de plus, a justifié de l'emploi de son temps, et rien n'est venu établir qu'il puisse être le coupable.

Au sujet de l'individu signalé par le nommé V..., dans sa lettre aussi en date du 10 courant, nous avons consulté M. G..., ancien jardinier retiré, ainsi que plusieurs autres clients de la victime ; mais ni les uns ni les autres n'ont connaissance que le sieur Brazès ait servi de témoin dans aucune affaire de la Commune ; ils croient même pouvoir affirmer que les dires de V... à ce sujet sont complètement faux.

Quant au sieur C..., dont on n'a pu nous donner l'adresse pour le moment, M. G... affirme qu'il a quitté le sieur Brazès en même temps qu'eux, c'est-à-dire à sept heures. M. G... affirme, du reste, que le sieur C... est un honnête homme que l'on ne peut sus-pecter.

Nous avons vainement cherché le nommé

V... pour lui demander des explications sur les faits qu'il indique ; nous avons bien appris qu'il avait logé en dernier lieu, 13, rue Dombasle, mais il est parti de là sans laisser d'adresse.

Ce nommé V..., qui est prénommé Frédéric, âgé de soixante-quatre ans, né à Castelnau, est connu dans Vaugirard sous les auspices les plus défavorables ; aussi dit-on qu'il n'y a pas d'importance à attacher aux renseignements donnés par lui.

Cependant, si M. le chef du service juge à propos qu'il soit consulté, nous ferons en sorte de le découvrir.

F...

———

ASSASSINAT BRAGÈS

Paris, le 21 décembre 1872.

13e RAPPORT

Conformément aux instructions reçues et de la note de M. le juge d'instruction « que l'instrument du crime doit être un instrument tranchant jeté dans un terrain voisin, »

Nous avons recherché dans le terrain occupé par un blanchisseur, donnant rue Blomet, 118, et 171, rue Lecourbe, et même rue Blomet, 112, et Lecourbe, 161, grand terrain d'un maraîcher. Dans le terrain de ce dernier, nous avons trouvé le bouton à vis ci-joint portant l'initiale B.

Les terrains faisant le coin de la rue Bausset et Maublanc, coin de la rue Blomet et l'Abbé-Groult et place de l'Église, sont clos et absents de propriétaires, ils n'ont pu être visités. Nous avons donné connaissance de notre mission au commissariat du quartier Saint-Lambert, qui n'a pas voulu prendre sur lui de faire ouvrir la porte desdits terrains clos, n'ayant pas de commission rogatoire.

En résumé, recherches à peu près insignifiantes ; les personnes consultées ont déclaré ne pas avoir connaissance qu'un rasoir, couteau ou autre instrument tranchant ait été trouvé dans les terrains voisins du domicile de Brazès.

Les inspecteurs.

Paris, le 22 décembre 1872.

14e RAPPORT

La dame M... exploite, depuis plusieurs années, une petite crémerie-fruiterie sise rue de
la Verrerie.

Elle habite à cette adresse, au premier étage,
une chambre en communauté avec son fils, le
détenu M...

Depuis une dizaine d'années, elle est séparée
de son mari, le sieur M..., porteur aux Halles,
lequel habite en garni rue de l'Abbé-Groult,
n° 7.

Elle a une fille qui est mariée à un sieur P...,
briquetier. demeurant même rue, n° 1.

Questionnée, sous prétexte relativement à
son fils, le détenu M..., la dame M... le présente
comme ne jouissant pas, depuis son bas âge,
de la plénitude de ses facultés intellectuelles,
lesquelles se seraient encore sensiblement al-
térées depuis que, pour faits insurrectionnels,
il a été détenu sur les pontons, d'où il n'est
sorti qu'en février dernier.

Depuis cette époque, M... habite et travaille

chez sa mère, ne sortant jamais et ne fréquentant personne.

Dans les premiers jours du courant, il manifesta l'intention d'aller rendre visite à son père.
Il y alla le dimanche 8 du courant, et ne rentra
chez sa mère que le mardi matin, 10. Il dit à
cette dernière qu'il avait passé son temps à faire
la noce avec son père et son beau-frère P...,
ajoutant que ceux-ci lui avaient dit :

— Si ta mère veut te faire travailler, viens
nous rejoindre après lui avoir pris de l'argent.

Deux jours après, c'est-à-dire le 12, il retour-
nait en effet leur rendre visite. Il partit vers
trois heures de l'après-midi en habit de travail et rentrait chez sa mère le lendemain 13,
vers cinq heures du matin. Ses vêtements, notamment son pantalon, étaient déchirés, ce qui
semblait résulter d'une lutte. Il disait d'ailleurs
en rentrant que des agents de police étaient à
sa poursuite ; mais, connaissant la faiblesse
d'esprit de son fils, la dame M... dit n'avoir attaché aucune importance aux dires de ce jeune
homme.

Je n'ai pas cru devoir pousser plus loin mes
questions, mais j'ai prié cette femme de me
présenter les vêtements de son fils, ce qu'elle a
fait avec empressement. Je les ai minutieuse-

ment visités sans qu'il m'ait été possible d'y découvrir la moindre maculation de sang ou suspecte.

J'ai également remarqué qu'ils n'avaient pas été lavés depuis un certain temps.

Le pantalon et la chemise qu'il portait lors de sa deuxième escapade, c'est-à-dire la nuit du 12 au 13 courant, m'ont seuls paru dignes d'être examinés avec soin ; c'est pourquoi je me les suis fait remettre.

Le tablier bleu à bavette, ainsi que le gilet et le paletot qu'il portait ce jour-là, ne possèdent pas la moindre tache suspecte.

Le jeune M... passe dans son quartier pour un idiot, et la dame M... jouit d'une excellente réputation.

Elle m'a paru être de très bonne foi, et surtout ne se douter nullement du but réel de ma visite.

L'inspecteur,

A. B...

———

Paris, le **23** décembre **1872**.

15ᵉ RAPPORT

La commission rogatoire de M. le juge d'instruction contre le nommé C..., garçon de lavoir chez Mᵐᵉ L..,, rue de l'Abbé-Groult, 98, n'a pas été terminée, C... ayant été renvoyé hier pour mauvais service ; sa mère demeure même rue, nᵒ 66 ; le susnommé est disparu depuis sa sortie de chez Mᵐᵉ L...

Les personnes désignées par la note remise par Denis à M. le juge d'instruction signalent, comme pouvant donner des renseignements, G..., Henri, contrôleur des Omnibus, 335, rue de Vaugirard ; C..., jardinier, rue Blomet ; T..., cantonnier, rue Gerbert, et F..., rue de l'Abbé-Groult, 66, n'ont pu être consultés, étant absents.

A onze heures du matin, le sieur D... est venu chez le commissaire de police du quartier Saint-Lambert et a déclaré que le nommé H..., demeurant rue du Commerce, 56, à Grenelle, ami intime de Brazès, venait de se donner la mort d'un coup de poignard, et qu'il avait dit chez un sieur D..., coiffeur, rue du Commerce, 45, qu'on le désignait comme assassin de son ami Brazès et qu'il ne pouvait vivre davantage, que l'on pourrait avoir des renseignements chez le pharmacien rue du Commerce, 52, chez le marchand de vin même rue, n°s 56 et 60, et chez le marchand de tabac même rue, 61 ; les personnes consultées, ainsi que le sieur M..., épicier, même rue, 55, et même maison que H..., ont à peu près confirmé la déclaration de D.....

H... a dit, en présence de la dame D... et de ses deux garçons, les propos rapportés par D..., qu'on le disait l'assassin de Brazès et qu'il serait déménagé avant qu'on ait trouvé l'assassin. Ces mêmes personnes disent que, depuis le crime seulement, le sieur D... était comme fou.

Demain M. le commissaire de police doit entendre ces personnes de nouveau à son bureau.

Il y aurait contradiction : la femme H... dit que son mari, le jour du crime, serait rentré chez lui à sept heures du soir ; d'après des témoins entendus, il serait parti assez tard, huit heures et demie ou neuf heures du soir.

Vu les nombreux renseignements et recherches, il n'a pas été possible de faire la recherche
ordonnée dans les terrains clos voisins du domicile de Brazès pour la recherche de rasoir ou
couteau, ou autre instrument ayant servi à
commettre le crime.

Demain continue l'affaire.

Les inspecteurs,

(Signatures illisibles).

Paris, le 24 décembre 1872.

16e RAPPORT

Informé qu'un individu disant se nommer
Louis M..., être né à Paris, âgé de dix-sept ans,
et demeurer rue de l'Abbé-Groult, n° 1, habillé
en femme, venait d'être arrêté pour vagabondage, il a été, à raison du domicile par lui indiqué, voisin de celui du sieur Brazès, questionné au sujet de l'assassinat de ce dernier,
principalement sur la question de savoir s'il ne

pourrait pas fournir quelques renseignements utiles.

Dès les premiers mots qui lui ont été adressés, cet individu s'est mis à pleurer, et il a été impossible d'en obtenir aucune réponse raisonnable, si ce n'est qu'il ne savait absolument rien.

Il résulte des renseignements recueillis que le père de ce jeune homme, porteur aux Halles, serait séparé depuis une dizaine d'années d'avec sa femme, et demeurait avec son gendre, nommé P..., rue de l'Abbé-Groult, n° 1, et que sa mère, avec laquelle il demeure habituellement, serait établie marchande fruitière rue de la Verrerie, n° 7.

Le père et le gendre chercheraient sans cesse à attirer chez eux le jeune M..., et ce serait sur leurs instances que, le 8 décembre courant, il aurait quitté le domicile de sa mère pour aller chez eux, où il serait resté deux jours ; puis une seconde fois, le 12 du même mois, d'où il serait rentré le lendemain 13, avec ses vêtements déchirés comme s'il avait eu une lutte avec quelqu'un, disant qu'il était poursuivi par la police, qui voulait l'arrêter ; enfin il a été établi que le jeune M... ne jouit pas de la plénitude de ses facultés intellectuelles, principalement depuis qu'il serait de retour des pontons, où il avait été envoyé comme insurgé.

Les vêtements dont il était couvert appartiennent à sa mère, chez laquelle il les avait pris, en y laissant les siens, lors de la dernière incartade qui a motivé son arrestation pour vagabondage.

Le chef du service de sûreté,

CLAUDE.

—

Paris, le 24 décembre 1872.

17e RAPPORT

Ce matin, nous avons assisté M. le commissaire de police du quartier Saint-Lambert dans la perquisition faite au domicile du nommé C..., rue de Vaugirard, 321, en garni, troisième étage, chambre n° 9, où il n'est pas rentré depuis sa sortie de chez la dame L...; une deuxième perquisition a été faite au domicile de la mère à C..., rue de l'Abbé-Groult, 66, qui n'a eu, comme la première, aucun résultat; n'étant pas venu chez sa mère depuis deux mois, elle dit qu'il a subi une condamnation de un mois.

Le sieur G..., Henri, contrôleur aux Omnibus, rue Gerbert, 11, et rue Vaugirard, 355, dit que, se trouvant chez son collègue le sieur A..., demeurant rue de Vaugirard, 332, la femme de ce dernier a dit que, se trouvant chez la dame B..., fruitière, même rue, 359, une femme avait dit qu'on avait vu un individu suspect rue Fenoux.

Vu la dame A.., et la dame B..., elles dirent se rappeler le fait et le propos tenu, mais ne pas connaître la femme qui l'a tenu ; elle est âgée de cinquante ans environ et louche.

Le sieur S..., ancien jardinier, rue Blomet et aujourd'hui distillateur rue de Cambronne, 93, ne connaît rien de l'affaire Brazès et nie qu'un individu lui ait proposé de faire une partie chez Brazès le jour du crime.

Le sieur T..., quarante-sept ans, cantonnier rue Gerbert, demeurant 40, rue Cambronne, déclare que, le lendemain du crime, sur les sept heures et demie du matin, il a vu un individu rue Fenoux, entre les nos 8 et 10, qui lui a paru très suspect, et même fait peur ; il ne le connaît pas davantage.

Signalement : quarante ans environ ; taille

1^m,65 à 1^m,68; sans barbe, peut-être des moustaches; pantalon-cotte bleu, tunique-vareuse de la garde nationale; corpulence maigre.

Le sieur F..., Joseph, soixante et un ans, propriétaire, rue de l'Abbé-Groult, 66, déclare que l'individu qu'il a vu est le sieur B..., Louis, quarante-quatre ans; qu'à huit heures du matin, le lendemain du crime, il était avec sa bonne à la fenêtre et qu'ils ont été frappés de la figure décomposée de B..., et, l'ayant interpellé, les paroles ne pouvaient sortir de sa bouche, et qu'il était rentré chez lui immédiatement.

Les recherches continuées dans les terrains clos voisins du domicile de Brazès, terrains situés rue Blomet, rue Bausset, coin de la rue Maublanc, et principalement dans le terrain de l'église projetée, n'ont amené aucun résultat : aucune arme, aucun couteau ou rasoir ayant pu servir à commettre le crime n'a été trouvé.

Les inspecteurs.

18ᵉ RAPPORT

M. V., AGENT D'AFFAIRES, DEMEURANT, 105, RUE
LECOMBE, A PARIS-VAUGIRARD

Il sait que le sieur Brazès aurait été témoin devant un conseil de guerre dans le procès d'un individu dont il ne se rappellerait pas le nom, lequel aurait été condamné à la déportation.

Ce dernier aurait un fils âgé de vingt-cinq à quarante ans environ, taille ordinaire, trapu, portant toute sa barbe alors, demeure ignorée mais dans le quartier de Vaugirard ; aurait fait des menaces envers Brazès, dont le témoignage, disait-il, avait fait condamner son père.

———

19ᵉ RAPPORT SUR LA NOTE 8

C... serait le dernier qui, dans la soirée du 2 décembre, aurait quitté Brazès.

G... et C... connaissent parfaitement l'individu signalé par M. V... dans la note et la première partie de la lettre.

AFFAIRE BRAZÈS

Le 31 janvier 1873.

20e RAPPORT

Informé qu'un sieur M***, gardien de la paix au XVe arrondissement, demeurant 129, rue Blomet, aurait dit pouvoir fournir des renseignements au sujet de l'assassinat du sieur Brazès, nous l'avons consulté à ce sujet.

Il nous a déclaré que, dans la journée qui a précédé le crime, en faisant vers midi une tournée de surveillance avec son collègue J..., un sieur D..., âgé d'environ quarante-huit ans, concierge, rue de l'Abbé-Groult, leur avait dit en parlant de Brazès :

— C'est un homme qui a plus *vécu qu'il ne vivra*; il est asthmatique et un de ces jours on le trouvera mort chez lui.

Le lendemain de l'assassinat, ce même D... aurait dit au gardien Morel que la veille, à neuf heures et demie du soir, il s'était fait servir par Brazès du mêlé-cassis.

Ces conversations, auxquelles le sieur M...
n'avait tout d'abord attaché aucune importance,
lui font croire, quoiqu'il n'ait aucune preuve,
que D..., qui était un habitué de l'établissement
Brazès, pourrait bien être l'auteur du crime.

En conséquence nous avons pris des renseignements sur lui, desquels il résulte ce qui
suit :

D..., ainsi qu'il est dit plus haut, est concierge rue de l'Abbé-Groult; il vit en commun avec une veuve C..., ancienne femme de
ménage de Brazès, mais ils ont des logements
séparés. On ne dit rien de défavorable sur
lui dans le quartier, et nous n'avons rien appris qui vienne confirmer les soupçons du sieur
Morel.

Quant à la veuve C..., elle a deux enfants,
un fils qui est garçon de lavoir et une fille blanchisseuse, sur lesquels nous avons déjà informé lors des premières démarches, informations qui ont fait connaître qu'ils n'étaient pas
sortis de chez eux la nuit du crime.

En somme, bien que ces renseignements ne
paraissent pas avoir grande importance, nous
croyons cependant utile d'en donner connaissance.

P...

DE D..., ÉPICIER, VOISIN DE BRAZÈS

21ᵉ RAPPORT

Vers neuf heures et quart, Brazès sort du bureau de tabac. Brazès entre chez lui; il prend une goutte de cognac et fume une cigarette.

Rentré à neuf heures et demie avec son bec-de-cane, il a laissé la porte entre-bâillée; à travers on apercevait de la lumière. Il a fermé la sienne.

Brazès ne causait que peu ou point de ses affaires.

———

Le 20 janvier 1873.

22ᵉ RAPPORT

Les démarches faites par suite d'une lettre de M. le juge d'instruction, signalant un boucher, dit le *Terrible,* comme étant l'auteur, de complicité avec d'autres individus, de l'assassinat du sieur Brazès, marchand de vins, rue de l'Abbé-Groult, nº 67, nous ayant fait connaître qu'un individu connu sous les noms indiqués fréquentait le bal du Salon de Paris, rue Folie-Méricourt, 22, plus particulièrement désigné sous le nom de bal Popincourt, nous l'avons arrêté et amené au bureau du service afin d'être examiné.

Il a déclaré se nommer C..., Alexandre-Louis, âgé de vingt-six ans, né à Paris le 6 janvier 1847, garçon boucher, demeurant dans ses meubles rue Saint-Maur, 45, et en garni au nº 7 de l'ancienne rue de Bon, située à la Chapelle, et travailler chez le sieur Prévoteau, meneur de viande, rue de Torcy, 25, où il gagne 50 francs par semaine.

Interpellé au sujet du sieur Brazès, il a déclaré ne pas le connaître ou plutôt ne l'avoir jamais connu, et n'avoir jamais fréquenté le quartier de Vaugirard, qu'habitait ledit Brazès, qu'il ne connaîtrait pas le moins du monde; il n'aurait non plus dans Vaugirard aucun ami. camarade ni parent.

C... a déclaré en outre que, depuis longtemps, il travaillait toutes les nuits à transporter avec sa voiture de la viande chez les bouchers pour le compte de son patron et n'allait nulle part ailleurs que dans les quartiers

Popincourt, Montmartre, et quelquefois barrière d'Enfer, partant des abattoirs de la Villette ; il affirme n'avoir pas manqué une nuit,
notamment au moment de l'assassinat du sieur
Brazès, et n'avoir fait chez ce dernier aucune
libation nocturne à cette époque, soit seul, soit
avec quelqu'un.

Enfin il déclare ne connaître personne du
nom de Becquet, non plus qu'un nommé Abadie, fruitier, et les filles soumises Louise Bertaud et Julie, dite la grosse *Marie*.

Ces derniers, ainsi que le nommé Delmonico,
qui aurait révélé ces faits dans une lettre au
nommé Becquet, sont inconnus au bal du Salon
de Paris et rue d'Allemagne, où l'on indique
que doit demeurer la grosse Marie, laquelle,
ainsi que Louise B..., sont également inconnues au service actif des mœurs et au dispensaire.

Quant au vol que l'individu signalé sous le
nom de le Boucher aurait commis avec Abadie,
Delmonico et les filles B... et la grosse Marie,
G... affirme n'y avoir participé en aucune façon, et même n'en avoir aucune connaissance.

Du reste ce vol ne paraît pas exister, car tous
les marchands du vieux boulevard de Belleville, où aboutit la rue de l'Orillon (et non bou-

levard Ménilmontant), que nous avons consultés, n'en ont aucune connaissance.

C... a été consigné au dépôt de la préfecture
à la disposition de M. le juge d'instruction, en
attendant que ce magistrat ait statué à son
égard.

L'inspecteur,

P...

Par les marches, les contremarches de la police,
par la filière de ses investigations, on voit que de faux
rapports s'amassent à la préfecture par chaque affaire criminelle.

Ainsi le soupçon commence à peser sur l'entou-
rage de Brazès, sur les membres de sa famille ;
ensuite, lorsque l'innocence éclate de ce côté-là,
l'erreur surgit de nouveau par d'autres faux rapports inspirés par un misérable V...; celui-ci n'a
qu'un intérêt : compromettre d'autres honnêtes
gens, à propos d'un crime qui peut assouvir,
comme il l'écrit lui-même, ses lâches vengeances.

Enfin, ce n'est qu'au vingt-deuxième rapport que
la police croit être sur les traces de la bande qui a
engendré, sinon conçu ce crime mystérieux. Ce

boucher, *dit le terrible*, est-il encore le véritable assassin de Brazès? C'est un autre *guiche* qui le dira plus tard. Et en temps et lieu je me promets de revenir sur cette affaire.

CHAPITRE XVII

MÈRE ET COURTISANE.

Un jour, je rentrais à mon bureau en revenant de Versailles. J'étais très content de moi, je n'avais pas perdu ma journée; mais ma journée fut gâtée par une femme qui m'attendait à la préfecture.

Hélas! cette dame, par ses incessantes rencontres, remplaçait fatalement, horriblement mon amie X***, dont elle avait été le bourreau.

J'étais encore en présence de Mme C*** !

A sa vue, je pâlis, je frémis, elle s'aperçut de l'impression pénible qu'elle me causait. En effet, le contentement dont j'étais rempli s'effaça ostensiblement à sa fatale vision.

Elle me rappelait trop mes récents malheurs, nos désastres dont la patrie saignait toujours.

Avant de raconter l'émouvante scène qui se passa

entre cette femme et moi, je dois avouer ce que j'avais fait à Versailles.

Je m'y étais rendu, comme l'exigeait mon devoir professionnel, pour rechercher parmi les soldats de la Commune des récidivistes se dissimulant derrière le drapeau de la guerre civile pour mieux faire disparaître leurs casiers judiciaires.

A ma vue, certains insurgés, que j'avais souvent rencontrés sur les bancs de la police correctionnelle ou des assises, avaient le soin de se cacher pour ne pas être reconnus par moi.

Ce jour-là, au contraire, à peine arrivé à Versailles, je vis deux pauvres diables, qui, loin de rentrer à mon approche dans les rangs des insurgés prisonniers, s'en détachèrent de façon à attirer tous mes regards.

Je les reconnus pour deux ouvriers rangés, très bien notés par leur patron. Ils appartenaient à une fabrique de bronze de la rue Ménilmontant. Ils avaient été dénoncés faussement par des camarades envieux, comme ayant pris part aux actes les plus sanguinaires de la révolution, uniquement parce qu'ils n'avaient jamais voulu marcher avec les soldats de l'*Internationale*.

Connaissant de longue date ces ouvriers employés à une fabrique, dont le patron était le beau-père de mon secrétaire S***, je pris sur moi de les recommander à la commission militaire. J'eus le bonheur de les faire immédiatement relâcher.

Ce jour-là, j'avais fait plus encore, j'avais porté sur la liste des récompenses tous mes inspecteurs qui, sous la guerre, sous la Commune, m'avaient protégé au prix de leur liberté et de leur sang.

Il va sans dire que *Bagasse*, *Œil-de-Lynx*, *Requin*, *Jarret-d'Acier* et tant d'autres qui m'étaient restés fidèles depuis le commencement de la guerre jusqu'à la fin de l'insurrection, avaient été mis les premiers sur cette liste, avec les inspecteurs qui avaient partagé ma captivité à la prison de la Santé.

Je revenais donc très satisfait à la préfecture en pensant avec quelle joie mes inspecteurs apprendraient ce que j'avais fait pour eux et leur famille.

J'avais toujours dans les oreilles les paroles du secrétaire du ministre de la guerre, me disant :

— Eh bien! monsieur Claude, vous allez être content. Vos inspecteurs, d'anciens soldats, vont obtenir tout ce que vous sollicitez pour eux. Et je ne vois pour eux, grâce à votre généreuse initiative, que du profit; tandis que vous, leur chef, vous qui avez souffert tout ce qu'ils ont enduré, vous restez Jean comme devant. Que désirez-vous?

— Rien! rien que la peine, répondis-je, d'affronter encore avec eux de nouveaux dangers!

Ce fut, je crois, à la suite de ma réponse qui confondit un peu le secrétaire du ministre, qu'il fut question de me nommer sous-chef de la police sur la proposition du président de la République, concernant la création d'un nouveau bureau chargé spécialement des affaires criminelles.

J'ai dit au commencement de ce volume ce que je pensais de la formation de ce poste qui, en continuant les errements de l'Empire, ne pouvait que diviser l'administration de la préfecture.

La lettre que j'envoyai aux journaux dit bien mieux que tout ce que je pourrais dire aujourd'hui contre une récompense que je n'ambitionnais pas, parce qu'elle eût nui à une administration dont je ne me suis toujours considéré que comme le serviteur et non comme l'ordonnateur suprême.

Un policier, je le répète, n'est que le premier agent du magistrat; il ne peut être son égal, au risque de renverser tous les rôles.

Le jour où la police deviendra omnipotente, elle n'aura plus à conduire qu'un troupeau d'esclaves!

Je reviens à ma visite avec Mme C***.

Comme je l'ai indiqué au début, cette femme avait lu sur mon visage, dans mon attitude, l'impression pénible que m'avait causée sa présence.

Cependant Mme C*** n'était plus en ce moment la fringante et délicieuse amazone de Forbach, ni la séduisante vivandière des fédérés m'apportant à la Santé la liberté ou... la mort.

Non, Mme C*** n'était même plus la défiante et sarcastique complice de la *Perle-Noire*, telle que je l'avais vue au sujet des drames de la maison de la rue d'Enfer.

Alors elle était humble, soumise, larmoyante. Immédiatement elle prit, sous mes regards irrités et soupçonneux, la pose d'une Ariane éplorée.

Pour moi, elle n'en était que plus dangereuse.

— Monsieur Claude! s'écria-t-elle en sanglotant et en se jetant presque à mes pieds. Quoique je n'aie aucun droit à faire valoir auprès de vous pour implorer votre pitié, je connais trop 'votre bon cœur pour que votre voix si propondérante ne me fasse rendre prompte justice.

— Madame, lui répondis-je, sans m'asseoir, en lui faisant entendre que je désirais abréger cet entre-tien. Mon pouvoir ne s'étend pas jusqu'à influencer la justice, surtout à l'égard d'une femme comme vous qui, en tant d'occasions, en avez fait si peu de cas.

— Monsieur, me répondit-elle en se relevant avec un mouvement de dignité qui jurait avec sa première attitude, vous manquez de générosité. Je ne vous croyais pas capable d'insulter une femme... une femme suppliante qui était venue ici confiante en votre loyauté, ou tout au moins en votre savoir-vivre.

— Excusez-moi, madame, repris-je, un peu confus en m'asseyant, en priant enfin la belle éplorée de s'asseoir à son tour. Je vous écoute; de quoi s'agit-il ?

— Ah ! reprit-elle en souriant à travers ses larmes, vous voulez du moins m'entendre. C'est pour moi une première conquête. Je n'espérais pas moins de votre galanterie.

— De grâce, madame, lui ripostai-je sévèrement, ne reprenez pas votre rôle de Forbach, ni celui que vous jouiez si bien à la Santé, sinon je me souviendrais, moi, que votre premier rôle a coûté la vie à ma meilleure amie, Mme X***, et que le second rôle a failli, de votre fait, me faire fusiller par les fédérés.

— Vous avez de la mémoire? exclama-t-elle sur un ton de douloureux reproche, en attachant sur moi de longs regards dont les effluves magnétiques me donnèrent le frisson.

— Il en faut, madame, dans notre métier, lui répondis-je pour me défendre contre de dangereux manèges.

— Et en aurez-vous jusqu'au bout pour rester sourd à ma prière?

— J'en ai bien peur, si la justice, — lui dis-je en m'apercevant que je la blessais profondément, — si la justice n'est pas tout à fait de votre côté!

— Alors, reprit-elle joyeusement en me dévisageant avec un sourire de sirène, en attachant sur moi des yeux éclatants de lumière qui firent baisser les miens; alors n'ayez plus aucun scrupule, la justice est tout à fait pour moi.

— J'en doute, répondis-je en souriant avec amertume, car une courtisane comme vous, dont le passé est si chargé, ne peut absolument égaliser les plateaux de la balance.

— Peut-être comme courtisane?

— Vous pourriez ajouter comme meurtrière!

— Comme meurtrière, comme courtisane, comme espionne soudoyée par l'étranger, femme déchue, tombée si bas qu'elle déshonore même son sexe! Vous voyez, monsieur Claude, que je fais bon marché de ma personne, que je vais au-devant de vos injures?

— Eh bien! alors, que pouvez-vous attendre de moi? lui répondis-je en me retournant vers elle d'un air étonné, confondu, en frappant dans mes mains comme un homme indigné de son cynisme.

— J'espère de vous, me dit-elle très froidement, que vous rendrez justice à une femme perdue qui vous la demande.

— Comme meurtrière , comme courtisane? lui objectai-je avec dédain.

— Non, exclama-t-elle en se relevant avec une majesté dont je ne l'aurais pas crue capable, non, mais comme mère !

— Mère, vous! exclamai-je en tressautant, en la regardant avec une curiosité pleine de mépris; une femme comme vous ne peut être mère ?

— Cependant une mère comme moi, une courtisane comme moi! riposta-t-elle en se frappant la poitrine, vaut la femme la plus sainte, entendez-vous , lorsqu'elle est mère? Est-ce que la louve n'aime pas son petit du même amour que la brebis? Est-ce que l'hyène ou la tigresse, la brebis ou la tourterelle n'ont pas pour les fruits de leurs entrailles les mêmes tendresses, les mêmes caresses, les mêmes dévouements?

— Eh bien? lui demandai-je d'un air de plus en plus confondu !

— Eh bien! s'écria-t-elle avec un emportement douloureux, on m'a volé mon enfant ! Comme il n'y a aucune loi humaine qui puisse permettre de ravir une fille à sa mère, je viens charger la police, dans la personne de M. Claude, de me faire rendre ce qui est à moi, rien qu'à moi !

— Ah! exclamai-je en la contemplant avec une expression singulière , et qui vous a pris votre enfant?

— Sa tante, ma propre sœur !

— Mais elle n'a pu agir ainsi sans un ordre de la magistrature, un ordre motivé par un jugement préalable et par ministère d'avoué?

— Oui, fit-elle avec un sourire étrange et diabolique, oui, mais en corrompant la magistrature! Car corrompre, c'est notre métier à nous, de mère en fille, de sœur à sœur, et ma sœur a un amant dans la magistrature; alors on a prétendu, pour éviter les mauvais exemples que ma conduite place, dit-on, sous les yeux de ma fille, on a prétendu qu'il fallait mettre en tutelle mon enfant chez ma sœur et lui donner un conseil de famille.

— Mais, ripostai-je en souriant, avouez que la magistrature n'a pas eu tout à fait tort?

— Oui, fit-elle en bondissant de fureur, si le magistrat qui a rendu cet arrêt n'était pas ou n'avait pas été l'amant de ma sœur!

— Madame, lui dis-je avec indignation, si je ne connaissais pas votre perversité, comme je connais de longue date votre inconduite et vos crimes, je pourrais avoir foi en vos paroles, je pourrais m'associer à votre douleur, mais je vous connais, je ne vous crois pas. La justice a été juste pour une infâme comme vous! Ne vous rendez pas plus infâme que vous l'êtes en calomniant votre famille, la justice et ses magistrats.

J'avais dit ces paroles en me reculant de cette femme dont, je le répète, j'avais appris à redouter la puissance et le contact.

Cette fois, comme à Forbach, je n'avais plus pour égide mon honneur; ou comme à la Santé, ma vie en danger. Non, j'étais en face d'une sirène qui, belle, éplorée, était sûre de son pouvoir, lorsque son pouvoir s'attaquait à ma pitié avant d'envelopper mes sens et de bouleverser mon cœur.

Il faut avouer que depuis que j'avais délivré Mme C*** de la *Perle-Noire*, elle avait repris tout l'attrait de sa beauté.

Pendant que je débitais cette dernière diatribe contre elle, Mme C*** s'était avancée, à mesure que je me reculais avec une expression d'épouvante.

Elle était très belle sous sa robe de velours noir prise pour la circonstance, et qui faisait valoir avec tant de charmes le satin de son cou et de sa gorge. Décolletée à dessein, elle m'embrasait de l'éclat de ses contours admirables, de la flamme perfide de ses grands yeux bleus qui me souriaient comme ses lèvres.

Alors son regard, plein de voluptueuse promesse, m'enveloppait de toutes parts; je ressentais cette langueur qu'éprouve l'oiseau fasciné sous le regard du serpent. Elle s'approcha de moi pour me lier de ses mains blanches, aux doigts effilés. Je cherchais encore à combattre sa puissance attractive et magnétique.

Elle ne parlait pas, moi je ne parlais plus.

Mais je le sentais ! je ne le sentais que trop ! J'admirais son profil qui se dilatait, je voyais ses narines roses, diaphanes, qui s'ouvraient comme la fleur lorsqu'elle se livre au zéphyr. J'étais anéanti, j'étais subjugué !

Et plus ses bras s'étendaient, s'arrondissaient vers moi d'un air de supplication, plus je détournais la tête pour ne pas rencontrer ses lèvres d'un rouge de feu, fraîches et humides, qui cherchaient les miennes !

J'étais dans la situation de ce vieillard qui se sent

renaître au printemps de la vie par la puissance
d'un corps jeune, séduisant, prêt à se donner à lui.
Je ne pouvais plus lutter longtemps contre tant de
grâces se livrant à moi avec tant d'abandon.

J'étais vaincu.

Un sourire de triomphe perdit cette enchanteresse
au moment où elle croyait être certaine de son
triomphe.

Déjà, d'une main tremblante, je caressais les longues tresses de sa chevelure blonde qui encadrait
l'ovale de sa figure d'ange déchu ; mais le sourire
diabolique de cette femme me rendit à la raison, il
me sauva encore une fois de cette Circé.

Dans ce sourire de la bacchante j'entrevis tout un
monde de représailles ! Le remords me mordit au
cœur d'une façon encore plus pénétrante que sa
volupté, je me rappelais Mme X***, mon amie, ba-
fouée par sa rivale avant de mourir par elle ! Je me
rappelais le prix que la volupté de cette courtisane
avait mis à ma liberté, dans la prison de la Santé ;
je me rappelais ce qui la rendait si indigne d'être
mère, sa liaison surnaturelle avec la *Perle-Noire*.

Alors tout ce que j'avais dit à la dernière dupe
de l'odieuse complice de Mme C*** à la *Perle-Noire*,
je me le dis à moi-même. Je me fis honte, je pensais qu'à mon âge je n'avais plus l'excuse du jeune
homme qui avait failli aussi être la victime de la
maison de la rue d'Enfer !

La raison m'éclaira, le remords m'épouvanta,
l'orgueil surtout me sauva.

Alors j'étais plus furieux contre moi que contre
la perfidie de Mme C*** qui, cette fois, se donnait à

moi pour un bon sentiment, pour la plus pure des affections, par l'amour maternel.

Et détachant mes bras des siens, je la repoussai avec horreur, avec indignation !

Cette fois, ce fut Mme C*** qui fut stupéfaite.

Elle se croyait si sûre de sa victoire qu'elle me regarda d'un air confondu, comme si elle ne croyait pas à ma raison revenue si brusquement après m'avoir si bien grisé par sa beauté, par ses manèges de coquette.

Je repris ma place à mon bureau, je dis froidement à Mme C***, très interdite :

— Madame, je vous le répète, vous calomniez la justice ! Quand même la fable odieuse que vous avez inventée pour salir votre famille si honteuse de vos débordements de courtisane, de marâtre, pour ne pas dire plus ; quand même vous seriez sous les coups d'un calcul, d'une vengeance infâme, tant mieux ! j'en serais encore bien aise. On vous fait souffrir dans votre amour de mère, comme vous avez fait souffrir Mme X*** dans sa dernière affection. Eh bien ! mon devoir est de venger aussi celle que vous avez tuée. Il faut avouer que votre audace a été bien grande en vous adressant à moi que vous avez voulu tuer à votre tour, parce que, comme aujourd'hui, comme hier, sous la Commune, je n'ai pas voulu être votre dupe. Partez, madame, j'ai le regret de vous le dire, je ne puis rien, je ne dois rien faire pour vous !

Mme C*** me regarda d'abord d'un air consterné, hébété.

Une femme blessée, surtout lorsqu'elle est jeune

et jolie, ne pardonne pas à celui qui la dédaigne;
c'était la seconde fois que je la blessais de la même
façon.

Et je dois l'avouer à ma honte, mon coup inat-
tendu avait atteint si brusquement cette sirène
qu'elle en fut émue autant que je le fus moi-même.

Mes paroles n'eurent pour écho, de la part de
Mme C***, que des sanglots déchirants.

Elle pleura; ses yeux, habitués à feindre la passion, eurent de véritables larmes.

Elle pleura non pas sur sa vanité blessée, mais
sur la terrible déception qu'elle éprouva en ne pouvant pas me faire sa dupe.

Car Mme C***, incapable de concevoir un sentiment tendre dans l'amour, pour elle une marchandise, était, je l'appris depuis, une très bonne mère.
Elle aimait ardemment sa fille.

J'en fus convaincu par le procès qu'elle intenta
à sa sœur pour reprendre son enfant, où elle excusa
son inconduite par l'inconduite vraie ou fausse de
celle qui prétendait sauver sa nièce du contact im-
pur de sa mère.

Lorsque Mme C*** put se convaincre par mon
attitude, par mes paroles qu'elle n'avait rien à attendre de ma faiblesse, elle se redressa comme une
lionne blessée.

Elle se drapa dans une dignité ironique et sanglante.

Pour la seconde fois, comme à la prison de la
Santé, elle rajusta son corsage que, dans l'ardeur
de ses supplications, dans le désordre étudié par
sa coquetterie, elle avait ouvert à dessein pour

mieux étourdir ma raison et bouleverser mes sens.

Elle me dit en remettant ses gants qui emprisonnaient ses mains de duchesse, un doigt posé fébrilement sur l'entablure de mon bureau :

— Ah ! monsieur Claude, la mère ne trouve pas plus grâce pour vous que l'amante ! Prenez garde, la fortune est changeante ! Vous êtes insensible aux larmes d'une mère, je prendrai ma revanche ! Vous êtes encore tout-puissant aujourd'hui ; mais vous êtes vieux, moi je suis jeune. Vous n'avez plus l'avenir pour vous, moi je l'ai. Et quel que soit le régime qui reviendra pour vous accabler de nouveau, peut-être me trouverez-vous sur votre route pour être du côté de vos bourreaux !

Mme C... avait prononcé ces mots d'une voix saccadée ; son corps tremblait ; ses traits, d'ordinaire si beaux , si enchanteurs, même dans la raillerie, étaient hideux de colère.

Je me contentai de hausser les épaules sans oser la regarder.

Elle me répéta comme une menace :

— Vous m'entendez bien, monsieur le chef de police ?

Pour toute réponse, j'agitai une sonnette, j'appelai un garçon de bureau !

La porte de mon cabinet s'ouvrit.

Je dis au garçon :

— Reconduisez madame. Adieu, lui ajoutai-je en m'inclinant profondément.

— Au revoir, monsieur Claude ! reprit Mme C... avec un geste de souveraine et en me toisant de la

tête aux pieds, avant de suivre le garde qui me déli-
vrait de cette dangereuse importune.

Une fois qu'elle fut partie, je retombai accablé
dans mon fauteuil, en essuyant les gouttes de sueur
qui perlaient sur mon front; je m'écriai avec effort :

— Que m'importe. J'ai vengé la mémoire de
Mme X***, j'ai fait mon devoir!

Je devais ressentir, quelques années après, les
nouveaux coups de cette courtisane, dont je n'avais
pas plus demandé la haine que l'amour. Elle fut
pour beaucoup dans les déboires qui devaient signaler mes dernières années de chef de police.

CHAPITRE XVIII

L'ASSASSINAT DE LA VEUVE ROUGIER.

Le 15 août 1874, deux jeunes gens, presque des adolescents, paraissant appartenir à la classe ouvrière, se présentaient chez la veuve Rougier, vieille rentière de soixante-sept ans, rue de Vaugirard, 242.

Le plus jeune s'était annoncé chez cette dame pour toiser des travaux de peinture récemment exécutés dans son logement; il n'avait pas tardé à être accompagné d'un second individu se disant architecte.

Ils allaient se préparer à vérifier, prétendaient-ils, des travaux commandés, exécutés depuis quelque temps, lorsqu'ils furent dérangés par la double arrivée du neveu de la veuve et de sa petite-fille qui se présentèrent les bras chargés de bouquets.

Le 15 août était la fête de la dame; les deux étrangers, pour ne pas déranger cette fête de famille, s'empressèrent de se retirer, de remettre à un autre jour leurs vérifications.

Lorsqu'ils furent partis, le neveu, qui avait observé les figures louches, les allures embarrassées des jeunes gens, dit à sa tante :

— Faites attention, il faut se méfier de ces prétendus vérificateurs de peinture.

Mais la dame, très confiante de sa nature, avait répliqué à son neveu, à sa petite-fille partageant les appréhensions de son parent :

— Bah ! ceux-ci sont si jeunes !

Et Mme Rougier, pour effacer l'impression pénible causée par les appréhensions de sa famille, ne voulut plus songer qu'à la joie de fêter avec ses rejetons sa soixante-septième année.

Cependant ce jour-là, jour de bonheur pour elle, la veuve Rougier, veuve d'un soldat de la grande armée, mort à Waterloo, avait couru, sans s'en douter, un danger de mort.

C'était la présence de ses petits-enfants qui avait écarté ce terrible danger, qui la frappait un mois et demi après par les mêmes hommes, dont se méfiaient avec raison son neveu et sa petite-fille.

Quels étaient ces hommes, ces jeunes gens ?

Des soldats du crime, dont l'école se tient en face de la prison de la Roquette, à la prison des jeunes détenus.

Ils faisaient partie de ces recrues toujours renaissantes, avant-garde des rôdeurs de barrières, d'où sont sortis les Poncet, les Marjotte, les Maillard. Comme pour ces indignes soldats, leurs étapes se comptent des prisons centrales aux pontons pour se prolonger à Cayenne ou à la Nouvelle-Calédonie, et ils n'en reviennent le plus souvent que pour mourir sur l'échafaud !

Ce faux vérificateur s'appelait Thauvin ; ce faux architecte, Greffier.

Thauvin, rôdeur de barrières comme son compagnon et se disant relieur de son état, avait déjà été condamné pour vol, à la suite d'un abus de confiance qu'il avait commis, à Blois, chez son patron. Greffier était un misérable qui, malgré son jeune âge, avait subi deux condamnations. Il était l'amant d'une fille publique, recéleuse à l'occasion. Fourbe, immoral, paresseux et ivrogne, ce dernier avait été chassé de sa famille pour vivre de vol et de prostitution ! Et comme le disait sa digne maîtresse :

— Lorsque *je bats mon quart*, Greffier, mon macq, boit ma recette au café.

Thauvin et Greffier étaient, je le répète, les soldats d'une bande de voleurs qui s'était formée à l'expiration de leurs peines dans une prison centrale.

Cette bande composait le nouvel anneau de cette immense chaîne de filous et d'assassins qui ne cesse de cerner Paris, pour grossir les annales de ses vols et de ses crimes.

Cette bande, composée de jeunes *pégriots* dont les scélératesses dépassaient le nombre des années, avait pour chef un voleur expérimenté qui, dès l'âge le plus tendre, avait eu maille à partir avec la justice.

Ce vieux pégriot, ce cheval de retour, ayant chevauché sur tous les *prés* du monde, dans toutes les prisons centrales, dans tous les pénitenciers, comptait quarante-cinq ans! Nestor de la bande, il avait vieilli sous le harnais de l'infamie; il était bien digne d'être le chef de cette bande qui ne comptait pas moins de quinze soldats, tous ou presque tous récidivistes.

Ce chef, c'était MAILLOT, Adolphe-Clément-Thomas, dit le *Jaune*, ainsi dénommé par sa figure jaune, encadrée d'une barbe grise, elle jurait avec ses cheveux noirs encore et lui donnait un aspect aussi caractéristique que repoussant.

Il avait été porté sur le pavois de l'infamie par ses jeunes néophytes qu'il avait connus en prison ou aux bals des barrières.

C'étaient :

Georges Blaise, dit Boucher, né en 1844, vernisseur ;

Thauvin, né en 1857, relieur ;

Sœuvre, né à peu près à la même époque, fondeur;

Grand-Pierre Ciré, né en 1846, en Alsace-Lorraine;

Greffier, né en 1854, l'amant de la fille Mazuel;

Stolz, encore un jeune Alsacien;

Lecourt, né en 1841, ouvrier en store;

Pertuisot, né en 1857;

Fritz, garçon boucher, né en 1852;

Charlot, grillageur, en 1855;

Plantais, habitant au boulevard de Belleville, né en 1845;

Collon, dit la *Joue-Brûlée*, couvreur, né en 1853, et habitant la rue Tiphaine;

Mazuel, la fille publique, née en 1855, et demeurant rue Marie-Stuart;

Bonnard, Prussien, vidangeur, demeurant rue de Meaux.

Le *centre* de la bande MAILLOT se tenait à Belleville, rue du Chemin-Vert, dans une chambre où ils se réunissaient avec Georges, Thauvin, Sœuvre et Ciré, ses complices.

Lorsque la campagne de ses soldats du vol avait porté ses fruits, Maillot allait les confier à un recéleur ou *fourgat*, nommé Calais ; ce dernier tenait, en apparence, une crémerie assez mal famée, rue du Faubourg-du-Temple.

Du 13 septembre 1874 au 11 octobre, sans compter l'assassinat de la veuve Rougier, la bande Maillot, dont les soldats sont, pour la plupart, sous la surveillance de la police, commet de nombreux vols. Elle dévalise les époux Luppé le 13 septembre, puis, le 25 du même mois, elle vole un homme ivre qu'elle rencontre à la barrière de l'École. Elle le dépouille au Champ de Mars, et c'est la fille Mazuel, concubine de Greffier, qui reçoit les dépouilles. Dans le mois d'octobre, Maillot, Georges et Thauvin volent un cultivateur à Issy ; plus tard, Stolz fait des propositions honteuses à un jeune homme qu'il rencontre sur la berge du Cours-la-Reine ; la bande le dépouille sous le pont de l'Alma. Enfin, un individu est volé, presque assommé par la bande Maillot dans le square des Arts-et-Métiers.

Ces scélérats peuvent commettre tous ces forfaits sans être arrêtés, quoiqu'ils soient sous la surveillance de la police, malgré Greffier, le souteneur d'une fille soumise, très connu des inspecteurs !

Même après le meurtre de la veuve Rougier, meurtre dévoilé plus tard par le chef de la bande, elle peut continuer jusqu'en 1875 ses ténébreux exploits.

Le meurtre de la veuve Rougier avait été médité bien avant le 15 août dans la chambre du Chemin-Vert; Maillot, réunissait alors ses principaux lieutenants pour examiner un nouveau coup qu'on ne trouvait pas.

C'était à la suite d'un vol manqué :

— Nous avions, dit Maillot, tous besoin d'argent. Il s'agissait encore d'en chercher. Cependant nous allions sortir sans avoir rien avisé, quand une voix dit :

— Si nous allions donner le bonjour à la bonne vieille Rougier?

— Comment, répliquai-je, vous connaissez aussi cette affaire-là, vous? Alors, tout le monde la connaît? c'est le secret de polichinelle?

Et sur la réponse de Maillot, on avisa sans retard au moyen d'en finir avec la rentière de la rue de Vaugirard.

On a vu, au début de ce chapitre, comment la Providence, dans les personnes du neveu et de la petite-fille de Mme Rougier, se chargea de retarder l'heure fatale de la veuve marquée par la bande de Belleville sur l'inspiration de Maillot.

Elle sonna, cette heure, un mois et demi après, le 2 octobre 1874, vers une heure du soir.

Alors plusieurs individus sortaient un à un du petit appartement occupé au premier étage par la veuve Rougier.

Depuis la visite du 15 août, la dame se méfiait des étrangers qui venaient rôder autour de sa maison, et les gens qui l'habitaient avec elle, avertis par de sinistres rencontres, étaient tous sur le qui-vive.

Trois heures après la visite de ces inconnus, sa voisine, la dame Gœffrin, frappe à sa porte, elle ne reçoit pas de réponse.

Comme on sait que la vieille Rougier se méfie des allées et venues des rôdeurs de Belleville, la vieille descend, elle avertit la concierge du mutisme de la veuve.

Elle est certaine qu'elle n'est pas sortie, la concierge monte à son tour et se fait reconnaître de là à Mme Rougier, même silence !

Les soupçons redoublent de la part des deux femmes ; elles se rappellent les visages suspects des derniers visiteurs de la locataire du premier. La concierge se rend chez le commissaire pour se faire ouvrir la porte, pendant que la voisine reste sur le carré.

Un instant après, lorsque la porte de la veuve s'ouvre au nom de la loi, tous les gens de la maison reculent épouvantés. Ils trouvent la vieille dame étendue inanimée, la tête tournée contre terre. Elle est tête nue, ses cheveux sont roulés comme une corde, dont les bouts sont tournés tout autour de la nuque pour se rejoindre sur la poitrine.

Les voisins croient d'abord que la dame n'est qu'évanouie. Depuis longtemps, vu son âge avancé, elle se plaignait de la faiblesse de ses jambes. On crut d'abord qu'elle avait été frappée d'une attaque de

paralysie ; mais le doute ne fut plus permis lorsqu'on découvrit sur le cou, sur la poitrine, sur le
visage des déchirures sanglantes et des traces d'une
contraction violente.

On se hâte d'aller prévenir la famille de la dame.

Son neveu et sa petite-fille, en présence du cadavre de sa mère, se rappellent la visite intempes-
tive des faux vérificateurs de peinture du 15 août.
Ils n'en doutent plus, ce sont eux qui ont commis
le crime de la rue de Vaugirard, crime médité depuis plusieurs mois.

Comme on l'apprit encore, trois mois plus tard,
sur les aveux de Maillot qui se dénonça lui-même,
c'étaient en effet ses soldats qui, par son ordre,
avaient commis, préparé cet assassinat.

Il eut lieu le 2 octobre par Maillot, Georges et
Thauvin, au moment où les compagnons de ces
meurtriers faisaient le guet dans la rue de Vaugirard.

Et ce fut Greffier, l'amant de la fille Mazuel, qui
conduisit, à cette date, Maillot et Georges jusqu'à la
maison du n° 242.

Le matin, on s'était encore réuni à la chambre de
la rue du Chemin-Vert ; il avait été convenu que
cette fois c'était le tour du *coup de la veuve*.

Maillot avait distribué tous les rôles pour l'accomplissement de cet assassinat ; Thauvin et Georges
devaient partager avec lui l'*honneur* de faire passer
le *goût du pain à la veuve*. Les autres devaient
s'échelonner dans la rue pour s'assurer de la tranquillité du quartier et donner l'éveil à la moindre
alerte.

La bande partit en se partageant en deux ; on

prit l'omnibus du chemin de fer de l'Ouest. On arriva à la rue de Vaugirard, toujours en se scindant en deux camps.

Lorsque je demandai, pour ma part, à Maillot pourquoi il avait choisi de préférence Georges et Thauvin pour assassiner la veuve, il me répondit :

— Nous autres malfaiteurs, nous nous connaissons du regard. J'ai embauché Georges et Thauvin pour le meurtre, parce que n'étant pas sûr de moi pour ce genre d'ouvrage, moi qui ne suis qu'un grinche, j'avais besoin de deux bêtes féroces. Thauvin en était à son début, mais j'avais jugé que son premier coup serait un coup de professeur. Quant à Georges, dont j'avais fait la connaissance au bal de l'*Ardoise*, je savais qu'il ne flancherait pas une fois avec moi pour *barboter dans la saignante*. J'étais plus sûr de lui que de moi-même. Quant aux autres, ce sont des macqs et des tantes ; ce n'est bon qu'à rouler la *renacle*.

Maillot, en me parlant ainsi, était sincère, si j'en juge par son attitude aux assises et par le rôle qu'il prit à la rue de Vaugirard.

Ce fut à deux heures de l'après-midi que l'omnibus de la gare de l'Ouest déposa la bande de Maillot qui, je l'ai dit, s'était divisée en deux groupes.

Georges, Thauvin et Maillot pénétrèrent dans la maison de la rue de Vaugirard.

Sœuvre, Ciré et Greffier firent le guet en s'échelonnant dans la rue.

Les autres se tenaient aux coins des rues adjacentes.

Lorsque les trois premiers individus frappèrent à

la porte de la dame Rougier, Maillot, qui s'était tracé son premier rôle, tenait un billet à la main. C'était un billet à ordre. dont la signature, comme le corps du billet, était illusoire. Il entra, suivi de ses compagnons, et présenta le billet à la veuve.

La dame, très surprise, et qui n'avait pas plus de billet à payer qu'à recevoir, demande à voir et à examiner l'effet qu'on lui montre.

Elle prend ses lunettes, s'assied, vu la faiblesse de ses jambes, elle examine le billet, le rend à Maillot et dit :

— Je ne connais pas cela !

Au moment où elle tourne et retourne encore l'effet, Georges, après avoir laissé la porte entrebâillée pour laisser passer Thauvin, se place à son côté gauche, Maillot est à son côté droit.

Lorsque Thauvin pénètre à son tour chez la veuve, il referme la porte, Georges s'écrie :

— Eh bien ! monsieur, quand vous voudrez !

C'est le mot convenu pour se ruer sur la victime.

Georges fond sur elle, Thauvin se couche sur son corps au moment où Georges la terrasse. Georges, pendant que Maillot lui tient la tête, fait disparaître ses mains dans l'intérieur du cou.

Il s'engage une lutte terrible.

Elle dure quelques minutes, dans laquelle la veuve fait entendre ces cris étouffés :

— Canailles, voleurs, assassins !

Alors Georges lui met un mouchoir sur la bouche. Thauvin, qui vient de fermer la porte, aide Georges à maintenir la veuve pendant que Maillot lui tient encore la tête.

Georges et Thauvin s'acharnent à fixer madame Rougier qui reste couchée par terre, la figure sur le plancher.

Pendant que l'un est collé tout de son long sur elle, l'autre, avec ses mains et ses ongles, lui laboure le cou ; et Maillot s'empare de ses clefs, puis ouvre son secrétaire.

Mais les trois meurtriers n'eurent pas le temps d'accomplir jusqu'au bout leurs larcins comme ils avaient accompli leur meurtre.

Une fenêtre de la rue, faisant face à la fenêtre du rideau levé de l'appartement de la veuve vient de s'ouvrir. Georges s'en aperçoit, il n'a que le temps d'aller au rideau de la fenêtre de sa victime ; il le tire, pendant que sa victime fait encore des soubresauts, c'est Thauvin, resté accroupi sur le corps, qui lui donne le coup de grâce.

Quand Georges revenait vers le corps, cette fois bien inanimé, Thauvin lui enleva l'alliance du doigt. Maillot, de son côté, faisait son métier de grinche ; il enlevait deux timbales, une cuiller d'argent, une montre avec sa chaîne, puis 50 francs d'argent.

Mais le barbotage ne pouvait aller plus loin. Georges était inquiet depuis qu'il avait vu s'ouvrir la fenêtre vis-à-vis. Il conseilla donc à ses deux complices de déguerpir avant l'alerte donnée par les gens de la bande faisant le guet dans la rue.

Maillot, qui n'a participé qu'avec répugnance à l'étouffement de la victime, suit le conseil de Georges, malgré Thauvin qui, tout en étant le plus jeune des trois, éprouve la joie du fauve se délectant dans le sang du cadavre de sa victime.

Ils partent de l'appartement en emportant le maigre butin de leur meurtre odieux. Ils font signe, dans la rue, à leurs guetteurs de ne pas les suivre; ils se rendent tous, par différents chemins, à leur centre respectif, rue du Chemin-Vert.

Une fois la bande réunie, elle se dispute les maigres dépouilles de la veuve! La fille Maruel, l'entremetteuse de Calais, le fourgat de Maillot, s'emporte lorsque celui-ci ne veut donner qu'un prix dérisoire aux objets volés à la rue Vaugirard.

Ces récriminations dans la bande de Maillot amènent une rupture; Greffier, qui est à la fois le mari de la fille publique et la femme du voleur Ciré, s'emporte contre Maillot, qui a si mal conduit l'affaire. Il traite de couard Georges, qui a hâté trop vite la *fin de la représentation*. Thauvin, qui ne demandait qu'à rester auprès du cadavre, parce que, comme l'hyène, il se grisait à son odeur, Thauvin est de l'avis de Greffier.

La rupture est complète et définitive.

Maillot, comme il le dit plus tard, Maillot, qui n'était pas né pour l'assassinat, sort de la chambre de la maison de la rue du Chemin-Vert pour n'y plus rentrer!

Que fait-il durant les trois mois où il peut se soustraire à toutes les recherches, quoiqu'il soit en rupture de ban et sous la surveillance de la haute police?

Maillot se rend aux environs des maisons centrales, particulièrement à Poissy, où il cherche à embaucher de nouveaux récidivistes qui ont fait leur temps, pour les enrôler dans une nouvelle bande.

Mais Maillot n'est plus aussi sûr de lui depuis le meurtre de la veuve Rougier. Son image le poursuit comme un remords.

Il ne dort plus. Il voit toujours dans ses rêves le corps de la victime sur lequel Thauvin se couche comme un tigre sur sa proie, lui arrachant de son oreille ses ornements et de son doigt l'alliance de son époux.

Il entend toujours ces cris étouffés :

— Canaille, voleur, assassin !

Il se rappelle les paroles de la concierge de la veuve qu'il a vouée à la mort, lorsqu'il demandait des renseignements sur elle, en sa fausse qualité de négociant :

— Ah ! monsieur, ma locataire du premier, c'est la crème des femmes ! Lorsqu'elle jette deux sous aux pauvres, elle dit que ce n'est pas assez et elle en jette encore ! Dernièrement elle s'était chargée d'un enfant trouvé ; cependant la bonne femme n'est pas aussi riche qu'on le pense !

Le 8 janvier, Maillot, dévoré de remords, furieux d'être délaissé de sa bande, qui continue sans lui ses déprédations, fait connaître au commissaire de police du quartier Saint-Merry qu'il est un des assassins de la veuve Rougier, en même temps il dénonce tous ses complices.

C'est de ce jour que la police peut mettre la main sur ce Nestor de la bande. Dès ce moment, je me mets en rapport avec Maillot, dit le Jaune, le mouton volontaire de ses nombreux et indignes compagnons.

CHAPITRE XIX

LES CONFESSIONS DE MAILLOT, DIT LE JAUNE.

La lettre de reconnaissance que m'écrivit Maillot, à sa sortie de la Roquette, lorsque, par ses révélations, je fis commuer sa peine de mort en une détention perpétuelle, prouve que la franc-maçonnerie du crime, à laquelle Maillot appartenait, s'était trompée en le mettant à la tête de la bande des meurtriers de la veuve Rougier.

Maillot n'était qu'un voleur, ce n'était pas un assassin. Comme on le voit, par les premières péripéties de ce crime qui ressemble à tous les crimes commis par les pégriots, sur les veuves et sur les vieillards seuls. Ce n'est pas lui qui avait été d'abord désigné pour achever cette veuve.

C'était Georges, c'était Thauvin, deux bêtes féroces. Il est incontestable que si Maillot, par ses nombreux antécédents de récidiviste, n'eût pas été le chef *apparent* de cette bande de meurtriers, le

crime de la veuve Rougier fût resté impuni. Son
exécution eût été mieux *faite*, la police n'eût jamais
mis la main sur les auteurs.

Encore une fois, ce ne fut pas la police qui mit la
main sur Maillot. Maillot, en se dénonçant lui-
même, se livra à la justice, pour livrer par jalousie
ou par remords tous ses nombreux complices.

Malgré la clémence de la justice et du chef de
l'Etat, qui épargna à Maillot la peine de mort en
raison de ses révélations, ses principaux complices,
comme le prouve la lettre que je reçus de lui, ne se
montrèrent guère reconnaissants des bienfaits qui
jaillirent sur eux par le fait de ses révélations.

Pour eux, Maillot dit le Jaune, resta toujours un
traître. Il fallut, comme on le verra plus loin, des
précautions infinies de la part de l'administration
des pontons, pour que Maillot, *vendu* à la police,
ne fût pas exécuté par ses camarades, qui grâce
à lui, ne durent pas être conduits de la prison de
la Roquette à l'échafaud.

Et pour me servir de l'expression des bagnes, si
Maillot *mangea le morceau*, c'était moins pour se
faire valoir auprès des juges, que parce qu'il n'é-
tait pas de taille pour faire *un homme de la saignante*.

Dès qu'il a commis le meurtre de la veuve Rougier, Maillot se dérobe à ses compagnons, Georges
et Thauvin. Il voudrait se dérober à lui-même; il erre
seul, de rue en rue, il a peur de lui-même, il a peur
du fantôme de cette vieille femme qu'il n'a étran-
glée qu'en tremblant et en détournant la tête.

Comme le dit Georges, il faut, pour qu'il *boive*

du sang, qu'on lui mette le nez dessus. Quant à
Thauvin qui en est à son premier crime, et qui boit
cependant du sang *comme il boirait du lait*, Maillot
devient l'objet de tout son mépris, lorsqu'il apprend que c'est lui qui l'a dénoncé.

— Si c'était à refaire, disaient ces deux assassins
qui avaient le tempérament des Lemaire, des Fi-
lon et des Troppmann, ce ne serait plus Maillot que
nous mettrions à la tête d'une affaire. Maillot n'est
qu'un *machabée !*

En termes du métier, un machabée est un *lâche*
qui vend ses frères ! Tout criminel repenti est pour
la bande des assassins un réfractaire que la bande
punit de mort !

C'était parce que j'avais bien jugé le meurtrier de
la veuve Rougier, que dès la dénonciation volontaire
au commissaire de police du quartier Saint-Merry,
je résolus de faire appel à tout ce qui lui restait de
bons sentiments, en aiguisant de plus en plus ses
remords, et en lui faisant peur de la mort.

Je réussis, en me faisant son confident, en partageant ses douleurs, et en compatissant à ses infor-
tunes, à lui tirer les étranges révélations qui me mirent sur la piste de tous ses complices : gens altérés
de sang et plus gangrenés que lui par des débauches
contre nature.

Ils avaient raison, ces misérables, incapables de
remords, altérés de sang, pourris de vice, Maillot
n'était qu'un machabée. Il n'avait pas même
l'orgueil de son métier.

Car les voleurs, les assassins ne sont pas ce
qu'ils paraissent être aux yeux du vulgaire, des ju-

ges et des geôliers, ils sont fiers de leurs crimes, comme les soldats, entre eux, sont fiers de leurs exploits !

Là, n'était pas le cas de Maillot, de là le mépris que lui ont voué ses auxiliaires ! je le répète, la franc-maçonnerie du crime avait eu grand tort de le faire chef de la bande des meurtriers de la veuve Rougier.

Lorsque je visitai Maillot à la Roquette, je le surpris les larmes dans les yeux et les paupières rougies par les veilles.

Et au risque de passer pour dupe, je crois que c'était moins la peur de l'échafaud, que la peur causée par le fantôme de la veuve Rougier qui le rendait dans cet état,

Un jour il me dit :

— Monsieur Claude, je sais que vous vous intéressez particulièrement à moi, par le service que ma reddition volontaire et les révélations que j'ai faites ont rendu à la justice ; mais je ne sais si je dois louer personnellement tout ce que vous faites pour me sauver de la mort, car la mort serait la fin de mes tourments.

Un autre jour, il ajoutait devant moi, en recevant, dans son cachot, un billet anonyme, annonçant qu'un de ses complices vendus par lui, se promettait de faire son affaire.

— Il me menace ! mais il ne sait donc pas qu'en me tuant, il me rendrait service !

Lorsque je l'interrogeai sur ses antécédents, il me répondit ce qu'il répondit à peu près à l'audience.

— Que voulez-vous que je dise ! Depuis l'âge de

sept ans je me suis trouvé seul sur le pavé de Paris. Enfant j'ai été abandonné au hasard. J'ai toujours été malheureux et je me suis perdu. Ma vie s'est passée dans les prisons et dans les bagnes. Et vous savez que là *on ne s'appartient plus !* c'est une fatalité. Je ne dirai pas que j'ai commis un *crime* par des circonstances indépendantes de ma volonté, cependant... ce n'était pas tout à fait...

Ici, il s'arrêtait, comme il s'arrêta à l'audience; lorsque arrivé à faire à peu près la même déposition, il me dit :

— Si j'ai tué, c'est que je n'ai eu personne à qui me recommander pour me sauver de moi-même. Je n'ai toujours eu en perspective que le vol. J'ai volé, j'ai fini par tuer.

Lorsque j'examinais son dossier judiciaire, je reconnaissais, dans tous ses méfaits. le caractère particulier aux pégriots. Maillot n'était pas un criminel comme Lemaire, ni même comme Poncet; c'était un escarpe adroit, endurci peut-être et qui regardait le vol comme une profession.

En 1841, il est condamné pour vagabondage et mendicité ; en 1846, pour vol à huit mois ; en 1849, pour vol à seize mois ; en 1852, pour vol, par la cour d'assises, à dix ans de travaux forcés ; en 1862, pour rupture de ban, à treize mois d'emprisonnement.

Ce qui le poussa au meurtre, selon lui, c'était parce que, après cette dernière peine, on lui avait infligé dix ans de Cayenne qu'il n'avait pas mérités.

En pleine audience il réitéra ce qu'il m'avait dit :

— Une première fois, on m'envoya à Cayenne,

pour rupture de ban, c'était une injustice ; on la recommença. Il paraît que tout ancien forçat en rupture de ban est reconduit à Cayenne sans jugement, alors même qu'il n'a rien commis de mal.

— L'administration lui répondit le tribunal, agit en vertu d'une loi, vous avez été amené à Cayenne. Vous avez quitté Cayenne en 1872.

— Oui, monsieur, répond Maillot, j'ai été renvoyé par force, j'ai demandé à rester dans la colonie, mais on n'a pas voulu y consentir, malheureusement pour moi.

— Ainsi, fait observer le magistrat, ainsi vous vous plaignez deux fois ; d'abord, parce qu'on vous a ramené à la Guyane, ensuite parce qu'on vous a forcé d'en revenir. Cette fois quelle résidence vous a été fixée ?

— Caen, répond Maillot, et j'étais alors à Avignon. On ne m'a pas donné de secours de route. J'ai dû mendier le long de la route et je n'ai pas volé un sou.

— Cependant, arrivé à Caen, dit le juge, vous entrez chez Pezon, le dompteur, uniquement pour le voler, après l'avoir suivi.

— Non, monsieur, mon intention n'était pas de le voler.

— Vous avez commis cependant un vol important à son préjudice ?

— C'est possible, c'est l'occasion, mais je n'avais pensé à rien.

— Quelle a été l'importance de ce vol ?

— J'ai su depuis qu'il s'était monté à 6 ou 7,000 fr. Mais le principal coupable est parti. Je n'ai eu que 1,500 fr., j'avais participé accessoirement.

— Muni de 1,500 fr., demande le magistrat, êtes-vous revenu à Caen?

— Non, termine Maillot, je suis venu à Paris.

Et là, il avoue en audience ce qu'il avait déjà dit au juge d'instruction, qu'il entrait alors en relation avec Georges, Thauvin et ses autres coaccusés.

A cette époque, c'est-à-dire au mois d'août 1874, l'affaire de la veuve Rougier était déjà en préparation par Georges et Thauvin. Elle avait eu même un commencement d'exécution; elle échoua par la présence des parents de la veuve, le 15 août, jour de la fête.

Dans ce moment-là, Maillot achevait de dépenser avec ses nouveaux camarades ce qui lui restait du produit du vol opéré chez le dompteur Pezon; il en faisait profiter sa bande, qui le destinait à n'être plus l'instrument d'un vol, mais d'un crime.

Car Maillot, je le répète, ne fut jamais qu'un instrument. C'était, pour la haute pègre, un fort habile Cartouche; c'était, pour les soldats du meurtre, un très mauvais Mandrin.

Maillot n'avait pas la bosse du meurtre.

Bien différents étaient ses deux associés, Georges et Thauvin. Sans eux la veuve Rougier eût obtenu grâce de la vie. Par deux fois, comme je l'ai dit précédemment, Maillot hésita à frapper la veuve. Ce fut Thauvin qui, une troisième fois, barra le chemin à Maillot, hésitant à commettre avec Georges ce forfait tant de fois ajourné.

Je ne rappellerai pas les incidents de ce crime que

j'ai détaillé dans un précédent chapitre , et que Maillot raconta à l'audience avec une impartialité qui fit dire à l'un de ses complices :

— Maillot est un menteur ; il voit à travers la *verte !* Demandez au commissaire de police si Maillot aime l'absinthe.

Et cependant ce Maillot, que Georges et Thauvin ne ménageaient pas, les sauva de la peine de mort par son impartialité, par son repentir. Lui, le plus coupable des trois, en ne montant pas sur l'échafaud, engloba dans la grâce qui lui fut accordée la remise de la peine capitale infligée aussi à ses deux complices endurcis.

Lui surent-ils gré de sa confession, de ses aveux à la justice, qui, après avoir perdu ses associés, les avait sauvés de la mort. On va le voir dans le chapitre précédent, par la correspondance d'un écrivain judiciaire qui suivit jusqu'à son ponton Maillot et ses complices sauvés de la peine de mort.

CHAPITRE XX

Les révolutions ont cela de particulier, elles font retourner, par leurs réactions, les sociétés les plus avancées à leur point de départ. J'en ai eu la certitude par ce qui m'arriva. Il me fallut, après la Commune, pour avoir raison des nombreux bandits qui avaient profité de nos désordres, recourir au vieux système de Vidocq que j'avais tant répudié autrefois; il me fallut faire la chasse au voleur par les voleurs!

Il en fut de même pour les vieux moyens de répression et les anciens systèmes de bagnes et de pontons, en défaveur depuis trente ans. De nouveau on les mit en vigueur; le bagne de Brest refleurit comme au *bon* temps de Vidocq; les pénitenciers politiques et autres s'emplirent comme à l'époque des premières terreurs! Il n'y eut plus pour les forçats de cette époque assez de bagnes, assez de pontons, de Brest à l'île de Ré et à Aix. Je cite pour prouver mon dire les journaux du temps.

« Les caves de l'Orangerie et de Versailles, écrit un journal de 1871, les baraquements de Satory se sont trouvés insuffisants pour renfermer les milliers de prisonniers que la défaite a mis entre les mains de l'armée. Il a bientôt fallu les répartir dans d'autres lieux et choisir ceux qui offraient les plus solides garanties contre les tentatives d'évasion ou de révolte.

« On ne pouvait trouver mieux que les pontons de nos grandes cités maritimes. Ce sont là, en effet, des forteresses dont l'isolement, au milieu de l'Océan, rend la surveillance bien plus efficace. Brest, notre grand port militaire, avait tout ce qu'il fallait pour donner un logement sûr aux ex-fédérés. On n'eut pas trop de peine à former trois escadres pénitentiaires de pontons, qu'on installa à une distance assez respectable de la rade.

« Une de ces escadres, composée des vaisseaux : le *Fontenoy* et la *Bretagne*, des trois transports : la *Renommée*, l'*Hermione*, la *Marne* et de la corvette cuirassée l'*Atalante*, fut installée dans la grande rade.

« La *Ville de Bordeaux*, le *Napoléon*, l'*Austerlitz* et l'*Yonne*, mouillés dans le voisinage de l'île de Trébéron, formèrent la seconde section, dont l'ensemble pénitencier fut complété par une troisième section embossée sous les feux du fort de l'Armorique, à quelques encâblures de l'île Ronde.

« Ces navires, commandés par un officier supérieur qui a installé son quartier général sur le *Fontenoy*, sont sous les ordres d'officiers de vaisseau, surveillés par les équipages et gardés par des troupes d'infanterie de marine.

« Douze mille prisonniers environ sont répartis sur les pontons, qui peuvent chacun en contenir de sept à neuf cents, logés dans les batteries. Divisés par escouades de dix, les ex-fédérés font trois repas par jour. Le vin est absolument proscrit de leur ordinaire. A 'part cela, leur nourriture est à peu près la même que celle des matelots.

« Deux heures le matin et deux heures le soir, les prisonniers montent sur le pont pour y respirer la vivifiante brise de la mer. Il leur est permis de fumer pendant ce temps de promenade hygiénique.

« Ceux qui sont malades sont soignés, soit à l'hôpital maritime, soit au lazaret de Trébéron ; sur le nombre, on compte, en moyenne, quatre décès par jour !

« Il y a eu, alors que l'exaspération de la défaite n'était pas encore calmée, quelques tentatives d'insubordination à bord des pontons de Brest. Une répression *énergique* en a eu *facilement* raison. Les révoltés n'ont pas chance de réussir en pleine mer et dans ces conditions. Quant aux évasions, leur réussite est encore plus problématique. Outre la surveillance du bord, des chaloupes à vapeur et armées en guerre se livrent tout autour des pontons à un continuel va-et-vient. La mission spéciale de ces *mouches* marines est de surveiller nuit et jour les pontons et de signaler tout mouvement et tout incident qui ne serait pas réglementaire. »

Et trois ans après, ces pontons, sur lesquels des

répressions *énergiques* avaient facilement raison des prisonniers, existaient encore. J'en fournis la preuve par cette correspondance particulière adressée au *Moniteur;* je la reproduis d'autant plus volontiers qu'elle a trait particulièremeet à Maillot; elle est datée de Saint-Martin-de-Ré, en août 1875, lorsque les *politiques* ne faisaient que d'évacuer les citadelles.

La commission médicale, écrit cet autre correspondant, vient de visiter les forçats déposés à Saint-Martin-de-Ré, avant leur embarquement, dans les premiers jours du mois prochain, à bord du transport le *Rhin*, pour la Nouvelle-Calédonie.

« Il n'est peut-être pas sans intérêt de vous expliquer avec quel soin minutieux procède cette commission; car pour un aussi long trajet et avec une telle agglomération d'hommes, l'administration sanitaire doit prendre toutes les précautions possibles pour prévoir les *épidémies souvent inévitables* par suite du régime alimentaire ou des conditions climatériques des latitudes à traverser.

» Lorsque le dossier d'un individu est complet, c'est-à-dire lorsque toutes les juridictions successives jusqu'au recours en grâce ont été épuisées, l'homme est inscrit sur une liste, arrêtée par le ministre de l'intérieur, pour subir la visite médicale corporelle avant son embarquement.

« Je dois noter un point assez curieux. Depuis l'évacuation par les détenus politiques de la citadelle, certaines appropriations intérieures ont été faites, et, notamment, on a réuni deux cellules en une seule pour en faire un prétoire ou tribunal devant lequel comparaissent tous les hommes qui ont une réclamation à adresser, ou qui doivent passer en jugement pour fautes contre la discipline. Or, ce prétoire est justement la cellule qu'occupait Henri Rochefort, avec Olivier Pain, pendant sa captivité à Saint-Martin-de-Ré, et qu'il n'a quittée que pour s'embarquer à bord de la *Virginie*.

« C'est dans ce prétoire que se passe la visite médicale. Deux gardiens en grande tenue, chapeau à claque, épée au côté, se placent près de l'estrade où sont les membres de la commission.

« Les hommes à examiner sont placés dans une pièce voisine, par catégorie de vingt, et afin d'accélérer la visite, sont déshabillés jusqu'à la ceinture.

« A l'appel de son nom, l'homme se présente devant la commission, décline ses nom, prénoms, âge, profession, lieu de naissance, la date et la cause de sa condamnation et sa durée. Son identité une fois bien constatée, le médecin lui demande s'il a des raisons de santé à faire valoir pour ne pas être embarqué ou pour être ajourné.

« Suivant sa réponse, on l'inscrit comme *bon à partir*, ou bien on le fait déshabiller complètement et chaque médecin, après l'avoir soigneusement visité, donne son avis, et on décide alors seulement s'il y a lieu de le réformer, de l'ajourner ou de l'embarquer.

« Puis la liste, une fois arrêtée en triple expédition, est envoyée aux ministres de la marine et de l'intérieur.

A proprement parler, il n'y a pas d'ateliers à Saint-Martin-de-Ré, bien que les forçats soient tous occupés à travailler. Cela tient à ce qu'ils font un court séjour au dépôt, ce qui ne leur permet pas de faire un apprentissage.

Les uns font des tonneaux, les autres des sacs en papier; d'autres enfin sont vanniers; mais la plus grande partie est occupée à effilocher de vieux cordages pour en faire de l'étoupe destinée à calfater les navires.

Parmi les forçats que la commission a reconnus bons à être embarqués se trouvent les nommés Pitois, condamné pour incendie volontaire; Gros, qui, je crois, a été condamné pour assassinat d'un gardien dans la prison de Nîmes; Brest, le boulanger qui a fait brûler son enfant au Havre; Baladier, vieillard à cheveux blancs, qui paraît avoir soixante-cinq ans, et qui a été condamné pour fabrication de faux billets de banque; et enfin le fameux trio des Maillot, Georges et Thauvin, les assassins de la veuve Rougier, de la rue de Vaugirard.

On se rappelle l'émotion causée dans le public par cette affaire, non pas à cause du fond du procès, qui n'était qu'un assassinat ordinaire, mais à cause des étranges révélations qui se sont produites au cours des débats.

On sait aussi que les deux condamnés Georges et Thauvin ont juré de tuer Maillot à cause de ses révélations et qu'on a dû le séparer des autres détenus.

Il en est encore de même à Saint-Martin-de-Ré. Maillot occupe une cellule dans laquelle il dévide du fil de bitord. Parfois il s'arrête subitement dans son travail et se met à pleurer au souvenir de son crime. La nuit, il se réveille en sursaut, pousse des gémissements et s'assied sur son lit pendant des heures entières, poursuivi par le remords. Cet homme est-il sincère? On est tenté de le croire en observant son attitude, et telle est aussi la pensée du personnel du dépôt.

Maillot, auquel on avait donné le surnom de *le Jaune*, à cause de son teint couleur de citron, pourrait être appelé aujourd'hui *le Gros*, car il a considérablement engraissé. Il passe ses heures de récréation et ses dimanches à lire, surtout des livres d'histoire ancienne, et n'a jamais mérité aucune punition.

Il n'en est pas de même de Georges, dont la violence de caractère a nécessité plusieurs fois des mesures énergiques. En ce moment encore il est en cellule, pour rébellion je crois.

Georges et Thauvin ignorent la présence à côté d'eux de Maillot, et ils l'ignoreront aussi à bord, car Maillot sera isolé d'eux.

Thauvin, sans être précisément un bon sujet, est moins exalté que Georges. Ses occupations consistent à plier et coller des sacs en papier, pour l'industrie de laquelle plus de trente forçats sont employés.

Parmi les détenus politiques extraits de la prison de Saint-Brieuc pour être conduits en Nouvelle-Calédonie, se trouve aussi un soi-disant nommé Gustave de Beaumont, ingénieur civil, qui avait trouvé moyen de se faire ajourner successivement à tous les départs, en laissant croire qu'il pourrait faire des révélations. Mais, après plusieurs remises, on a dû se décider à l'embarquer sur le *Rhin*.

Aussitôt que le *Rhin* sera arrivé en rade de l'île d'Aix, les forçats échangeront leurs costumes contre des effets d'équipement du marin, puis la canonnière la *Comète* se rend à Saint-Martin-de-Ré, où elle les embarque par escouades de quatre-vingts, sous la surveillance des gardiens du dépôt et d'un peloton d'infanterie de ligne.

Comme dernière faveur, les forçats ne travaillent plus deux jours avant leur embarquement. On leur permet de lire ou d'écrire à leurs familles. Cette faveur a aussi pour but de laisser reposer l'homme.

« Une fois à bord du *Rhin*, ils sont enfermés dans les *cages* ou prisons par groupes de soixante environ. On les fouille minutieusement, un dernier appel nominal et matriculaire est fait, le commandant du bord donne décharge de ses prisonniers au directeur du dépôt de Saint-Martin-de-Ré, un coup de sifflet prolongé retentit, suivi aussitôt du commandement :

« — Tout le monde à son poste pour l'appareillage !

« Et il ne nous reste plus qu'à souhaiter bon quart et bonne mer aux officiers et à l'équipage du *Rhin*. »

Ces cages, où s'entassaient les prisonniers par groupes de soixante, représentaient, avec leur effrayant aspect, les cages des bêtes féroces du Jardin des Plantes, sauf que les gardiens qui montaient la garde en dehors de ces grilles avaient l'ordre de se montrer moins doux que les gardiens ordinaires des félins.

Il fallait de temps en temps les faire sortir de ces cabanons pour qu'ils ne manquassent pas complètement d'air. Lorsqu'ils montaient sur le pont pour respirer, c'était à l'heure où la brise devient insupportable.

Trop d'air dans la nuit, pas d'air dans le jour, tel était le régime des convois de forçats partant pour la Nouvelle-Calédonie.

De l'aveu du correspondant que je viens de citer, il mourait *quatre* hommes par jour! Quant aux répressions énergiques qui avaient facilement raison des rebelles, on les connaît. C'est toujours la justice sommaire appliquée aux rebelles !

Que les philanthropes n'osent donc plus décrier l'ancienne *chaîne* des forçats où, du temps de Vidocq, les prisonniers marchaient à pied, deux par deux, traînant de lourdes ligatures, ou les portant dans une grossière charrette!

A cette époque l'air ne leur était encore pas marchandé. Ils ne risquaient pas de mourir entre eux par la suffocation, par les miasmes pestilentiels qui s'exhalent des cages de la batterie, à bord des pontons, ou des navires des pénitenciers!

La réforme des nouveaux convois de forçats vaut la réforme de nos prisons; la différence entre le convoi actuel et la vieille marche des forçats traînant leur chaîne, la différence entre l'ancienne prison du moyen âge et la prison cellulaire, c'est que le prisonnier succombe aujourd'hui plus souvent qu'autrefois, avant de subir sa peine définitive.

C'est à dessein que j'ai signalé, à propos de Maillot, dit le Jaune, partant par un de ces convois, les mots du correspondant parlant de ses *étranges révélations.*

Comme on l'a vu par le chapitre précédent, ces révélations, je les avais provoquées en profitant de son repentir et de ses remords. Je lui avais fait avouer ce qui a depuis formé mon opinion absolue sur tous les *pégriots assassins,* tueurs de veuves ou de vieillards, c'est que ces *pégriots, guides* ou *toucheurs,* ne sont que les agents de la grande franc-maçonnerie du crime qui médite, combine tous ses attentats dans les prisons centrales ou au fond de leurs pénitenciers.

Malheur à celui qui *mange le morceau,* il est condamné à mort par les siens. Maillot en est la preuve. De l'aveu du correspondant que je viens de citer, il fut isolé de ses camarades dans la traversée, et cependant ceux-ci venaient de bénéficier comme leur complice de ses confessions, qui leur avaient valu la remise de la peine capitale.

Georges et Thauvin, écrit le correspondant, *ignorent la présence à côté d'eux de Maillot,* ils l'ignoreront aussi à bord, ils l'ignoreront toujours.

Pourquoi?

Parce qu'il y a, je le répète, dans le monde des voleurs une police tout aussi vigilante, tout aussi ombrageuse que la nôtre! Ses vengeances au bagne sont terribles contre les hommes comme Maillot, qui, élevés, nourris à l'école du crime, se mettent tout à coup franchement du côté de la loi et des gendarmes!

Il règne, malgré tous les juges d'instruction du monde, un profond mystère sur la population croissante des malfaiteurs de toute la terre! Ce mystère, s'accuse de plus en plus, depuis le procès de Troppmann et la négation de Jud! Je le prouverai en reparlant de l'affaire Brazès : on verra une fois de plus que l'assassin ne désarme pas, même en face de l'échafaud!

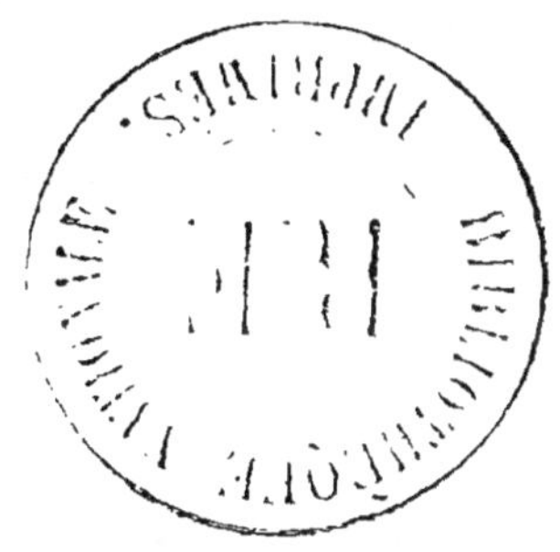

FIN DU TOME SEPTIÈME.

à M. le Rédacteur en
chef du journal la Liberté.

            Monsieur le Rédacteur

      Je viens de lire dans votre n° du
[illegible] octobre un article
au sujet duquel je vous prie de
vouloir bien insérer la réclamation
ci après.

      Cet article est ainsi conçu :

            Je ne suis, en aucun cas, appelé
à connaître les intentions de M. le
Général, Préfet de police touchant cette
prétendue réorganisation dont parle
l'article en question, mais je sais
parfaitement qu'à aucun titre il

...aurait être question de moi.

...uniquement la phrase qui me
concerne est ... inexacte, je
dirai plus, elle est malveillante
envers moi ... de votre part, indiquer
le rédacteur ... mais de celle de la
personne qui l'a suggérée ...
évidemment en vue de me nuire
dans l'esprit de ... mes supérieurs.

Je crois ... je suis un humble fonctionnaire
dont les modestes attributions
consistent dans la recherche
des ... et je me trouve
suffisamment récompensé par ...

Je ne saurais vouloir jamais
être rien de plus

TABLE DES MATIÈRES

DU TOME SEPTIÈME

FIN DE LA TABLE DU SEPTIÈME VOLUME.

449-82. — Imprimerie D. BARDIN et Cie, à Saint-Germain.